英语专业实用翻译教材系列

廖益清　主编

Applied English-Chinese Translation

英汉应用型翻译

主　编　廖益清　李　贻
副主编　黄越悦　李文蓓
参　编　李国玉　罗彩虹　蔡佳琳

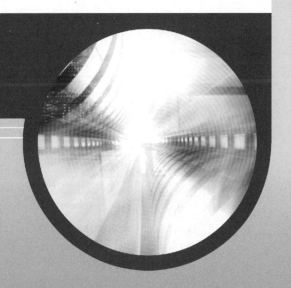

中山大学出版社
SUN YAT-SEN UNIVERSITY PRESS
· 广州 ·

版权所有　翻印必究

图书在版编目（CIP）数据

英汉应用型翻译/廖益清，李贶主编. —广州：中山大学出版社，2020.1
（英语专业实用翻译教材系列/廖益清主编）
ISBN 978-7-306-06682-4

Ⅰ.①英⋯　Ⅱ.①廖⋯②李⋯　Ⅲ.①英语—翻译—高等学校—教材　Ⅳ.①H315.9

中国版本图书馆 CIP 数据核字（2019）第 175050 号

出 版 人：王天琪
策划编辑：熊锡源
责任编辑：熊锡源
封面设计：林绵华
责任校对：潘惠虹
责任技编：何雅涛
出版发行：中山大学出版社
电　　话：编辑部 020-84110771，84110283，84111997，84110779
　　　　　发行部 020-84111998，84111981，84111160
地　　址：广州市新港西路 135 号
邮　　编：510275　传　真：020-84036565
网　　址：http://www.zsup.com.cn　E-mail：zdcbs@mail.sysu.edu.cn
印 刷 者：佛山市浩文彩色印刷有限公司
规　　格：787mm×1092mm　1/16　16.25 印张　337 千字
版次印次：2020 年 1 月第 1 版　2020 年 1 月第 1 次印刷
定　　价：45.00 元

如发现本书因印装质量影响阅读，请与出版社发行部联系调换

编写说明

编写依据

根据教育部《普通高等学校本科专业类教学质量国家标准》(2018),外国语言文学类专业对学生的外语运用能力要求"能借助语言工具书和相关资源进行笔译工作,并能完成一般口译任务"、思辨能力要求"勤学好问,相信理性,尊重事实,谨慎判断,公正评价,敏于探究,持之以恒地追求真理"及实践能力要求"能运用所学的理论和技能解决实际问题"。根据该精神,我们编写了本教材。本书主要参考借鉴全国翻译硕士专业学位(MTI)系列教材的理论精华,跳出一般教材"原文—译文分析点评、平行词汇表"的方式,以翻译职业为出发点,以具体案例为立足点,在宏观上把握应用型翻译实践讲求目的性的大方向,在译文语言输出上以《欧洲委员会翻译司写作指南》为指导,译出简明准确的英语;在语言输入上强调模仿相关平行文本,学习地道纯正的英语。

编写理念

本书以"时代性、思辨性、实用性和针对性"为原则搜集语料并进行翻译案例讨论。时代性,是指语料及平行文本均选自近年国内外新鲜、典型的语料,翻译讨论具有时代特色,且能提纲挈领、举一反三。思辨性体现在从原文到译文的翻译过程,是一个就具体案例进行调研和思考的过程,分析思辨性强;经过筛选的平行文本,为翻译讨论提供有意义的参考。实用性意味着语料所涉及的翻译技能可迁移性强,翻译内容可借鉴度高。针对性体现在全书各章节都围绕特定应用型翻译领域,能够针对该领域的具体翻译问题提供思路和方法。学生在学习后既能掌握终身受益的翻译写作素养和技能,也能从具体翻译案例中积累知识和方法,摆脱"翻译就是查字典""为应付考试而翻译""不假思索死译"和"信马由缰乱译"等误区。

章节结构

本书针对非文学翻译的题材特点,以各类应用型文本为切入点,探讨分析翻译思路和方法,并开展汉英/英汉笔译训练。全书共八章,涵盖应用型翻译概述、笔译行业与机器辅助翻译、传媒翻译、旅游翻译、商贸会展翻译、公示语翻译、社交文书翻译以及留学与职场翻译。每一章大致分为三节,每一节就特定的翻译内容展开讨论,即从教学目标、宏观视角、翻译写作原则、平行文本、案例练习等环节展开。各章简介如下:

第一章概述应用型翻译的宏观视角与汉英译写原则。首先,解决文本中"谁在对谁说话？说什么？何时？何地？为什么说？"等问题。其次，在翻译过程中尽可能遵守目标语言和文化的表达习惯，尤其在汉译英实践中，应当遵守六点原则：以读者为本、用动词而非名词、要具体而非抽象、用主动而非被动、后置重点信息、控长度用小词。另外，本章阐明平行文本的定义、来源和用途，并利用具体的平行文本获取专业知识、掌握专业术语和模仿写作风格。

第二章简要介绍笔译行业与机器辅助翻译的现状，从语言服务行业、笔译行业的基本概况说起，旨在把握笔译项目管理与计算机辅助翻译的关系。首先，介绍笔译项目管理的特征、笔译项目的团队构成以及项目管理的基本流程。其次，导入计算机辅助翻译技术基本概念及技术，介绍常用CAT工具特征，以适应译员职业化方向。最后，引入计算机辅助翻译工作坊，以MemoQ 2015为例，以具体且全面的翻译流程为导向，介绍译前、译中、译后流程要义。

第三章传媒翻译包括三个小节：新闻翻译、广告语翻译和字幕翻译。新闻和广告语翻译在目前的应用翻译市场上需求较大，其翻译方法和策略在不断更新优化。字幕翻译包括影视剧、纪录片、宣传片等字幕翻译。字幕翻译市场不断规范，市场份额和需求逐年增加，其翻译方法和策略值得探讨。本章编写特色可以归为以下两点：素材新鲜，文中例子或为编者翻译实践例子或为权威典型例子；鼓励自主学习，章节后附有相关网站，以供学生更好地进行平行文本的输入和学习。

第四章介绍旅游翻译。旅游翻译是为旅游活动、旅游专业和行业进行的翻译，是应用型翻译中非常重要的一个领域。本章分节介绍旅游广告、景点介绍、导游词这三类旅游文本的翻译，总结了每一类文本各自的功能、特点和文体特征，在此基础上提出一些汉英翻译写作的原则，用大量真实案例来解释这些原则，最后提供一些平行文本。本章所用的例子和平行文本，或来自旅游特色省市政府官方发布的宣传材料，或来自旅游景区管理部门提供的英汉对照材料，有较大的实用参考价值。

第五章商贸会展翻译包括三个小节：说明书翻译、商务合同翻译和会展翻译。全球范围内企业和商品交流越来越频繁，为了中国更好地"走出去"，要重视商务合同、商品及会展信息的翻译。因此，作为翻译方向的学生，应该知晓产品说明书、劳务合同以及会展材料的翻译技巧和方法。本章编写特色可以归纳为以下两点：会展翻译视角相对较为新颖，为商贸会展翻译提供了珍贵的参考资料；素材新鲜，均取自生活和实践。

第六章公示语翻译，以教育部、国家语委组织研制的国家标准《公共服务领域英文译写规范 第1部分》为依据，以合法性、规范性、服务性、文明性四大译写原则为纲，帮助学生积累地名、人名等专有名词译写的基本知识，分析官方通用公示语、城市交通公示语、景点名胜公示语中功能设施公示语、警示警告公示语、限令禁止公示语、指示指令公示语、说明提示公示语的基本译写规范。

第七章介绍社交文书翻译，社交文书翻译是对外交流活动中不可或缺的部分，是应用型翻译中比较常见的一种类型。本章分节介绍社交信函、请柬和致辞三类常见的社交文书翻译，介绍三种文书各自的功能、格式、文体特征等，提出汉英翻译写作的原则，提供平行文本。本章所用案例和平行文本，或来自中国外交部官网、或来自对外交流记录和历史档案，确保案例真实、格式规范。

第八章留学与职场翻译以欧洲委员会翻译司基本译写原则为导向，结合中英文求职信、推荐信、简历和个人陈述的基本要求与格式规范，探索中英文求职信、推荐信、简历和个人陈述的译写原则，以帮助学习者掌握求职信、推荐信、简历和个人陈述的基本知识及其中英文在交际上的差异，提升留学与职场语境下对信息型文本进行跨文化交际译写的能力。

本书在编写过程中，参考了应用型翻译的最新研究成果和案例，均在教材中标明出处。如有不当之处，敬请原谅。

由于编写时间有限，本书难免存在纰漏，请各位读者和专家指正。

编　者

2018 年 10 月

目 录

第一章 应用型翻译概述 ····· 1
第一节 宏观视角与汉英译写原则：以国务院政府工作报告为例 ····· 1
一、教学目标 ····· 1
二、国务院政府工作报告汉译英的宏观视角 ····· 1
三、国务院政府工作报告汉译英的翻译写作原则 ····· 2
第二节 借鉴平行文本 ····· 11
一、平行文本的定义 ····· 11
二、平行文本的来源 ····· 12
三、平行文本的用途 ····· 12
四、案例练习 ····· 16

第二章 笔译行业与计算机辅助翻译 ····· 18
第一节 笔译行业项目管理概述 ····· 18
一、教学目标 ····· 18
二、笔译行业项目管理的宏观视角 ····· 18
三、笔译项目管理特征 ····· 20
四、案例练习 ····· 28
第二节 计算机辅助翻译概论 ····· 28
一、教学目标 ····· 28
二、宏观视角 ····· 29
三、常用计算机辅助翻译工具介绍 ····· 33
四、案例练习 ····· 42
第三节 机辅翻译工作坊：以 MemoQ 2015 为例 ····· 42
一、教学目标 ····· 42
二、宏观视角 ····· 43
三、CAT 翻译流程 ····· 45
四、案例练习 ····· 57

第三章 传媒翻译 ... 58
第一节 新闻翻译 ... 58
一、教学目标 ... 58
二、新闻翻译宏观视角 ... 58
三、新闻翻译原则 ... 60
四、平行文本 ... 68
五、案例练习 ... 70
第二节 广告语翻译 ... 70
一、教学目标 ... 70
二、广告语翻译宏观视角 ... 71
三、广告语翻译原则 ... 71
四、平行文本 ... 73
五、案例练习 ... 74
第三节 字幕翻译 ... 75
一、教学目标 ... 75
二、字幕翻译宏观视角 ... 75
三、字幕翻译原则 ... 76
四、平行文本 ... 79
五、案例练习 ... 79

第四章 旅游翻译 ... 80
第一节 旅游广告翻译 ... 80
一、教学目标 ... 80
二、旅游广告翻译宏观视角 ... 80
三、旅游广告翻译原则 ... 80
四、平行文本 ... 86
五、案例练习 ... 88
第二节 景点介绍翻译 ... 89
一、教学目标 ... 89
二、景点介绍翻译宏观视角 ... 89
三、景点介绍翻译原则 ... 89
四、平行文本 ... 94
五、案例练习 ... 97
第三节 导游词翻译 ... 97
一、教学目标 ... 97
二、导游词翻译宏观视角 ... 97

三、导游词翻译原则 ·· 98
　　四、平行文本 ·· 100
　　五、案例练习 ·· 104

第五章　商务翻译 ·· 105
第一节　产品说明书翻译 ·· 105
　　一、教学目标 ·· 105
　　二、产品说明书翻译宏观视角 ···································· 105
　　三、产品说明书翻译原则 ·· 106
　　四、平行文本 ·· 109
　　五、案例练习 ·· 109
第二节　商务合同翻译 ·· 110
　　一、教学目标 ·· 110
　　二、商务合同翻译宏观视角 ······································· 110
　　三、商务合同翻译原则 ·· 111
　　四、平行文本 ·· 118
　　五、案例练习 ·· 119
第三节　会展文本翻译 ·· 120
　　一、教学目标 ·· 120
　　二、会展文本翻译宏观视角 ······································· 120
　　三、会展文本翻译原则 ·· 121
　　四、平行文本 ·· 124
　　五、案例练习 ·· 125

第六章　公示语翻译 ·· 126
第一节　官方通用公示语 ·· 126
　　一、教学目标 ·· 126
　　二、官方通用公示语翻译宏观视角 ······························· 126
　　三、官方通用公示语翻译原则 ···································· 128
　　四、平行文本 ·· 132
　　五、案例练习 ·· 137
第二节　城市交通公示语 ·· 138
　　一、教学目标 ·· 138
　　二、城市交通公示语翻译宏观视角 ······························· 138
　　三、城市交通公示语翻译原则 ···································· 139
　　四、平行文本 ·· 144

五、案例练习 ································· 147
第三节　景点名胜公示语 ························· 148
　　一、教学目标 ································· 148
　　二、景点名胜公示语翻译宏观视角 ············· 148
　　三、景点名胜公示语翻译原则 ··················· 150
　　四、平行文本 ································· 153
　　五、案例练习 ································· 165

第七章　社交文书翻译 ····························· 166
第一节　社交信函 ································· 166
　　一、教学目标 ································· 166
　　二、社交信函翻译宏观视角 ····················· 166
　　三、社交信函翻译原则 ························· 166
　　四、平行文本 ································· 169
　　五、案例练习 ································· 173
第二节　请柬 ····································· 175
　　一、教学目标 ································· 175
　　二、请柬翻译宏观视角 ························· 175
　　三、请柬翻译原则 ····························· 175
　　四、平行文本 ································· 180
　　五、案例练习 ································· 181
第三节　致辞 ····································· 182
　　一、教学目标 ································· 182
　　二、致辞翻译宏观视角 ························· 182
　　三、致辞翻译原则 ····························· 183
　　四、平行文本 ································· 187
　　五、案例练习 ································· 193

第八章　留学与职场翻译 ··························· 195
第一节　求职信/推荐信翻译 ······················· 195
　　一、教学目标 ································· 195
　　二、求职信/推荐信翻译宏观视角 ··············· 195
　　三、求职信/推荐信翻译原则 ··················· 197
　　四、平行文本 ································· 201
　　五、案例练习 ································· 205

第二节　简历翻译 ……………………………………………………… 206
一、教学目标 …………………………………………………… 206
二、简历翻译宏观视角 ………………………………………… 206
三、简历翻译原则 ……………………………………………… 207
四、平行文本 …………………………………………………… 213
五、案例练习 …………………………………………………… 217

第三节　个人陈述翻译 …………………………………………… 217
一、教学目标 …………………………………………………… 217
二、个人陈述翻译宏观视角 …………………………………… 217
三、个人陈述翻译原则 ………………………………………… 218
四、平行文本 …………………………………………………… 221
五、案例练习 …………………………………………………… 227

参考答案 ………………………………………………………………… 228

参考文献 ………………………………………………………………… 242

第一章　应用型翻译概述

本章作为应用型翻译的概述，主要以国务院政府工作报告的汉译英为例，说明应用型非文学翻译工作的宏观视角与汉英/英汉译写原则。宏观上而言，应用型翻译工作做得好不好的首要标准，在于是否在翻译的整个过程中牢牢把握住翻译目的性的大方向，也就是明晰具体翻译项目的宏观问题，比如解决原文和译文中"谁在对谁说话？说什么？何时？何地？为什么说？"等基础性问题。其次，在翻译过程中尽可能遵守目标语言和文化的表达习惯，尤其在汉译英实践中，应当遵循这六点原则：以读者为本、用动词而非名词、要具体而非抽象、用主动而非被动、后置重点信息、控长度用小词。

另外，要做好应用型翻译就不能不阅读平行文本进行学习借鉴，第二节将阐述平行文本的定义、来源和用途，并利用具体的平行文本获取专业知识、掌握专业术语和模仿写作风格。

第一节　宏观视角与汉英译写原则：
　　　　以国务院政府工作报告为例

一、教学目标

培养具有翻译政府公文能力的人才，积累政府公文类文件的相关专业知识，提高汉译英的语言能力，培训翻译技能，养成正确的翻译观念和培养翻译的职业精神。

二、国务院政府工作报告汉译英的宏观视角

（一）谁在对谁说话？

国务院政府工作报告的执行者是国务院总理，报告由国务院提交全国人大常委会，在全国人民代表大会上，接受代表审议。报告的直接受众是全国人大代表、政协代表和全国人民。另外，中外媒体和世界各国关心中国政府工作的人士也是报告的受众。

（二）说什么？

（1）一年工作回顾：回顾并总结前一年的政府工作情况。汇报政府取得的成绩和基本经济指标完成情况，然后再将政府工作分为几个大类（如经济、社会事业、劳动等），分别详细阐述工作举措和成绩。

（2）当年工作任务：归纳当年政府各项工作，汇报这一年政府的工作计划和目标。首先是一段纲要性的文字，说明当年政府工作的基本思路和主要任务。然后再将政府工作分为几个大类（如经济、社会事业、劳动等），分别详细阐述将要施行的工作举措和工作计划。

（3）政府自身建设：详细阐述对当年政府内部的政府职能、民主化建设、依法行政、政风建设等方面将要施行的工作举措和工作计划。

（4）其他：国务院总理所作的政府工作报告一般还包括外交和国际形势方面的内容。每个"五年规划"开始之年，报告中还需包含过去五年的总结和今后五年的基本规划。部分政府工作报告后，对报告中出现的一些新名词或专有名词还附有"名词解释"。

（三）何时？何地？

（1）时间：每年三月份的"两会"（"两会"即全国人民代表大会和政治协商会议）期间。

（2）地点：北京人民大会堂中的万人大礼堂。人民大会堂是中国全国人民代表大会开会地，是全国人民代表大会常务委员会的办公场所，也是党和国家领导人和人民群众举行政治、外交、文化活动的场所。

（四）为什么？

国务院政府工作报告从起草到提交人大会议审议，是一个发扬民主、集中民智、反映民意、凝聚民心的过程。人大代表、政协委员在听取政府工作的报告后，进行分组讨论和审议，就政府工作报告提出自己的意见和建议。人民代表可以把自己的意见和建议以及老百姓的心声说出来，把人民的生活更多地展现出来，然后在人民代表大会会议上，主席团会对报告进行审议，并形成审议意见反馈给政府。

三、国务院政府工作报告汉译英的翻译写作原则

（一）读者为本（Put the reader first）[①]

无论是翻译还是应用型写作，都是在为读者服务，所以要以读者为本。读者的时间很宝贵，无论何种文件，都希望尽快从文本中获得所需要的信息。因此，翻译时尽量"说人话"，采用 we 和 you 使语言更加清晰易懂，也更为简洁。2013 年的国务院政府工作报告使用了 34 次"我们"，而英文版的"we"则出现了 246 次，由于中文的并列句可以将每一个短句中的主语省略，而英文的短句则一般不能省略主

---

① 李长栓：《非文学翻译》，外语教学与研究出版社 2015 年版，第 50 页。

语，所以英文 we 的出现频率远高于中文。

欧洲委员会翻译司的翻译写作手册中这样写道：

Whatever the type of document—legislation, a technical report, minutes, a press release or speech, you can enhance its impact by writing clearly. Try to see your subject matter from your readers' point of view; try to involve them ("you" is an under-used word in Commission documents); and try not to bore them①.

由于官方文件的特殊性，政府工作报告与欧盟委员会的文件类似，you 的使用都被限制了。另外，出于以读者为本，应避免使用具有性别歧视倾向的语言。

You can avoid irritating half of your readers by replacing gender-specific words (replace "layman" by "lay person"; "salesgirl" by "sales assistant"; "workman" by "worker").

Avoid "he, she/his, her" by using "they/their" instead.

略举两例：

【例1】原文：严格控制行政经费等一般性支出，勤俭办一切事业。

试译：It is required that all regular expenditures like administrative expenses should be strictly limited, and thrift should be practiced in all undertakings.

分析：不用 we 而使用被动句，似乎更加严谨和书面化，但也使语言显得累赘，信息点不够清晰，不如用 we 和主动句更为简洁明白。如下：

原译：We will strictly limit regular expenditures like administrative expenses, and practice thrift in everything we do.

【例2】原文：过去五年取得的成就来之不易。这是党中央总揽全局、正确领导的结果，是全党全国各族人民齐心协力、艰苦奋斗的结果。

试译：Our achievements over the past five years did not come easily. These should be attributed to the broad vision and correct leadership of the Party Central Committee and the concerted efforts and arduous work of the whole Party and the people of all ethnic groups in China.

分析：翻译因果关系用 be attributed to 并无问题，貌似客观性强，其实却加大了报告人、读者与报告内容的疏离感，而原文中此句之后一大段话表达的是报告人对各方面的衷心感谢，所以用 we 会更有人情味和亲近感，从上下文看更合适。

原译：Our achievements over the past five years did not come easily. We owe them to the broad vision and correct leadership of the Party Central Committee and the concerted efforts and arduous work of the whole Party and the people of all ethnic groups in China.

---

① Directorate-General of Translation, European Commission. Fight the Fog: How to Write Clearly. DG Translation, EC: 2012, 2013, 2015, http://bookshop.europa.eu/en/how-to-write-clearly-pbHC3212148/.

（二）用动词而非名词（Use verbs, not nouns）①

不少英语教师会告诉学生，正式文体要多用名词，因为英语是强调静态语势（static motif）的语言，多用名词性短语（nominal phrase）符合英语习惯，也显得行文庄重。其实这是对英语的误解，几乎所有英语写作指南都强调，要多用动词，少用含有动词意思的名词（nominalization）。欧洲委员会翻译司的写作手册这样写道：

One simple step to clearer English is to change：

This…	…to this
by the introduction of	by introducing
for the allocation of	for allocating
of the provision of	of providing

What are we doing here? Turning a noun back into a verb. English prefers verbs to nouns. Many words ending in "-ion" are simply verbs in disguise. They are called "nominalizations" (yes, another word ending in "-ion"). Look at these：

submit an application for	apply for
carry out an evaluation of	evaluate
implement an investigation of	investigate

And there are others which don't end in "-ion"

conduct a review of	review
perform an assessment of	assess
effect a renewal of	renew

举例如下：

【例3】原文：积极推动信息化和工业化融合，加快建设新一代信息基础设施，促进信息网络技术广泛应用。

试译：We should promote the integration of informatization and industrialization, the acceleration of construction of next-generation information and communication infrastructure, and the widespread application of information network technology.

分析："信息化"按照-tisation/-tization 的名词化习惯，容易误译为 informatization。但这个词在地道英文里的使用不多，而且语义含糊不清。为了清晰表达，"信息化"应译为 application of information and communication technologies，或简译为 IT application。原文中"融合""加快建设"和"广泛应用"均作为"促进" promote 的并列宾语核心词，按 nominal phrase 的方式翻译，显得累赘，不如翻译成动词，作为 promote 的间接谓语，更为简洁有力。

原译：We should promote the integration of IT application and industrialization, more quickly build next-generation information and communication infrastructure, and spread the

---

① 李长栓：《非文学翻译》，外语教学与研究出版社2015年版，第52页。

use of information network technology.

再举一例：

【例 4】原文：必须优化配置和利用生产要素，保持合理的增长速度，为增加就业、改善民生提供必要条件，为转方式、调结构创造稳定环境。

试译：We must optimize the allocation and the use of production factors and maintain a proper level of economic growth in order to provide necessary conditions for creating jobs and improving people's well-being and to create a stable environment for changing the growth model and adjusting the economic structure.

分析："优化配置"作为动宾短语，容易将"配置"译为 allocation，可是原文中"配置和利用"作为并列谓语动词，带出宾语"生产要素"，所以，"配置"译为动词会更合适。而"优化"译为 better，与动词 allocate 无缝衔接，整体更为简练。

原译：We must better allocate and employ factors of production and maintain a proper level of economic growth in order to provide necessary conditions for creating jobs and improving people's well-being and to create a stable environment for changing the growth model and adjusting the economic structure.

值得一提的是，在超过 2.6 万个词的中英双语版政府工作报告中，没有出现一处 by the introduction of 等使用名词性短语来表达条件和伴随意义的短句，可见其英译行文之简练。另外，如果译文的意图是遮掩事实真相，将信息含糊化，则可反其道而行之，多翻译成 nominalization 的方式。写作手册中讽刺道：

If the consultant's report is too candid about the non-feasibility of providing national funding, just effect the nominalization of all their hard-hitting verbs and the results will be sufficiently soporific to send your readers to sleep.

（三）要具体而非抽象（Concrete, not abstract）[①]

英语用词，特别是动词的具体与抽象，体现在"小词"与"大词"上。不少老师告诉学生为了在写作考试拿好成绩，必须在动词的深度和广度上下功夫，将小词通通剔除，甚至提倡只用一些 -ate 结尾的源自拉丁语的英语大词，以显示其辞藻之华丽，vocabulary 之丰富。这也是英语学习的一个误区。在欧洲委员会翻译司的写作手册中，强调英语是开门见山的语言，多用小词，信息传达才更直接，否则有故弄玄虚以隐藏真相之嫌。

English is a notoriously blunt language. Too much abstract language (FOG) may make your reader suspect that something real and unpalatable is being wrapped up in verbiage.

In general, if you have a choice between an abstract word and a more concrete one

---

[①] 李长栓：《非文学翻译》，外语教学与研究出版社 2015 年版，第 53 页。

that means the same, choose concrete. It will make you message more direct.

Sometimes, instead of this…:	…you could try this:
establish	fix
emphasize	highlight
orient	steer
eliminate	cut out
determine	set
objective	goal, target
Initiating impulse	trigger
employment opportunities	jobs
negative evolution	downward spiral
decisive innovation	breakthrough

举例如下:

【例5】原文:通过稳定经济增长和调整经济结构增加就业岗位,加强职业技能培训,提高劳动者就业创业能力。

试译: We should create more employment opportunities by maintaining stable economic growth and adjusting the economic structure and provide better vocational skills training to help people with their employability or start their own businesses.

分析:"就业岗位"和"就业能力"通常译为 employment opportunities 和 employability,但是都不如 jobs 直截了当,改为 jobs 之后整句话"稳增长、促就业"的意思更为突出。

原译: We should create more jobs by maintaining stable economic growth and adjusting the economic structure and provide better vocational skills training to help people to find jobs or start their own businesses.

【例6】原文:综合权衡,今年的经济增长目标定为7.5%左右是必要的、适宜的,实现这个目标需要付出艰苦努力。

试译: In light of these considerations, we deem it necessary and appropriate to establish this year's objective for economic growth at about 7.5%, a goal that we will have to work hard to attain.

分析:"设定目标"的译法,用大词 establish objective 比小词 set target 更为晦涩,句子的表达效果略显拐弯抹角。

原译: In light of these considerations, we deem it necessary and appropriate to set this year's target for economic growth at about 7.5%, a goal that we will have to work hard to attain.

值得一提的是,如果译文的意图是遮掩事实真相,将信息含糊化,则可反其道而行之,译文多采用成抽象的大词。写作手册中讽刺道:

"These countries are asking for dates and facts, but all we can give them is prevarication and obfuscation."

（四）用主动而非被动（Active, not passive）[①]

在学术论文写作中，我们通常强调多使用英语的被动语态。但在欧洲委员会的翻译写作手册中，需要用被动语态的只有下述情况：

（1）由于众所周知的原因，无需指明谁对某个行为负责。

If there's no need to say who was responsible for the action because it's obvious. ("All Commission staff are encouraged to write clearly.")

（2）当需要强调动作的受体，将受体置于句首。

If you want to focus attention on the receiver of the action by putting that first. ("One of the most controversial members of the European Parliament has been interviewed by the press about the proposal.")

（3）当需要把旧信息或已知信息置于句首，将新信息或出人意料的信息置于句尾。

If you want to position old or known information at the start of the sentence, so you can put new or surprising information at the end. ("After the Summit the President was interviewed by a ten-year-old pupil from the European School.")

【例7】 被动语态：A <u>recommendation was made</u> by the European Parliament that consideration <u>be given</u> by the Member States to a <u>simplification</u> of the award procedure. (bad)

改为主动：The European Parliament <u>made a recommendation</u> that the Member States <u>give consideration</u> to a <u>simplification</u> of the award procedure. (a little better)

再改为动词：The European Parliament <u>recommended</u> that the Member States <u>consider simplifying</u> the award procedure. (much better)

【例8】 原文：（我们）夺取抗击汶川特大地震、玉树强烈地震、舟曲特大山洪泥石流等严重自然灾害和灾后恢复重建重大胜利。

试译：The impact of the massive Wenchuan earthquake, the strong Yushu earthquake, the huge Zhouqu mudslide and other natural disasters <u>were successfully mitigated</u> and post-disaster recovery and reconstruction <u>was carried out</u>.

分析：原文强调的是中国政府作为主体，在抗震救灾方面取得的成就，而非强调受体——各种自然灾害，所以应该用主动句。

原译：<u>We successfully mitigated</u> the impact of the massive Wenchuan earthquake, the strong Yushu earthquake, the huge Zhouqu mudslide and other natural disasters and <u>carried out</u> post-disaster recovery and reconstruction.

[①] 李长栓：《非文学翻译》，外语教学与研究出版社2015年版，第55页。

值得一提的是,被动句在以下情况下可以灵活使用,比如:
(1) 刻意回避主体责任的时候用被动句,略去主语:
Cigarette ads were designed to appeal especially to children.
We designed the cigarette ads to appeal especially to children.
(2) 强调动作受体的时候,使用被动句:

【例9】原文:西气东输、西电东送、南水北调等重大工程顺利推进或建成。

试译:We have made smooth progress in major projects such as those for transporting natural gas and electricity from the west to the east and diverting water from the south to the north, and have completed some of the projects.

分析:原句强调的受体——我们取得的成就,而非中国政府这个动作的主体,所以应当把"成就"前置于句首,用被动句来加以突出。在政府工作报告的英译中,被动语态的使用不多,除了在 Progress was made …这一类强调成就的句型里。

原译:Smooth progress was made in major projects such as those for transporting natural gas and electricity from the west to the east and diverting water from the south to the north, and some of the projects have been completed.

关于被动语态,还要注意:切勿在同一句话中混用主动和被动语态。

【例10】原文:The executive committee approved the new policy, and the calendar for next year's meetings was revised.

改写:The executive committee approved the new policy and revised the calendar for next year's meeting.

(五) 后置重点信息 (Making sense-managing stress)[①]

起草、修改和翻译文件时,会涉及大量的新旧事实和概念。作者及译者需要以符合逻辑的顺序把这些信息依次排列,才能保证读者一遍看懂。在欧洲委员会的翻译写作指南中,信息的排列组合有以下三种方法:

(1) 指出每个动作的执行者,按时间先后排列动作。

【例11】修改前:Its decision on allocation of ESF assistance will be taken subsequent to receipt of all project applications at the Committee's meeting.

分析:原文有两个问题,第一是被动语态导致各项动作的执行主体不清晰,第二是句子的逻辑顺序与事情发生的时间顺序相违背。修改时应该用主动句突出动作的执行者,并且句子的逻辑顺序按照"先提交申请,后决定拨款"的时间顺序进行排列。

修改后:When all applicants have submitted their project applications, the Committee will meet to decide how much ESF aid it will grant to each one.

(2) 将旧信息或已知信息放在句首,把新信息或复杂信息放在句末。这样句子

---

① 李长栓:《非文学翻译》,外语教学与研究出版社2015年版,第59页。

间的衔接更自然，有利于读者跟上作者的写作思路。例如：

The Court of Auditors report criticizes agricultural spending and proposes some new measures to prevent fraud. Their proposals include setting up a special task force with powers to search farms. Such powers are not normally granted to Commission officials, but fraud prevention is now one of the EU's main priorities.

分析：下划线部分的内容依次排列，新信息置于句末，该信息用后一句的句首相呼应衔接。循循相因的写法符合人们认识事物的规律，易于理解。

（3）句子的末尾要有力，因为最后看到的内容，最容易记住。这就要求必要时把句子末尾不重要的信息移到句子左侧。例如：

【例12】**原文**：中央科学判断、果断决策，有效避免了我国现代化进程因巨大的外部冲击而出现大的波折。

试译：The central leadership made resolute decisions that steered China's modernization drive clear of major pitfalls created by huge external shocks on the basis of a scientific judgment of the situation.

分析：中央的"科学判断、果断决策"和"在……下"和"基于……"这类句型是背景信息，需前置，不宜后置。翻译过程中也不宜颠倒主要信息和次要信息的顺序。

原译：The central leadership, on the basis of a scientific judgment of the situation, made resolute decisions that steered China's modernization drive clear of major pitfalls created by huge external shocks.

关于重点信息后置，再举一例：

【例13】**原文**：创新型国家建设取得新成就，载人航天、探月工程、载人深潜、北斗卫星导航系统、超级计算机、高速铁路等实现重大突破，第一艘航母"辽宁舰"入列。

分析：因为要突出具体成就，所以在翻译时将"重大突破"前置，各项成就后置。另外航母入列属于这些成就中最显著的，独立成句，置于此意群的末尾。

原译：We made China more innovative. Breakthroughs were made in developing manned spaceflight and the lunar exploration program, building a manned deep-sea submersible, launching the Beidou Navigation Satellite System, developing supercomputers and building high-speed railways. China's first aircraft carrier, the Liaoning, was commissioned.

（六）控长度、用小词（Keep it short and simple）[①]

文件的价值与其长度不成正比，读者不会因为文件长而尊敬作者，也不会认为长的文章更可信更有力。欧洲委员会的成员多次要求文件简明扼要，秘书长甚至拒

[①] 李长栓：《非文学翻译》，外语教学与研究出版社2015年版，第61页。

绝接受太长的文件。手册引用了法国作家 Blaise Pascal（1657）的一句名言 *Je n'ai fait celle-ci plus longue que parce que je n'ai pas eu le loisir de la faire plus courte.*（I have made this letter longer than usual, only because I have not had the time to make it shorter）。对于文件具体长度的建议是——As a guide：1 document = 20 pages at the most and 1 sentence = 20 words. Shorter documents tend to have more impact, and so do shorter sentences. 如何让文件更为简练？对于在英文写作和翻译中困于表达冗余累赘的中国学生，从把握读者的大方向上，应该树立这样的意识：文件的读者素质不低，记忆力不差，推断力也不弱，一件事情不必反反复复唠唠叨叨。具体从以下几个方面着手：

1. Don't state the obvious. Trust your readers' common sense.

2. Don't clutter your text with redundant expressions like "as is well known", "it is generally accepted that", "in my personal opinion", "and so on and so forth", "both from the point of view of A and from the point of view of B".

3. Don't waste words telling readers what the text is going to say, or reminding them what it said earlier. Just say it once.

例如：

【例14】修改前：Therefore, if people expect the market to <u>give free rein to its function as a highly efficient resource allocator</u>, then <u>there is no need to worry about</u> who should run their businesses <u>upon the retirement of successful entrepreneurs</u>. In any event, wealth and resources will be concentrated in the hands of <u>those endowed with an entrepreneurial spirit</u>. As long as the market is free, this trend will not be subject to any change. Then, the most important thing <u>for society</u> is to design institution that help <u>those devoid of entrepreneurial spirit</u> transfer their control over resources to <u>those who possess it</u>. And as long as entrepreneurs <u>can bring into full play their vigor</u> and their property rights are guaranteed, they can naturally discover or create such systems.（127 words）

修改后：Thus, if you believe that the market <u>will allocate resources efficiently</u>, then <u>you don't have to worry</u> who runs the businesses <u>when successful entrepreneurs retire</u>. For in a free market wealth and resources will ultimately flow into the hands of <u>entrepreneurs</u> and no force will stop that. The important thing is to design institutions that help <u>non-entrepreneurial heirs</u> assign control of their resources to <u>entrepreneurs</u>. And so long as entrepreneurs are <u>free to use their talent</u>, and their property rights are protected, they will discover or create such institutions.（89 words）

在上文"（三）具体而非抽象"中，我们提到动词的选用应该直截了当。而其实对于起关联作用的短语，同样可以用简单的连词替代。多用小词，并不会让读者觉得你没学问没文才。相反，简单的说法让读者觉得你更可信。如尽量采用下表右边一列的小词：

Sometimes, instead of this…:	…you could try this:
in view of the fact that	as
with respect to	on
a certain number of	some
the majority of	most
pursuant to	under
within the framework of	under
accordingly, consequently	so
for the purpose of, in order to	to
in the event of	if
if this is not the case	if not
if this is the case	if so
concerning, regarding	about
with reference to, with regard to	about

第二节　借鉴平行文本

一、平行文本的定义[①]

翻译是一个追求不同语种文本之间的语意动态对等的过程，单靠查字典往往只获得词汇层面的直接对等，直接对等很可能导致译出文的"机器人翻译"味道，让人啼笑皆非。最好的解决方法是通过阅读平行文本进行学习借鉴，平行文本（parallel text）是可以并排着平行放在一起，满足逐句对照阅读的原文及其译文。出版界有时也称之为"英汉双语对照版""双语版"，本书提及的"平行文本"既包含了狭义上的平行文本，即与原文内容相关或相似的译入语参考资料——这类资料可以是专题性的文章、百科全书词条以及词典中的解释和例句——也包括广义上的平行文本，即与原文内容相近的任何参考资料。对于国务院的政府工作报告，其对应的英文版，就属于高度相关的狭义上的平行文本。而对于地方政府的工作报告而言，国务院政府工作报告的英文版，便属于广义上的平行文本，虽然具体的词句不能一一对应，但宏观上的结构和内容相近度很高，依然有着积极的参考借鉴价值。

---

① 李长栓：《非文学翻译》，外语教学与研究出版社2015年版，第91页。

二、平行文本的来源[①]

平行文本可以通过多种途径获得。传统方法是在已出版的印刷媒体上查找，不过此方法效率低、时效性差。更好的方法是借助互联网和电子辞典的开放性和丰富性，检索的效率和效果会得到很大提升。获得英文平行文本的常用途径包括网站：Bing、Google、百度文库、维基百科、answers.com、thefreedictionary.com 等，电子辞典包括有道、巴比伦和灵格斯等。查询的要点：锁定与内容相关度最高的网站，甄别信息来源的权威性和正确性，最后挑选最贴切的关键词进行查询。

三、平行文本的用途[②]

平行文本可以弥补译者在专业知识、专业术语和写作风格上的欠缺，让译文更为专业，表达更为地道。

（一）获取专业知识

翻译工作的多样性要求译者最好是博学多才的杂家，但术业有专攻，系统性地掌握某一类专业知识并非轻而易举，而翻译工作的时间有限，也往往不允许译者慢慢地去从头系统地学习。此时最好的方法是以问题为主导进行任务式学习，带着翻译的具体问题去有针对性地查阅双语的平行文本。比如翻译某一款手机的摄影功能时，有几个小标题涉及数码摄影的专业知识，这时候就应该查阅中文的平行文本，快速掌握这些小标题的内涵。

> Optical image stabilization
> iPhone 7 comes with optical image stabilization to reduce blur associated with motion and handshake. A sensor helps the lens counteract even the tiniest movement, allowing for up to 3x longer exposure compared to iPhone 6s.
>
> $f/1.8$ aperture
> A larger aperture allows up to 50 percent more light onto the camera sensor than iPhone 6s, further enhancing the camera's ability to take superb low-light photos. Teamed with the new six-element lens, the camera will deliver brighter, more detailed shots.
>
> Quad-LED True Tone flash
> Four smart LEDs flash 50 percent brighter than iPhone 6s. The flash adjusts according to the color temperature of the environment, resulting in sharper, more brightly lit photos.

[①] 李长栓：《非文学翻译》，外语教学与研究出版社 2015 年版，第 93 页。
[②] 李长栓：《非文学翻译》，外语教学与研究出版社 2015 年版，第 93–106 页。

如果仅查字典，可能会把上文有下划线的 stabilization、six-element 和 True Tone 分别翻译为"稳定化功能""6 元素"和"真色调"。而通过阅读中文的平行文本（见下面译文），可见原文介绍的是手机的摄影功能，这些词在照相光学里对应的专业解释应该是"防抖功能""由 6 片镜片组成的（镜头）"和"真实肤色"。而特别注意 True Tone 是大写首字母的拼写，可能属于该公司的专利商标，如果在中国没有相应注册一个专利中文名称的话，不能想当然翻译为中文，而应该在译文中保留英文原文。通读平行文本，我们也可以快速地大致了解什么是光学防抖、f/1.8 光圈意味着什么和 4 个 LED 闪光灯的好处，这是查阅字典和摄影教科书所不能快速解答的。

译文如下：

光学图像防抖功能
　　iPhone 7 配备光学图像防抖功能，以减少运动和手持拍摄时因抖动而造成的影像模糊。传感器可帮助镜头抵消哪怕是极其轻微的抖动，从而实现最长可达 iPhone 6s 三倍的曝光时间。
ƒ/1.8 光圈
　　更大光圈的采用，使得摄像头感光元件接受的光线量最多可比 iPhone 6s 增加 50%，从而提升摄像头在弱光环境中的拍摄能力，让照片效果更进一步。再配合新款六镜式镜头，摄像头将拍出更明亮、细节更丰富的照片。
4-LED True Tone 闪光灯
　　4 个智能 LED 可发出亮度比 iPhone 6s 闪光灯高 50% 的闪光。它会根据环境色温进行调整，让你拍出更锐利、更明亮的照片。

（二）掌握专业术语

译者在工作中遇到的专业材料五花八门，翻译中"隔行如隔山"的情况屡见不鲜。即使译者长期翻译某一行业的文本，但只要遇到新的理念和名称，仍需要花大功夫去查阅、斟酌和推敲，才能得到稳妥的译文，单纯靠字典的释义往往比较含糊，并不能精确地译出原意。此时最好是通过研读平行文本来解决，而平行词条库是解决专业术语问题的最佳途径。

比如将"英语系副主任"译为英语，我们知道汉语的公职头衔"副职"，对应英语的有 vice、deputy、associate 等词，而"主任"，对应有 chief、director 等，但具体要用哪个词，却不能轻而易举地敲定。此时，译者首先需要全面了解文本的语境，确定所指岗位的情况。经过核实，文本中"英语系"是某大学的直属教学单位，而非该大学的外国语学院下属的二级教学单位。所以，"英语系"可理解为是与大学的外国语学院同级的"院系"，而"系主任"等同于"学院院长"，采用以下平行词条库进行查询①,"副主任"等同于"副院长","英语系副主任"可译为 Associate Dean of the English Department。通过查阅平行文本,如果原文中的英语系副主任有不止一人,而且其中一人为"首席副主任",则可译为 Deputy Dean。

Terminology	中文辭彙	Category
Assistant Dean (Academic Advising and Electives)	助理院長(學業導修)	Staff Titles 教學及其他工作人員
Assistant Dean (International Relations)	助理院長(國際事務)	Staff Titles 教學及其他工作人員
Assistant Dean of Faculty	學院助理院長	Staff Titles 教學及其他工作人員
Associate Dean of Faculty	學院副院長	Staff Titles 教學及其他工作人員
Dean	學院院長	Staff Titles 教學及其他工作人員

The University of Hong Kong Standard Terminology / 香港大學校內用辭彙編

再举一例,将"商务英语专业副主任"译为英语。首先经过核实,商务英语专业是某大学下属外国语学院开设的二级教学单位,排除了 Dean,而应用 Director。但是否译为 Associate Director of Business English Major? 我们继续查阅平行词条库,发现 Director 的副职不用 Associate,而是 Deputy Director;另外大学里面开设的"专业",惯译为 program,本科专业用 undergraduate program,研究生专业则为 postgraduate program,所以顺理成章地,"商务英语专业副主任"译为 Deputy Director of Undergraduate Business English Program。

---

① "香港大学校内用辞汇编 The University of Hong Kong Standard Terminology," The University of Hong Kong. http://www.cpao.hku.hk/cpao/terminology.

Deputy Director	副主任 / 副總監 / 副處長 / 副所長 / 副院長	Staff Titles 教學及其他工作人員
Deputy Director of Finance	財務處副處長	Staff Titles 教學及其他工作人員
Deputy Director, IT Services	資訊科技副總監	Staff Titles 教學及其他工作人員
Director	主任 / 處長 / 所長 / 院長 / 總監	Staff Titles 教學及其他工作人員

（三）模仿写作风格

翻译工作的目的性决定了译文在表达措辞和风格与原文不尽相同。如果只追求纯翻译理念上的"信、达、雅"，有时反而会让译文偏离了翻译委托方的本意，甚至会导致吃力不讨好的情况。一般而言，好的翻译都是在不违背原文精神的前提下，对原文进行一定程度改写。读起来没有翻译腔的译文，越是符合目的语的语言习惯，越是通顺，与原文表达形式的差异往往越大。

下面的例子是关于一款国产手机的介绍。汉语是该公司的母语，而海外市场又是该公司十分看重的。宣传介绍的目的是让消费者了解并信任这款产品的优点，从而选择购买。所以，译文应该以达到此营销目的为准，在此精神的基础上可以适当地调整内容。

【例1】原文：

快，令人惊叹

新一代旗舰芯片 华为麒麟960

HUAWEI Mate 9 搭载的麒麟960芯片，八核CPU较上一代数据处理能力大幅提升；Mali G71八核GPU相较上一代在图形处理性能上提升180%。结合比上一代技术提速100%的UFS2.1高速闪存，带来难以想象的高速与流畅。

试译：

Amazingly Fast

The new generation flagship CPU—Huawei Kirin 960

HUAWEI Mate 9 is equipped with the Kirin 960 8-core CPU which greatly enhances the data processing ability, while the Mali G71 8-core GPU boosts imaging processing by 180% compared to its predecessors, the integrated UFS2.1 cache memory further doubles the speed. All these make the Huawei Mate 9 incredibly fast and smooth to use.

分析：原文有两个特点：①以手机为中心展开介绍；②大量引用型号和数据。但是在英语广告中，应该以读者为中心，强调用户体验，所以改用you会更好。另外，英语广告界有一个不成文的共识——广告的数字愈多，广告的效果越糟糕。英语思维中对型号、性能和指标这类数字的敏感度和需求要低于汉语。如果按汉语直译，保留数据则会显得累赘，甚至读上去有科研论文的感觉。此时翻译应该"遗貌取神"，抓住原文的精神和核心内容：新 CPU、快速这两个特点，省去其他数据，另外增加 you 和 your 以拉近读者距离，英文传达的信息更为精炼，宣传效果更好。

原译：

Revolutionary speed

Now you won't slow down, thanks to the new Kirin 960 processor and intelligent Machine Learning algorithm. This ground-breaking interplay between hardware and software means your Huawei Mate 9 is born fast and stays fast.

同时也应该注意到，以读者为中心，不是要所有句子都用 you；而减少广告中的数据，并非意味着把所有数字都一概抹去，在必要的场合，还是需要以产品为中心，并引用关键性的数据。如下例：

【例 2】原文：

改写"续航"定义

HUAWEI SuperCharge 安全疾速续能

传承 Mate 系列 DNA，4000mAh（典型值）高密度电池与新一代智电技术 5.0 配合恰到好处，带来更长的续航体验。不仅如此，HUAWEI SuperCharge 快充技术，支持 5A 快充，充电 30 分钟可连续观看视频 12 小时。安全方面，识别不同充电器及数据线，匹配智能快充方案；更有 15 层安全保护机制，让手机使用更安心。

分析： 一款手机的续航能力主要取决于电池容量，而保持不间断使用则强调充电效率，所以这两个方面的数据是不可缺失的，否则宣传会因为言之无物而沦为夸夸其谈，损害了广告要达到有效宣传的本意。长续航作为手机的卖点，可以用手机作为主语展开介绍。

原译：

Enhanced power

The Huawei Mate 9 offers a truly revolutionary battery life. With its large 4000mAh battery and smart power-saving technology, you can enjoy two days' usage. State-of-the-art HUAWEI SuperCharge technology safely charges the device for a full day's power in 20 minutes.

四、案例练习

（1）翻译：《南方日报》官方微博。

【报告称广州最缺互联网人才 年薪可达 30 万】5 日在线招聘网站猎聘网对外发布《广州互联网行业人才紧缺指数（TSI）报告》，报告显示今年三季度，互联网在广州全行业中成为人才需求最为紧迫的行业；而在当地互联网各种紧缺职位中，以工程师为代表的技术类职位名列前十。

（2）翻译：《南方日报》官方微博。

译法提示：原文是一张词汇对照表，以左右对应的方式阐明旧词"新"义。在翻译的时候首先需要把握旧词的本义，根据旧词的意思检索对应的新词。另一种译法是根据新词直接检索对应的英文，然后采用比较法，看与旧词的意义是否匹配。

新老词汇对比表

原说法	新说法
高利贷	P2P
乞讨	众筹
算命	分析师
八卦	自媒体
统计	大数据
忽悠	互联网思维
耳机	穿戴式设备
办公室出租	孵化器
看场子收保护费	平台战略
捣乱	颠覆式创新
借钱给靠谱的朋友	天使投资
借钱给不靠谱的朋友	风险投资

第二章 笔译行业与计算机辅助翻译

第一节 笔译行业项目管理概述

一、教学目标

能理解职业译员在新时代语言服务行业中的角色，了解语言服务行业、笔译行业的基本概况，把握笔译项目管理与计算机辅助翻译的关系，掌握笔译项目管理的特征、笔译翻译项目的团队构成以及项目管理的基本流程，以期职业译员适应翻译产业化发展，培养新时代译员职业素养，以发展眼光规划未来职业道路。

二、笔译行业项目管理的宏观视角

（一）全球化下的语言服务产业

美国语言服务咨询公司（Common Sense Advisory，CSA）发布了"2017语言服务市场"调研报告，指出"为了在跨地域沟通与跨文化贸易中适应法律体系，迎合市场需求与预期，语言服务行业发展迅猛，2017年的行业收入已达430亿美元。"[①]

全球语言服务行业急剧扩张，其中，中国语言服务行业也实现了飞跃式的发展。2008年北京奥运会以来，中国对外交流迅猛扩展，各种大型国际性政治、经济会议以及各类国际性竞技赛事相继在中国举办。特别是近年来"一带一路"战略深入实施，为中国语言服务市场吸引了大量的海内外资本，扩大海内外语言服务市场刚需，国内外语言服务对象规模急速膨胀，语言服务需求大幅增加。中国语言服务行业迎来了重大历史机遇，成为生机勃勃的新兴产业。

2014年中国翻译协会提出，语言服务业是指提供跨语言、跨文化信息转换服务和产品，以及相关技术研发、工具应用、知识管理、教育培训等专业化服务的现代服务业[②]。语言服务行业的核心业务为在跨文化语境下的语言服务，袁军将语言服务定义为"通过直接提供语言信息转换服务和产品，或提供语言信息转换所需的技术、工

[①] "The Language Services Market：2017"，http://www.commonsenseadvisory.com/abstractview/tabid/74/articleid/39815/title/thelanguageservicesmarket2017/default.aspx.

[②] 中国翻译协会：《中国翻译服务业分析报告2014》，第8页。

具、知识、技能，帮助人们解决语际信息交流中出现的语言障碍的服务活动"[①]。

崔启亮、罗慧芳指出，语言服务业现已形成完整的产业链。语言服务购买方（客户）将语言服务外包给语言服务提供方（翻译公司等），语言服务提供方（翻译公司等）利用语言技术提供方（机器翻译、机器辅助翻译、语言服务管理系统技术研发公司）的技术组织语言服务人才，输出所需语言服务。这整个过程接受语言服务行业协会（中国翻译协会等）的监督，其中，语言服务人才教育方（大学或培训公司）提供语言服务人才，语言咨询与研究方为上述各方提供咨询与研究服务。语言服务产业链围绕其核心产品——语言服务展开，语言服务的主要业务类型包括：

- 口译、笔译、字幕和配音服务；
- 软件、网站的本地化业务；
- 机器翻译、机器辅助翻译、语言服务管理系统的技术研发；
- 语言资产（如术语库和语料库）管理服务等；
- 全球化与本地化咨询服务以及相关教育培训与研究等。[②]

（二）笔译行业产业化

笔译是语言服务行业的重要分支，过去的笔译行业以传统作坊模式运营，仅以职业译员的人工翻译能力来提供笔译服务，所能承接笔译任务规格有限，耗费人力与时间成本。但是，新时代语言服务行业迅猛发展，对笔译服务提出"量大、质优、效率高"三大要求，使得笔译服务项目变得结构庞大复杂、任务多、周期长。传统的作坊式的笔译服务已难满足行业需要。

因此，为迎合"量大、质优、效率高"的行业需要，笔译行业的生产人员配置不再只有职业译员，而是发展成为专业化的笔译团队，科学配置职业译员与其他岗位人员之间工作。并对职业译员的翻译环节进行精细化分工，成为行业流程的一部分，再引入各类计算机翻译管理技术，构建翻译生产构架与质量保证体系，开发机器翻译以及计算机辅助翻译技术以提升职业译员的翻译生产力。

由此，笔译行业破除了传统的译员作坊模式，将职业译员成为专业翻译团队中的一个角色，利用计算机翻译管理技术来管理与跟踪笔译服务流程，指引团队辅助或利用计算机辅助翻译技术完成翻译生产，从而实现了对管理模式以及翻译生产方式的创新。

按照语言服务产业链，以笔译行业为例，客户（笔译服务购买方）将笔译业务外包给翻译公司（笔译服务提供方），翻译公司（笔译服务提供方）利用技术研发公司（笔译服务技术方）所开发的语言服务管理系统进行项目流程管理，组织职业译员等笔译人才利用技术研发公司（笔译服务技术方）所研发的机器辅助翻译技

---

① 袁军：《语言服务的概念界定》，载《中国翻译》2014年第1期，第22页。
② 崔启亮，罗慧芳：《翻译项目管理》，外文出版社2016年版，第1-2页。

术,完成所交付的笔译业务,期间接受中国翻译协会等行业协会(翻译服务行业协会)的监督。笔译人才教育方培养输出职业译员等笔译人才,翻译服务咨询方以及研究方为其他各方提供笔译咨询研究服务。由此,笔译行业呈现出多层次、多元化、科技化的产业化发展。

由此,产业化构架下的笔译行业衍生出翻译项目管理的概念——笔译项目管理,利用计算机翻译管理系统(Translation Management System,TMS),对笔译业务进行专业化、流程化、技术化项目管理。笔译项目管理流程的译中环节之下,又进一步推动着翻译生产自动化——即利用计算机辅助翻译技术产出笔译服务。

三、笔译项目管理特征

(一)笔译项目分工专业化

产业化背景下的笔译项目管理,从依靠个体的职业译员旧模式发展成为专业的项目团队,团队中分工明确,各司其职,此特征在大中型翻译公司中尤为显著,推进笔译项目的顺利进行,离不开以下基本的团队角色:

- 项目经理:按照客户的要求,在既定的时间内,协调组织相关资源,保质保量完成翻译任务,并将成本控制在合理范围内。其工作包括业务评估、流程管理、人员管理、项目监控、沟通管理、财务管理等。
- 技术员:根据项目要求,完成文件提取、格式转换与工作量统计。
- 译员:职业译员根据项目指示按时按量完成翻译任务、利用计算机辅助翻译工具对文件进行翻译和标注,根据编辑及客户提供的反馈提升自身翻译技能。
- 编辑员:在上下文语境下对译文进行修改、润色、校对。
- 审校员:从最终客户角度出发,对编辑后的翻译稿件进行格式以及内容校审,利用计算机辅助翻译工具对文件进行批量处理。
- 排版员:分析源文件排版特征,创建或应用排版模版,开展排版与校对工作,最后输出和提交成品。

翻译公司会按照各自的人力资源配置与笔译项目流程划分岗位及其具体职责,如译员很多时候会兼任技术员的职责,即会出现集多重职责于同一岗位的情况,但在笔译项目团队的职责构成中总体上包括上述所有岗位职责。这六个岗位职责相互关系如图 2-1 所示。

笔译项目专业化分工,为笔译项目管理配置好人力资源。首先,有利于项目经理管理集权。项目经理需要综合项目要求与现有人力资源,指派项目的技术员、译员、编辑员、审校员以及排版员等团队角色,并且跟踪、监控与评估团队的活动。由此可见,项目经理在笔译项目团队中起着领头、指挥与监督的作用。其次,项目经理外的各个岗位人员,各有所长,在工作流中各司其职,发挥其在团队中的作用,并且互相进行质量反馈,以协作为形式,保证项目的质量,提升工作效率。

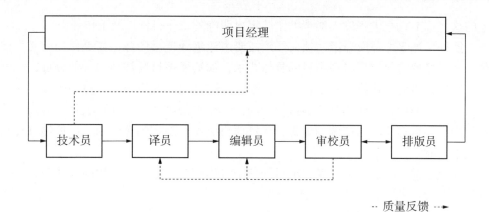

图 2-1 笔译项目人员关系

(二) 笔译项目管理流程化[①]

团队的专业化配置是为了更好开展流程化的笔译项目工作流。各个翻译公司会根据自身的条件与需要，为自己量身定制系统的项目管理流程来优化自己的翻译生产结构，来提升笔译产品的质量。

崔启亮、罗慧芳结合美国项目管理协会编写的《项目管理知识体系指南》与自身的从业经验，将笔译项目管理流程分为译前、译中与译后，下述为笔译项目管理的基本步骤。

1. 译前

客户与翻译公司签署好服务协议后，协议开始生效，项目经理便开始启动项目，着手准备翻译生产环节前的一系列工作，这就是笔译项目的起点。

(1) 明确工作范围、确定项目团队。

项目经理需要按照服务协议的要求，进一步与客户沟通，具体分析笔译项目的工作范围，其中包括确定专业范围，进行行业细分。

此步骤尤为重要，它为后续的工作奠定了坚实的基础。工作内容以及工作范围的确定能有效明确工作目标，提高工作效率，防范风险。明确工作范围除了传统的明确源语言、目标语言、项目的目的与用途（参考级、专业级、出版级）、排版样式等要求之外，还需再次核实和确定项目的规格、翻译工作量与提交时间，深度挖掘项目的重点、难点，包括客户的关键需求与关注重点，而后作出具体的流程规划，以有效顺利开展项目工作。如核实所收到的纸质版报表数字是否需要全部处理为电子版数据来识别项目的工作量，从而确认后续笔译项目流程中是否需要重点增设数据上的编辑、审校与排版环节；又如，向客户确认所收到的文件是否为终版须译的文件，来避免后期返工带来人力与时间上的浪费。进一步识别与敲定工作范围

---

① 本节参见崔启亮，罗慧芳《翻译项目管理》，外文出版社 2016 年版，第 100-110 页。

上的这些细节，很大程度上能帮助团队定出明确的工作目标以及工作任务。

此外，如3.1节所介绍，项目经理需要组建笔译项目团队，这是译前的必要步骤。项目经理需要综合考虑项目的具体要求，如笔译项目所涉及的专业领域，以及各个岗位人员的工作排期，来——匹配，并按照项目的规模，组建一个或者多个项目团队，而后还需向团队明确可使用的计算机辅助翻译（CAT）软件。同时，项目经理需要根据团队与资源的配置，计算项目成本，制定预算计划，以控制管理项目成本与时间。

完成上述工作后，便能确定项目的各个流程细节，制定出具体的笔译项目工作计划。

（2）召开项目启动会（Kick-off Meeting）。

项目启动会分外部启动会与内部启动会。外部启动会由项目团队主要成员与客户方的相关人员一起参加，针对项目细节内容以及详细的项目目标进行咨询与探讨，进一步与客户沟通，奠定日后的合作基础。而内部项目启动会由笔译项目团队成员参与，会议将向团队明确笔译项目的目标、要求以及任务，明确各自职责，交代笔译项目流程等。

（3）创建词汇表/术语表及风格指南。

词汇表/术语表与风格指南是笔译产品的专业性及译文一致性的重要保障，确保笔译团队中能对专业用语采取一致的译文，规范用词与行文标准。如欧洲委员会翻译司的翻译写作手册就是一种风格指南。用词与风格的统一能让译文避免出现"拼凑感"，因笔译项目很多时候需要多个译员同时作业，后期在编辑与审校环节还需再经多人多重修改，若没有这样的译前约定，译文就难在用词与风格上达到一致，词汇表/术语表与风格指南的存在就是为了避免出现这种情况。

词汇/术语表有时会由客户直接给出，有时则直接利用现有的语言资产（翻译记忆库或术语库），而有时需要技术或翻译人员利用CAT管理软件导出源文件的高频词来创建双语词汇/术语表，而后交由客户来审核敲定。但不论是哪一种形式，创建词汇/术语表的目的在于与客户的业务直接接轨。例如，一个与律师事务所合作的非诉讼法律文书笔译项目中，项目团队需要在译前与律所确认一整套法律术语、词汇与风格指引，以保证译文成品与律所出具的所有法律报告书在用词、表达与风格上的一致。那么，这个词汇表在项目中就会成为关注的重点，对于译文的质量来说就起着至关重要的作用。

（4）准备文件。

准备文件这一步通常视为计算机辅助翻译的起始环节。在笔译生产正式开始前，首先需要检查源文件的完整性，看看是否有模糊不清、缺页等情况。其后，则需要技术员将源文件转为可以应用CAT工具的格式。

客户提供的源文件形式多样，可分为电子版与纸质版。按文件转换处理的难易程度由易到难列举，Word、PowerPoint、Excel等办公软件文件格式不需转换，可以直接编辑处理，而 PDF 文件、JPEG、GIF 等图片格式，甚至是 CAD 工程图等则需要使用相应的文件转换工具，转换为可撰写的文档格式。纸质版文件形式更为广泛，简单者为单页的证件证书，复杂者可为满满都是数字的数十页的公司年度财务报表，甚至是上千页的调研报告，此类文件都需要扫描后使用 Adobe 等扫描软件的 OCR 功能，转录为可供编辑处理的电子文档，而后再进行预编辑，成为 CAT 可译的文件。

同时，技术员将对源文档进行预翻译，以及准备好相关或相似话题、语篇，建立好双语对齐的语料库及词汇库，或直接使用现成的语言资产，以待导入至 CAT 软件中作为译中使用。

所有的源文件、语料库、词汇/术语库准备就绪后，会在笔译项目管理系统中作为项目包派发到各译员处。

准备文件的这一环节在大中型笔译项目中会由专门的技术员负责，在小型笔译项目可由译员直接承担。

（5）译前的质量监控。

质量监控并非仅是译后的工作，翻译公司为确保项目的顺利进行，多从译前就开始进行质量监控。译前的质量监控重点主要在于防范风险，有经验的团队甚至可以从创建词汇表开始关注质量监控，在译前直接设定质量标准，指导译员在译中环节注意遵守词汇规则以及行文风格，往标准靠拢，以此有效减少译中环节编辑与审校的工作量，从而提高项目的工作效率。

需要注意的是准备文件的过程也是确保项目顺利进行的重要环节。笔者所历的笔译项目中有过须交付上百页银行对账单的电子版译文的情况，若使用 OCR 功能扫描为电子文件，除处理源语言的文字外，还需要在译前、译中以及译后各个环节编辑审校大量的数字，将严重影响项目进度与质量。后来团队与客户进一步沟通，了解到译文最终其实仅用于纸质版报告，由此与客户订下仅译源语言的部分，数字部分扫描成图片后，直接插入回译文，使译文打印出来与原纸质版一致即可。由此便将大量的数字工作直接转为工程处理，设为不可译内容，如此，大力有效提高项目的效率与质量。可见，准备文件环节能有效评估笔译项目的难点与重点，进一步反馈与完善项目计划与流程，保证笔译项目的效率与质量。

2. 译中

笔译项目管理的译中环节包括了翻译（Translation），编辑（Editing），校对（Proofing）三大环节，简称"TEP"[①]。此三步是笔译项目管理的核心生产环节，即计算机辅助翻译环节，以人机结合为方式，实现翻译自动化，创新翻译生产力。

（1）翻译（Translation）。

翻译环节是翻译项目中最本质、最重要的工作，翻译人员的译文直接决定了项目的质量基础。笔译项目管理中的翻译环节与纯人工翻译不同，译员需要使用计算

[①] 崔启亮，罗慧芳：《翻译项目管理》，外文出版社 2016 年版，第 100 – 110 页。

机辅助翻译软件，基于机器翻译预翻译结果，再从计算机的翻译记忆库中进行匹配，调用相同或近似平行语料来进行编辑与翻译，同时利用双语平行的术语库来指导用词。

（2）编辑（Editing）。

编辑环节则为编辑人员根据源语言文件、风格指南、词汇表、行业标准以及其他参考资料，对译文进行修改、编辑与润色，确保译文符合行业的规范，遵守客户的术语表以及其他要求。其中，编辑人员也需要检查和调整译文格式。

（3）校对（Proofing）。

校对是 TEP 中不可或缺的质量保证环节，与自动质量检查工具相结合，彻查译文的准确性、可读性以及格式上的合规性。

（4）译中的质量监控。

TEP 三个环节之间互动性强，即翻译、编辑、校对人员能相互协作，互相反馈，自动完成质量监控。翻译公司多在 TEP 上加强质量监控流程，以进一步保证译文质量，如要求译员分批提交译文或增设译员互校环节，以便帮助译员即时发现译文问题。如此层层反馈，步步保证，从根本上提高 TEP 中的译文质量。

从笔译项目流程管理的宏观的角度来看，计算机辅助翻译始于译前的准备文件阶段，而后贯穿整个 TEP 环节。笔译项目管理的 TEP 各个步骤详见本章第二节计算机辅助翻译概论以及第三节机辅翻译工作坊中的内容。

3. 译后

（1）译后排版。

完成 TEP 之后，排版员需要根据项目要求对译后文件进行图文处理，按照源文件的排版模式对译文进行相应排版，而后生成目标语言文件等。

在小型翻译项目中，此环节可能由译员承担。

（2）质量监控与客户审校。

质量监控贯穿了整个译前、译中的过程，在出厂质检这一译后环节中转为独立的一步，在译文要求为专业级或以上的翻译项目中，此步还需特别加上专家审校的环节，双管齐下，多重保证译文合乎行业以及专业的规范，提升译文的质量。

而前述的是笔译项目团队内部的质量监控，项目提交前必须先得到客户的认可，客户通常会加入到出厂质检环节，接受客户的检验，内外兼修，才是成就语言服务产品的关键。

客户审校与质量监控一致，并不局限在译后的环节，很多情况下客户在译前已经开始进行监督与审校的工作，如词汇/术语表的审核。而在译后，不同客户的审校重点会有所不同，但因语言服务的外包性质，客户将笔译业务外包出去无非就是想直接拿到成品，所以，客户审校大致上会先在格式上判断是否符合自身所提出的在格式上的要求，而后对译文的重点信息进行核对，再进一步抽查译文内容、术语以及风格上的一致性。但也不排除个别客户比较挑剔的情况，因此客户审校的过程中，项目经理应掌握客户喜好，多沟通，多协调，多反馈，以便项目的顺利完成以及与客户日后继续合作。

（3）项目提交。

当客户对笔译服务的质量表示认可后，项目团队需要将相关的项目资产提交给客户，包括目标语言文件、双语文件、翻译记忆库（TM）、词汇表等。而后进入开发票和项目款项结算的流程。

（4）项目总结。

译文的提交并不等同于结束笔译项目。要想进一步提升质量上的竞争力，获得更多合作机会，项目经理及相关的管理人员应该对项目进行回顾、总结，并对客户进行满意度调查，进行质量跟踪与售后质保，从中发现问题，解决问题，优化自身的工作流程，从而提升行业的竞争力。

综上所述，笔译项目管理的一般流程如图2-2：

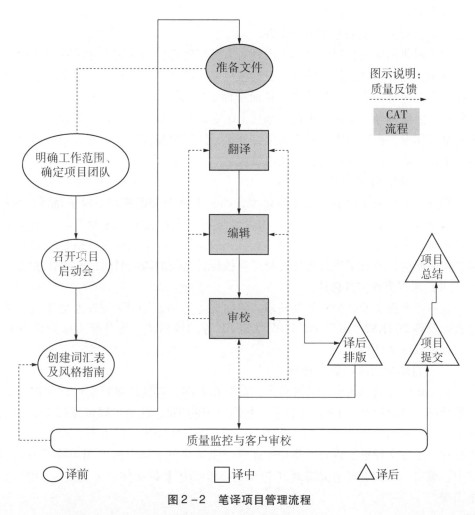

图2-2　笔译项目管理流程

(三) 笔译项目管理技术化

技术化是笔译项目管理产业化、团队化、流程化以及翻译生产自动化的关键。笔译项目的所有管理都必须依托于计算机翻译项目管理系统（Translation Management System，TMS）。

1. 翻译管理系统（TMS）基本功能

用于笔译项目管理的 TMS 种类繁多，虽各有特色，但是一般具备下述基本功能，其功能可贯穿整个笔译项目管理流程，利用自动化技术为项目管理的各流程提供关键性技术，TMS 系统能够直接指引项目管理流程的建设，让项目管理更容易，更直观，更方便。

（1）自定义工作流程。

可自定义工作流程，提供直观而个性化的流程设置功能，帮助项目经理分析成本，以获得最大化利润。TMS 提供系统性成本控制功能，包括内容分析、资源规划、成本估算、时间预算等。

（2）一站式人员管理与任务分派。

TMS 提供团队角色设置功能，实现对人员的管理，包括客户方联系人（对客户进行分类，设置客户的信誉等级，查询客户基本信息、项目报价、订单总额、付款情况、客户评价、客户重要性等，从而全面了解客户）、项目经理、语言专家、专职翻译、兼职翻译、编辑、审校人员、术语专家、排版人员等资源管理，可统筹监控人员工作量，在系统内一站完成项目分工，组建项目团队，指派确切的翻译、编辑、审校人员，在系统中直接分派项目包。

（3）便捷的沟通管理。

TMS 系统具备实时对话，文件传输，即时提醒和交流模块，以供翻译、审校、项目经理等就项目事宜进行交流，项目经理定制工作流后，系统自动通过 email、消息系统、手机短信等手段通知具体人员，确保每一环节的任务在执行端都能够得到最快的回应，节省了项目管理者与任务执行者之间的沟通时间，节约管理成本。

（4）兼容多种文件格式。

兼容各类翻译或办公软件文件格式，如支持 TMX, XLIFF 等标准翻译记忆文件格式以及各类 TEXT, WORD, PPT, EXCEL 等文件格式。支持导入或导出各类常用的办公软件文件格式。

（5）自动化的语言资产管理。

利用集中化的语言资产管理技术，对公司内部语言资产进行集中化管理，集成机器翻译与翻译记忆（TM）库技术，利用自带的 TM，甚至可联机进行 TM 检索翻译记忆库，从而实现"语言资产重用"。TMS 语言处理还包括术语管理、翻译、文档撰写、上下文预览、审校、质量保证等功能贯穿整个译中的 TEM 环节管理流程。其中，编辑、审校等环节无需通过电子邮件和 FTP 下载文件，可直接在 TEM 系统中实现。

(6) 直接高效的财务管理。

有些 TMS 与企业管理系统带有接口,可以与财务系统对接。对项目生命周期中的财物信息和财物状况进行统计、更新和提醒。例如,统计项目实施过程中的实际成本是否超出了项目预算,列出每个项目的应收帐款,项目的实际利润率,提醒项目经理及时为客户开发票,向客户申请付款。提醒向外部供应商(翻译公司和译员)及时付款,统计供应商的付款记录等。系统支持翻译字数统计和相关成本统计,基于字数统计、估算和跟踪报价、费用和人力资源成本。

(7) 实时监控追踪项目。

实时了解项目进度和每个译员的工作情况,对翻译中各个环节进行监督和控制。项目管理系统会提供各种报表功能和数据分析报告,用户可以通过各种报告直观、清晰地查看整体项目进度、单项任务完成的情况、问题解决跟踪、人力分配、时间安排、详细的项目收益等数据信息。估算、跟踪和提供基于字数统计的报价、费用和人力资源成本。

(8) 总结积累项目经验。

项目完成后,对项目进度和成本、利润进行总结,为日后其他项目的管理积累经验。

2. 常用的翻译项目管理(TMS)工具

笔译项目管理相关的翻译项目管理系统众多,其中不乏翻译公司为最大化优化公司项目管理流程而自主开发的 TMS。TMS 普遍具备上述功能,在此简要介绍目前业界较为常用的 TMS 系统的特色功能。

- SDL World Server[①]

SDL World Server 是全球语言服务行业中最领先,最广受认可的翻译管理系统。主要特色之一为提供自动化和界面友好的项目流程管理。提供可视化拖放方式创建工作流,轻松灵活自定义工作流,方便用户设定个性化的业务规则和工作流程。此外,SDL World Server 提供直观、易于跟踪的综合性业务管理,方便用户收集项目数据,估算、跟踪项目成本,从而进行时间管理并控制大量的翻译项目,提供按时、按预算、按需的高质量翻译交付。

SDL World Server 的另一大特色为提供集中而灵活的管理语言资产集成系统,包括翻译记忆库(TM)与集中术语库等来优化笔译项目管理译中的 TEP 流程,可直接与 SDL Trados Studios 对接使用,实现一站式的笔译项目管理。且兼容多种系统和格式,允许自身的翻译记忆库、术语库等语言资产以开放标准同其他内容管理系统(CMS)交换,且直观易用,原文或译文的更改均能获得自动保存的版本控制功能,支持将项目包以各种主流格式导出,方便用户间进行交流与语言资产重用。

---

① 《SDL World Server 方案简介》,https://www.sdl.com/cn/download/data-sheet-sdl-worldserver/111575/。

- Lionbridge Freeway[①]

Lionbridge Freeway 为云翻译、云服务市场品牌，以云平台技术著称，提供云翻译、云服务。Freeway 翻译平台通过一个强大的免费云平台来实现无缝连接到公司源系统和业务应用程序，提供实时监控、自动化质量保证。用户只需登陆互联网，不需要安装任何软件，便可利用集成的在线翻译记忆库和术语库，来完成一系列的笔译工作，并且在公司内部实时分享语言资产。

- Projectex[②]

Projectex 是最早开发的翻译项目管理系统之一。除了普遍的翻译管理系统功能外，还涵盖了公司的客户关系管理、销售、项目计划、跟踪和协作、时间管理、财务、发票和付款等方面管理系统。让笔译项目管理的工作流分工明确，条理明晰。

- 传神翻译管理系统[③]

TPM 为在国内由翻译公司自主开发、采用先进的网络化辅助翻译管理平台。该系统内建大规模行业语料数据库，创新实现译、审同步协作，智能化匹配译员资源，支持客户对项目进程的实时监控，显著提高项目处理效率，确保一致、稳定的翻译质量，特别适于高难度、高技术环境下的规模化翻译生产。

四、案例练习

（1）请简述笔译项目管理与计算机辅助翻译的关系。
（2）请画出笔译翻译项目的管理流程。

第二节　计算机辅助翻译概论

一、教学目标

培养具有利用现代化技术工具进行翻译的职业语言服务人才，积累计算机辅助翻译技术的相关专业知识，补充语言服务工具和技术等相关知识，将语言能力与职业化翻译背景相结合，养成全面的现代化翻译观念，培养职业语言服务的职业精神。

---

① Lionbridge 官方网站，https://www.lionbridge.com/。
② Projetex: Translation Management System，https://www.projetex.com/。
③ 传神产品与服务，http://www.transn.com/cn/service/ruanjianpingtai/。

二、宏观视角

（一）计算机辅助翻译基本概念

计算机辅助翻译这一概念来源于英文 Computer-aided Translation（CAT），译为中文有许多近似的表述，如"机器辅助翻译""电脑辅助翻译"等，常常与其他相似的表述混淆在一起，如"机器翻译""人工辅助机器翻译""机器辅助人工翻译"等，造成理解上的混乱。这些概念的区分在于人或计算机在翻译过程中的参与度高低。

一直以来，传统的翻译过程是人工翻译，有时由几位参与者合作完成。近代著名闽籍译者林纾（字琴南），译著包括法国小仲马的《巴黎茶花女遗事》、英国笛福的《鲁滨孙飘流记》等，皆为合译，翻译时先由懂外文的合译者口述文本意义，再由林纾写出，口述者"未毕其词，而纾已书在纸，能一时许译就千言，不窜一字"①。佛经翻译的代表人物玄奘，通晓汉梵两语，组织了"译场"来集体翻译。译场包括译主、诵出（或执胡本）、笔受、润色、正义、考正、对校等人，分工负责，相互配合，有计划地进行，大大提高了翻译效率，整体颇具规模②。可以说，传统的翻译工作是以人为主体，人在翻译过程中占有主动，但无论分工多么明确，多么有专业性，整体过程仍是费时低效，尤其需要译者有长期伏案日复一日地投入到翻译工作中的毅力。随着科技的发展，人们的生活日新月异，信息呈几何倍数地增长，译者即便有扎实的语言功底、深厚的知识储备，在应对大量的翻译文本时，要通晓全局也是难上加难。但信息技术的发展，特别是计算机的出现，给翻译带来新的灵感，研究人员因此逐渐开始寻求使用信息技术取代人工翻译的可能。

20 世纪 40 年代左右，计算机翻译或机器翻译（Machine Translation，MT）应运而生。这一概念是计算语言学的一个分支，建立在语言学规则、数学和计算机技术基础之上，是利用计算机将一种自然语言（源语言）转换为另一种自然语言（目标语言）的过程，又称为自动翻译，旨在达到翻译自动化。

但其后的实践则证明，纯粹靠机器运行规则进行转换的译文质量并不可靠。这是因为目前的机器翻译多使用统计翻译方法，结合语言学知识原理，利用机器学习技术从双语平行语料库中获取翻译规则及其概率参数，再利用翻译规则对原语言句子进行解码，进行译文对应转换，句子级的翻译忽略了上下文对词语理解的差异，并且双语语法、词法、句法的变化或不规则化较大，难免存在转化失误，在差异较大的语言间，如中英文间，其翻译结果常常不可读，多数佶屈聱牙，缺乏意义连贯③。

面对这样的困难，研究人员开始寻求人工介入的计算机翻译技术，要求译员在

---

① 罗新璋，陈应年：《翻译论集》，商务印书馆 2015 年版，第 774 – 805 页。
② 马祖毅：《中国翻译简史："五四"以前部分》，中国对外翻译出版公司 2004 年版，第 63 – 66 页。
③ 黄越悦：《浅谈机器翻译中译前编辑的应用》，载《湖北函授大学学报》2017 年第 3 期，第 175 – 176 页。

机器翻译后对译文进行译后编辑，以获得更流畅的译文，由此产生人工辅助的计算机翻译的概念（Human-aided Machine Translation，HAMT）。但在这一概念中，核心依然是计算机翻译，翻译结果依然不够理想。若扩大人工介入的程度，另一概念则随之产生，即计算机辅助的人工翻译（Machine-aided Human Translation，MAHT），区别于HAMT，在自动化程度的差异上，MAHT更多地依赖人工翻译。

从自动化程度或机器介入程度的高低，可以作如下划分（图2-3）：

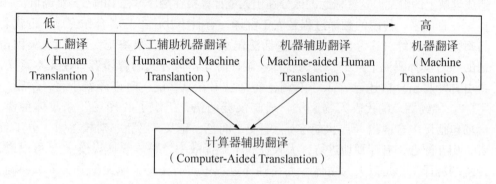

图2-3　自动化程度由低到高的区分①

Hutchins和Somers认为计算机辅助翻译（Computer-aided translation，CAT）介于机器翻译和人工翻译之间，涵盖HAMT和MAHT。换言之，CAT涵盖两种翻译行为，一是语言转换由机器翻译引擎处理，而译员仅对译前译后文本进行编辑，以机器翻译为翻译主体，人工辅助，即人助机译（HAMT）；二是译员在计算机辅助翻译软件的辅助下，完成整个翻译过程，以人为翻译主体，机器辅助，即机助人译（MAHT）。

目前，机器翻译在信息化时代发展迅猛，谷歌公司推出了新的整合神经网络的翻译工具——谷歌神经机器翻译系统（GNMT：Google Neural Machine Translation），并且将这一系统投入到汉英互译领域，给人工翻译带来较大的冲击。在中国，科大讯飞则在智能语音核心技术研究领域发展迅猛，在NMT翻译框架（神经网络机器翻译框架）基础上，通过整合注意力网络机制和循环神经网络，模拟人脑翻译的机制，生成译文，新推出的讯飞翻译机结合其语音识别、语音合成等人工智能技术，现已投入使用②。

但不得不承认，目前的机器翻译译文依然不理想，不能很好地处理自然语言，高质量的翻译仍需要由人来主导。因此目前越来越多的CAT工具提供商开始研究推出机器翻译引擎及CAT整合，形成CAT+MT+PE模式，即"计算机辅助翻译+

---

① W. John Hutchins, Harold L. Somers：*An Introduction to Machine Translation*，Academic Press，1992，pp. 1-9。

② 《讯飞翻译机3.0》，http://fanyi.xunfei.cn/#/index。

机器翻译+译后编辑"模式,最大化满足质量及效率的要求①。

(二) 计算机辅助翻译技术

计算机辅助翻译是一个广泛的、不精确的术语,涵盖了一系列的工具,从非常简单到非常复杂的。译员在翻译过程中使用以计算机辅助翻译工具代表的软件技术,即是本章所论及的计算机辅助翻译技术。换言之,狭义的计算机辅助翻译技术(CAT)指的是 CAT 工具。CAT 工具有如下几个重要功能:

1. 翻译记忆库

CAT 的核心技术是翻译记忆技术(Translation Memory, TM),其核心功能是存储已翻译的双语对照文本,在二次翻译时直接导出,无需再翻译。这是因为在翻译过程中,存在着大量重复或相似的片段(segment),译员在翻译时常费时费力重复翻译,现代 CAT 技术工具即利用了计算机的记忆和搜索机制,存储用户翻译的内容,建立翻译记忆库(下称"记忆库")。

存储的翻译记忆库在二次翻译时,由系统自动搜索用户已经翻译过片段,若当前翻译的片段在记忆库中存在相同或相似的平行文本,系统会自动给出以前的翻译结果;对于相似的句子,会给出翻译参考和建议。用户可以根据自己的需要采用、舍弃或编辑重复出现的文本。

2. 术语库

CAT 的另一个重要技术则是术语管理(Terminology Management)。该技术旨在搜集术语(Terminology)并重复利用。术语具有专业性,在早期阐述术语管理基础的《术语管理手册》(*Handbook of Terminology Management*)中,定义术语是"the words that are assigned to concepts used in the special languages that occur in subject-field or domain related text"②。《术语管理指南》同样将术语与专业领域紧密结合:"某一专门领域中表示专业概念的专门用语或表达,可以是词也可以是短语"③。

相比于翻译记忆技术库,前者存储的多是句子和片段,而术语管理技术则存储翻译中出现的词汇(常为名词、动词、形容词或副词)及短语,且有重复使用的必要,保存的术语集合就是术语库。多数 CAT 工具都提供术语收集功能,译员可以在翻译过程中利用快捷键将术语片段加入数据库,有的工具还可以让译员管理收集的术语库,检查原文本和目标文本术语是否一致。

收集产生的术语库可以重复利用,不限于单次单人翻译,也可用于多人分工合作翻译,不但提高工作效率,保证文本的专业性、精确性,还能保证多人分工合作时翻译一致,保证文本的统一性。而作为语言资源的术语库,可转化为语言服务企业的内部资产,用于后续的语言服务项目和译员培训,进一步降低翻译成本,提升

---

① 王华树:《计算机辅助翻译实践》,国防工业出版社 2015 年版,第 135 页。

② S. E. Wright, G. Budin: *Handbook of Terminology Management*: *Basic Aspects of Terminology Management*. John Benjamins Publishing, 1997. p. 13.

③ 王华树,王少爽:《术语管理指南》,外文出版社 2017 年版,第 1 页。

译文质量,是语言服务行业颇有价值的语言资产。

3. 语料对齐与回收

语料,即语言材料。语料的集合即为语料库(Corpus,复数为 corpora 或 corpuses),来源于拉丁语的 corpus 一词,意思是"body":躯干,身体。一个语料库可以是一个语篇的集合,尤其指完整的和自身需求的语篇集合①。

CAT 工具可用于收集语料。使用 CAT 工具进行翻译的过程中,软件会将译员翻译的双语对应句段存储为记忆库,将记忆库导出后即回收为双语平行语料库。此外,目前主流的 CAT 软件功能日益完善,基本都提供专门的语料对齐工具(Alignment tool),可将双语文件逐句、逐片段对齐,对齐后的语料库即为中英双语平行语料库。将语料库以专门格式导入翻译项目内,又可作为翻译记忆库使用。如 Déjà vu 语料对齐工具为 Alignment Wizard(图 2-4),SDL Trados 为 Trados WinAlign(图 2-5)。目前市面上还有一些独立的对齐工具,如上海一者信息科技有限公司推出了 Tmxmall 大型在线对齐网站,用户注册后即可直接使用。

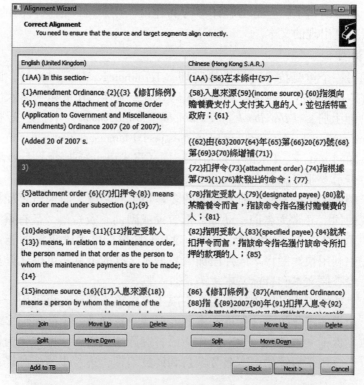

图 2-4 Déjà vu 的语料对齐工具 Alignment Wizard 界面

---

① 连小英:《基于自建语料库对 NBA 英语新闻标题的特征分析》,载《福建医科大学学报(社会科学版)》2008 年第 9 期,第 53 页。

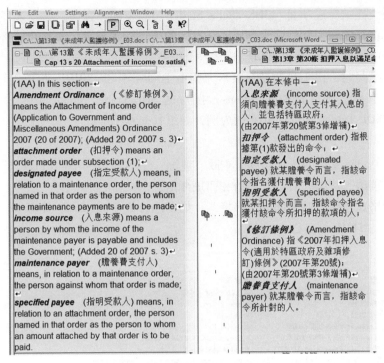

图 2-5　Trados WinAlign 界面

不同的对齐工具对齐后产生的文本格式可能有所不同。如 Déjà vu 对齐文件的格式为 . dvapr，Trados 为 . sdltm，但可使用专门工具将其转换为通用记忆库格式（. tmx）。将双语文本（原文本及目标文本）分别导入对齐工具，对齐后的文本可直接导入 CAT 工具已存在的记忆库里，实现语料再利用。

如图 2-4 所示，将双语对应文本导入，手动修改切分并使双语一一对应，集合而成的即是英中双语平行语料库。CAT 翻译过程中再将该语料导入翻译记忆库，便可实现翻译过程中的搜索和记忆匹配。

三、常用计算机辅助翻译工具介绍

（一）SDL Trados Studio

SDL Plc（SDL 代表：Software and Documentation Localization）公司为整个翻译供应链提供业内领先的创新语言解决方案，包括为自由译员、语言服务提供商、企业内语言部门及学术机构提供服务[①]。

SDL Plc 公司开发并推出了广受欢迎的 SDL Trados Studio，该工具是超过 250000 名专业译员使用的计算机辅助翻译（CAT）工具，提供各种成熟功能帮助译

---

① 《关于 SDL》，https://www.sdltrados.cn/cn/about/。

员更轻松快捷地完成项目。SDL Trados Studio 功能全面、强大，为个人译员量身打造的翻译记忆库效率软件、为翻译团队设计的项目管理软件、本地化管理解决方案及基于云的机器翻译，一应俱全①。

本书撰写时，该工具的最新版本为 SDL Trados Studio 2019。本节参考北京创思立信科技有限公司（EC Innovations）撰写的 SDL Trados Studio 2014 快速入门指南②，以 SDL Trados Studio 2014 版为例，介绍其基本特征。

1. 支持语言及格式

SDL Trados 支持的语言对涵盖东欧、亚洲、中东地区的不同语言，界面支持使用中文、英语、法语、日语、德语和西班牙语。

处理格式包括市面大部分文档格式，如 Microsoft Word 2010、PDF、*.txt 格式文本文档、HTML 等（图 2-6）。

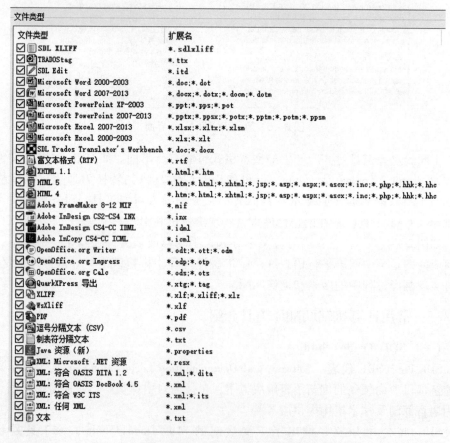

图 2-6　SDL Trados Studio 2014 支持文件格式一览

---

① 《SDL Trados Studio 产品介绍》，https://www.sdltrados.com/cn/products/trados-studio/。
② 《EC Innovations-您的专属翻译和本地化服务专家》，https://www.eciol.com/。

2. UI（用户界面）及视图功能介绍

SDL Trados Studio 用户界面简洁明了（图 2-7），要在软件中显示某个视图，单击带有该视图名称的按钮或该视图的图标即可。

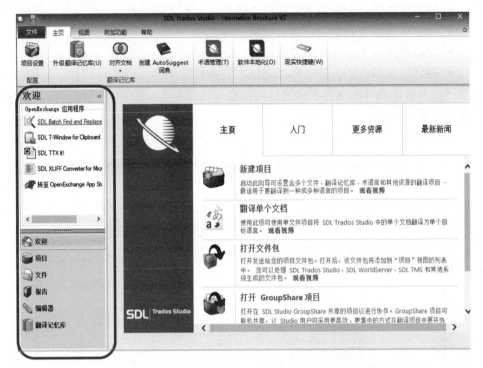

图 2-7　SDL Trados Studio 2014 UI 界面（导入翻译项目后）

导入翻译项目后，常用视图功能见表 2-1。

表 2-1　SDL Trados Studio 常用视图及功能

常用视图	说明
项目	查看和处理项目和文件以及跟踪项目和文件状态
文件	• 打开文件进行翻译 • 打开文件进行检查 • 对文件执行批处理 • 查看文件的字数和翻译进度
报告	查看项目报告，提供详细的翻译统计分析数据
编辑器	翻译和检查文档
翻译记忆库	创建和管理翻译记忆库（TM）

3. 常用功能

在 SDL Trados Studio 中，文档的检查和翻译都是在编辑器视图中进行。此视图包含以下组件（图2-8）：

- 导航窗格①：查看当前打开的文档并在它们之间切换。
- 功能区选项卡和组②：包含编辑工具。
- 编辑器窗口③：进行翻译或检查。
- 翻译结果窗口④：显示翻译记忆库的查找结果，并创建自动翻译后的草稿。如果译员对自动翻译的结果不满意，可以在此将结果之一应用到当前句段，并在编辑器窗口手动修改。
- 术语识别窗口⑤：显示术语库查找的结果。

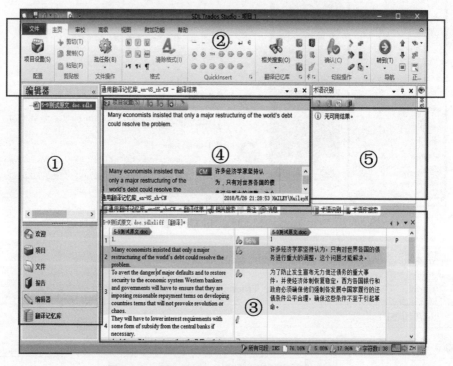

图2-8 SDL Trados Studio 编辑器界面视图

其中，编辑器视图中的编辑器窗口是译员翻译文档的地方，译文并排显示在此窗口中。源语言文本在左，目标语言文本在右。

将文本导入后，软件会将全文分割为句段（通常是句子），方便译员逐句翻译，也方便后期回收双语语料。如图2-9所示：

- 句段编号①：译员也可以选择设置不显示句段编号。
- 在原文句段列②：右键点击对应句段列，译员可编辑原文、分割句段，也可将原文复制到译文处。

- 译文句段列④：译员可选择使用检索到的记忆库文本（如有），或手动编辑译文。
- 句段状态列③：此列表明了句段当前的翻译状态及其记忆库匹配率。如图2-9中间一列的图标状态为"已翻译"，表示译员已对该句段对翻译完毕并且已确认译文，译文即自动存入该项目记忆库；第4行图标为"草稿"，表示译员正在编辑但未确认译文；5-6行图标为"未翻译"。如图所示，第1行表示翻译记忆库中找到此句段的96%匹配。
- 文档结构信息列⑤：可以显示有关句段结构的详细信息，用于指明句段文本在源文档中出现的地方，有利于译员根据句段位置决定翻译策略。例如，标题中的文本与文档正文中出现的相同文本的翻译可能不同。下图"P"表示一系列句段出现在段落内。

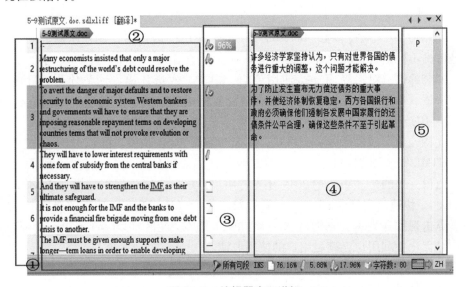

图2-9 编辑器窗口详解

4. 核心语言资产（见表2-2）

表2-2 SDL Trados Studio 核心语言资产

语言资产	说明
翻译记忆库 （Translation Memory，TM）	SDL Trados Studio 翻译记忆库的文件格式为 *.sdltm。云服务器也提供翻译记忆库供译员连接。若要导入其他格式文件，需使用 SDL Trados 专门组件将其升级为 *.sdltm
术语库（Terminology Base，TB）	SDL Trados Studio 2014 使用 SDL MultiTerm 2009、2011 和 2014（*.sdltb）文件术语库。导入其旧的术语库文件，或要导入其他通用术语库文档，需升级到 SDL MultiTerm 2014（*.sdltb）格式。同样，可以连接服务器术语库

（二）MemoQ

MemoQ 是 Kilgray 翻译技术公司开发的计算机辅助翻译软件和解决方案，大大提高翻译人员、语言服务提供单位和企业的生产率和翻译质量。MemoQ 界面友好、操作简便、安装容易，翻译过程具备软件向导，初学者可轻松上手[①]。

MemoQ 将翻译编辑功能、翻译记忆库、术语库、预翻译、校对、实时质量保证检查、实时拼写检查、状态报告、双向翻译记忆库、更改跟踪、自动翻译、术语提取等各类功能集成在一个系统中，可以很方便地在这些功能中切换，还可兼容 SDL Trados、STAR Transit 及其他 XLIFF 提供的翻译文件[②]。

MemoQ 主要的产品包括 MemoQ server、MemoQ、Qterm、TMrepository。本节以 MemoQ 2015 为例，参考 Kilgray 翻译技术公司撰写的 MemoQ 2015 入门指南[③]，展示该工具主要特征及功能。

1. 支持语言及格式

MemoQ 2015 支持多数 Microsoft Windows 使用的语言对，涵盖东欧、亚洲、中东地区的不同语言，同时译员还可按系统支持的格式（.mqres），导入添加系统未默认安装的语言对。界面支持使用英语、中文、西班牙语、葡萄牙语、日语、德语、法语、匈牙利语、波兰语、俄语十大常用语言，皆可在选项卡区域进行设置（图2-10）。

支持处理市面大部分文档格式，如 Microsoft Word 2010、PDF、.txt 格式文本文档、HTML 等（图2-11）。

值得一提的是，MemoQ 2015 还支持用户自定义快速访问工具栏（Quick Access Toolbar）、快速访问（Quick Access）以及工作流（Workflow）功能区选项卡。用户只需点击视图（View）功能区选项卡上的自定义功能区（Customize the ribbon）命令，最大化便利用户，满足用户的使用习惯。

2. UI（用户界面）及视图功能介绍

MemoQ 2015 界面简洁明了，操作集成于一体，对于刚接触 CAT 工具的初学者来说，易于上手（图2-12）。

功能区选项卡提供项目、文档等视图，在项目主页，各图标功能如下：

[①] "MemoQ Translators: guide and video." https://www.memoq.com/en/support/guides-and-videos/translators.

[②] "MemoQ Translators: guide and video." https://www.memoq.com/en/support/guides-and-videos/translators.

[③] "MemoQ Translators: guide and video." https://www.memoq.com/en/support/guides-and-videos/translators.

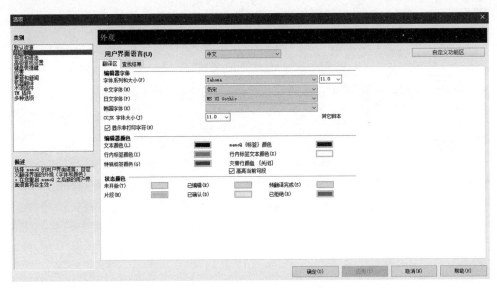

图 2-10　选项卡一览

```
Microsoft Word 2007, 2010 以及 2013 文件 (*.docx, *.docm, *.dotx)
Microsoft Word 文档 (*.doc, *.rtf, *.bak, *.dot)
MS Help Workshop 文件 (*.hhc, *.hhk)
OpenDocument 文件 (*.odt, *.odf, *.odp, *.ods)
PDF 纯文本文件 (*.pdf)
Photoshop 文件 (*.psd)
PO Gettext 文件 (*.po)
ResX 文件 (*.resx)
Scalable Vector Graphics drawings (*.svg)
SDLXLIFF 文件 (*.sdlxliff)
TRADOS 兼容的双语 DOC 文档 (*.doc, *.rtf, *.bak)
TRADOS 双语文件 (*.ttx)
Translation Memory eXchange (TMX) 文件 (*.tmx)
TXML 文件 (*.txml)
Typo3 pages (*.xml)
WorldServer 文件 (*.wsxz, *.xlz)
XLIFF 文件 (*.xlf, *.xlif, *.xliff)
XLIFF:doc 文件 (*.xliffdoc)
XML 文件 (*.xml, *.sgm, *.sgml)
YAML 文件 (*.yml, *.yaml)
多语言 XML 文件 (*.mulix)
多语言分隔文本文件 (*.csv, *.tsv, *.txt, *.xls, *.xlsx, *.xlsm)
基于文本的文件 (*.txt, *.inf, *.ini, *.reg)
两栏 RTF 文件 (*.rtf)
双语 RTF/DOC 文件 (*.doc, *.rtf, *.bak)
所有支持的双语格式 (*.mbd, *.doc, *.rtf, *.bak, *.xlf, *.xlif, *.xliff, *.xlz, *.mqxlif, *.mqxlz)
图像文件 (*.bmp, *.dib, *.gif, *.jpg, *.jpeg, *.jpe, *.jif, *.jfif, *.jfi, *.png, *.tif, *.tiff)
文本文件 (*.txt, *.inf, *.ini, *.reg)
```

图 2-11　MemoQ 支持文档格式一览

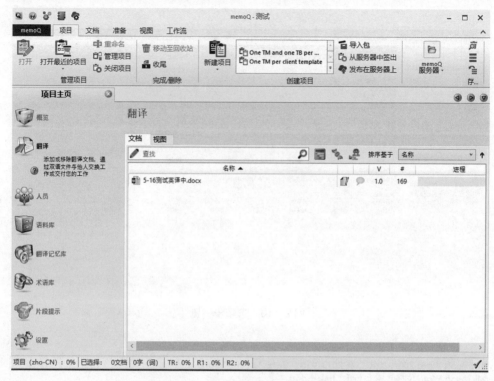

图 2-12　MemoQ 2015 项目界面一览

表 2-3　MemoQ 2015 常用视图及功能

常用视图	说明
概览	添加或移除目标语言，创建分发包，接收交付，了解项目截止日期、字数等，跟踪项目进展
翻译	添加或移除翻译文档，通过双语文件与他人交换工作或交付用户现有的工作
人员	查看项目参与者（译员、审校等），添加/删除用户
语料库	选择想用于项目的语料库，管理语料库或在特定语料库中操控文档
翻译记忆库	选择希望用于项目的翻译记忆库，操控翻译记忆库
术语库	选择希望用于项目的术语库，操控术语库

续上表

常用视图	说明
片段提示	选择并配置用户希望用于项目的片段提示,即在翻译时提供子句段的翻译建议
设置	查看项目的元信息,选择用户希望用于项目的附加资源,如设置断句规则、自动翻译规则、非译元素处理、字体等

译员可以将翻译记忆库、术语库、分句规则、自动翻译规则等存储在本地计算机中,或通过网络从 MemoQ 服务器上访问,这些资源可以应用在任何一个项目中,也可将这些资源可分配给多个项目,在多个项目中同时使用。

3. 常用功能

点击需要翻译的文档,进入文档翻译视图(图 2-13):

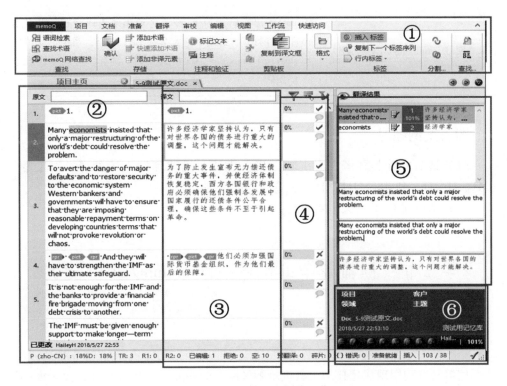

图 2-13　文档翻译视图一览

其中包含以下组件:

● 功能区选项卡①:用户可快捷地在此处使用常用功能进行编辑,另外,导航区在选项卡之下,用于查看当前打开的文档并在它们之间切换。

- 编辑器窗口②—④:从左至右,为句段序号、原文窗口、译文窗口、句段状态列,译员可在此处对原文、译文进行编辑、分割。
- 记忆库及术语识别窗口⑤:MemoQ 将翻译记忆库及术语库的查找结果集合于同一窗口,用不同颜色标识,如图示第一列为记忆库查找结果,第二列为术语库查找结果。
- 文档信息⑥:显示文档所属的项目及项目基本信息。

4. 核心语言资产

表 2–4 MemoQ 2015 核心语言资产

语言资产	说明
翻译记忆库 (Translation Memory,TM)	翻译记忆库的文件格式为 *.tmx,为通用记忆库格式,适用于绝大多数 CAT 工具,系统也支持导入 CSV 文件及其他 TMX 格式文档。云服务器也提供翻译记忆库
术语库(Terminology Base,TB)	MemoQ 术语库格式为 *.csv,为通用术语库格式,可以用 excel 软件打开,适用于绝大多数 CAT 工具,系统也支持导入 *.csv、*.tmx、*.xls 格式文档。同样,可以连接服务器术语库

四、案例练习

(1) 请简述机器翻译、人工辅助机器翻译、机器辅助人工翻译、人工翻译(MT、HAMT、MAHT、HT)四个概念之间的区别。

(2) 请简述 CAT 三大主要功能。

第三节 机辅翻译工作坊:以 MemoQ 2015 为例

一、教学目标

培养具有利用现代化技术工具进行翻译能力的职业语言服务人才,以全面的职业化翻译流程为导向,掌握利用计算机辅助翻译技术的应用知识,拓展网络新时代跨专业等计算机应用技术知识,如编码转换、ORC 识别、格式转换等,培养职业化语言服务的职业精神。

二、宏观视角

（一）计算机辅助翻译适用文本特点

CAT 的核心技术是翻译记忆技术（Translation Memory，TM），旨在减少对重复句段进行翻译导致的额外时间精力损耗。因此，对于重复率较高的非文学翻译或是应用翻译领域，如科技、医学、法律等领域文本，CAT 工具的有效性更加显著[①]。计算机辅助翻译研究学者 Lynne Bowker 同样指出，"Not all texts are equally suitable for inclusion in a TM…. There are many different genres of texts, but some tend to contain more repetition than others. Typically, technical, scientific; and legal texts tend to contain repetition, whereas literature and advertising texts tend to contain less repetition and therefore typically less suitable for inclusion in a TM."[②]

对于重复性较高的文本，TM 使译员无需重复以前的劳动，提高翻译速度和准确性，从而提高译文质量。但在非技术性文本，由于文本常常表达出多样性，特别是文学翻译领域，如诗歌、小说、戏剧等，不同语境下的概念隐喻差异较大，CAT 工具应用故有受限。

此外，CAT 的另一重要技术则是术语库。翻译中出现的词汇及短语，且有重复使用的必要，故可集合为术语库。《术语管理指南》一书对术语的特征有所提及："在长期的使用过程中，术语因约定俗成而逐渐固定下来，用于指代特定领域或行业中的重要概念，因此属于必然带有很强的专业特点，术语管理本质上是对专业领域的知识进行管理。"[③] 因此，术语库的这一性质，也使得适用于 CAT 工具的文本更加偏向专业领域文本的翻译（医学、法律、电气、生物、物理学等）。

但这并不意味着 CAT 工具对非技术文本无效。CAT 工具是专为译员开发的翻译工具，构建了完整的翻译流程，更方便、也更加专门化。同时，CAT 工具为译员提供了便捷的词汇查询，更快的译文输入界面，方便译员对原文译文进行对照，优化了校对策略。因此，不能完全否认 CAT 工具在非技术文本的可用性（availability）。

一些学者已经开始对于 CAT 工具在非技术文本的应用有所尝试。徐冰、郭红梅共同发表的《计算机翻译技术的非技术文本翻译实践》一文中，列举了三部文学作品的翻译案例：儿童文学《荒山怪声》（*The Mountain of Adventure*）、回忆录《我为什么离开高盛》（*Why I Left Goldman Saches*）、哲学作品《艺术宇宙》（*The Artful Universe-Extended*），从效率对比和质量控制两大方面，讨论了计算机辅助翻译技

[①] 王华树：《计算机辅助翻译实践》，国防工业出版社 2015 年版，第 107 页。

[②] L. Bowker: *Computer-aided Translation Technology: A Practical Introduction*. University of Ottawa Press, 2002, pp. 112–113.

[③] 王华树、王少爽：《术语管理指南》，外文出版社 2017 年版，第 2 页。

在项目翻译过程中的助力①。

此外，梁本彬在《人文类图书翻译中的 CAT 可行性研究》一文中，则从翻译人文类图书多人翻译流程的角度，探讨了"MT + CAT + PE"翻译模式在人文类图书翻译中的运用，认为将机器翻译、计算机辅助翻译和人工译后审校充分融合，既充分发挥了机器翻译的速度（效率）优势，又发挥了计算机辅助翻译的质量控制和流程管理优势，也充分发挥了人工翻译的精度（质量）优势，从而为翻译的效率和质量提供了极大的保障②。

（二）工作流程前瞻

当译员接收到一份文本，若利用 CAT 工具进行翻译，基本流程如图 2 - 14 所示。

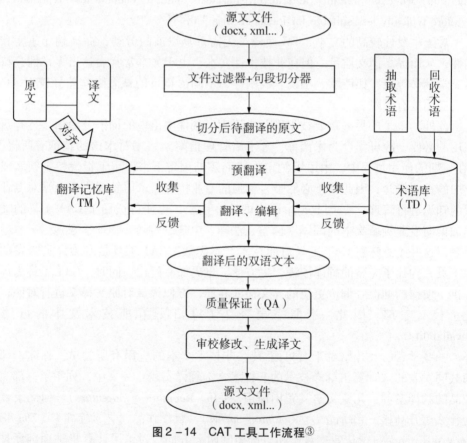

图 2 - 14　CAT 工具工作流程③

---

① 徐冰，郭红梅：《基于计算机翻译技术的非技术文本翻译实践》，《中国翻译》2015 年第 1 期，第 71 - 76 页。

② 梁本彬：《人文类图书翻译中的 CAT 可行性研究》，《当代外语研究》2018 年第 1 期，第 73 - 81 页。

③ 王华树：《计算机辅助翻译实践》，国防工业出版社 2015 年版，第 107 - 109 页。

翻译流程可分为译前、译中、译后三个阶段：

1. 译前

对不同类型源文件进行格式处理，提取翻译资源（可译文本）、切分句段、统计字数，同时和客户确认好翻译截止日期、译文格式等相关要求；根据翻译资源的文本类型（科技类、法律类等），建立对齐记忆库或搜集现有记忆库；从原文中抽取术语或搜集现有术语库，为翻译过程做好准备。实际项目中可能还涉及到计费、签订合约等。

2. 译中

准备妥当后即可开始利用 CAT 工具进行翻译，建立翻译项目，将源文文件导入。翻译过程中涉及预翻译，确定匹配率，并在记忆库及术语库的辅助下进行文本翻译、编辑等。

3. 译后

利用 CAT 质量保证工具或在审校人员的帮助下完成译文的修改，并导出译文。编辑审阅需要检查翻译错误、术语规范、字体格式等，并检查修改排版问题。多数情况下，译员还需要回收语料，并对语料进行整理。最后，与用户对接，履行合约规定的相关义务，完成后续事宜，确保译文产品符合用户要求，确定费用到位。

下文将具体阐述 CAT 工具翻译流程，译中部分以 MemoQ 2015 为例。

三、CAT 翻译流程

（一）译前：文本处理与检索

在实际案例中，用户提供的文本有时并不理想，需要译员对不同类型源文件进行格式处理，提取翻译资源（可译文本）。此外，译员还需要按照源文本类型，建立记忆库或搜集现有记忆库，或从原文中抽取术语，搜索现有术语库，翻译过程做好前期准备。

由于记忆库和术语库皆非免费资源，目前比较专业、优质的记忆库、术语库需要购买。如 Tmxmall 语料商城提供经过质量审核的翻译记忆库文件，并细分到了不同的垂直领域和语言对，供下载和交易①。此外，各大公司常利用 CAT 工具带有的对齐工具（如上文提及的 SDL WinAlign），建立自有知识产权的翻译记忆库库，而自由译员则在使用 CAT 工具的积累过程中扩展自有记忆库和术语库资源。

若一个翻译项目有多位角色协同参与，一般需一位项目经理、多位译员、多位审校，具体设置可在建立翻译项目时分配，建立项目后将项目发布至服务器即可共享。

本节主要介绍编码转换、格式转换、文档识别三项前期工作。

---

① Tmxmall 官网，https://www.tmxmall.com/。

1. 编码转换

编码是信息从一种形式或格式转换为另一种形式的过程，也称为计算机编程语言的代码，简称编码。为使计算机软件可正确处理、显示各种文字、标点符号、字符等，需要对不同字符集中的字符进行数字编码①。换言之，在翻译过程中，要让文本、术语库、记忆库中的字符在 CAT 工具中正确显示，译员需要确认文本编码正确、与软件兼容。

常见的编码方式有：ASCII（美国信息交换标准码）、Unicode（通用多八位编码字符集）、GB2312（简体中文字符集编码）、GBK（汉字内码扩展规范，兼容GB2312）、BIG5 编码（统一繁体中文字符集编码，又称五大码）等。

若文本导入 CAT 软件后，文本在原文或译文框无法显示，出现乱码，最直接的原因便可能是原文本使用的字体编码在软件中对应的字体使用了不同的编码。这种情况下，只需要简单在选项界面更换显示字体即可。

另外，翻译项目中文本格式转换、术语库或记忆库在不同软件转换时有可能出现乱码，因此需要对编码进行转换。译员可使用乱码查看器（图 2 - 15）进行编码转换。译员只需直接将文件拖到源窗口即可打开，并按照软件要求，选择合适的编码，转换保存即可。

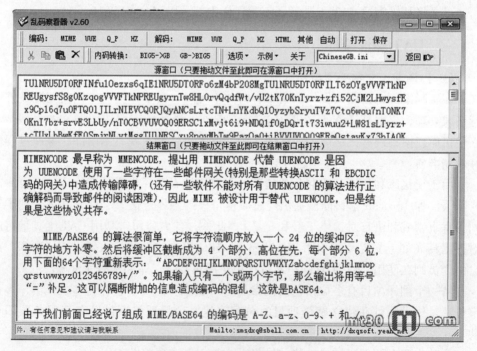

图 2 - 15　乱码查看器 2.6 示例

---

① 王华树：《计算机辅助翻译实践》，国防工业出版社 2015 年版，第 409 - 415 页。

2. 格式转换

文件格式（或文件类型）是指电脑为了存储信息的特殊编码方式，是用于识别内部储存的资料[①]。比如有的储存为图片，有的是程序，有的是文字信息。每一类信息，都可以一种或多种文件格式保存在电脑存储器中。每一种文件格式通常会有一种或多种扩展名可以用来识别，也可能没有扩展名。

由于软件环境、客户要求不同，译员收到或需处理的文本有时并不兼容所有处理工具，因此译员需要对文件进行格式转换。

目前，文本的交换常以 PDF 格式进行。若客户提供源文为 PDF 文档，译员需将其识别转换为可编辑的 MS Word 文档，该过程则需要使用 ORC 识别工具；而若客户需要译员提供 PDF 格式译文，译员便需将文档转换为 PDF。最简单的方法是使用 Microsoft Office 系列工具，点击另存为 PDF 即可。此外国内主流的 PDF 阅读器也可以直接编辑读取 PDF 文档，如福昕阅读器等。

3. 文档识别

多数情况下，客户提供的文档内容是可直接编辑的，但有时需要翻译的内容则是以不可编辑的图片形式（JPG、PDF）格式出现，因此需要执行文档识别[②]。

值得一提的是，虽然大部分 CAT 工具都支持 PDF 读取，但由于软件环境限制，目前最优秀的 CAT 工具都无法完全读取 PDF 文档中的可编辑（可译）句段。如图 2-16，源文档（上）直接以 PDF 格式导入翻译项目，在字数一览显示为 0，说明软件无法提取出有效编辑句段。使用其他软件将文本格式进行转换后，再次导入，MemoQ 显示可译字数为 4561，此时译员方可对项目进行编辑及翻译。

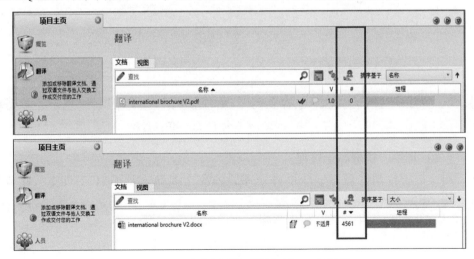

图 2-16 文本识别前后导入 MemoQ 示例

[①] 王华树：《计算机辅助翻译实践》，国防工业出版社 2015 年版，第 415 页。
[②] 王华树：《计算机辅助翻译实践》，国防工业出版社 2015 年版，第 422-425 页。

要将不可编辑版本转换为可编辑文本,需要使用 OCR(光学字符识别)工具。常用的主流 OCR 识别软件为 ABBYY FineReader。

图 2-17 为待转换照片,可以看出文档稍显模糊,将其导入 ABBYY FineReader,软件对文档识别后(图 2-18),可生成一个新的 MS Word 文档,如图 2-19。

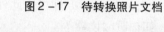

图 2-17 待转换照片文档

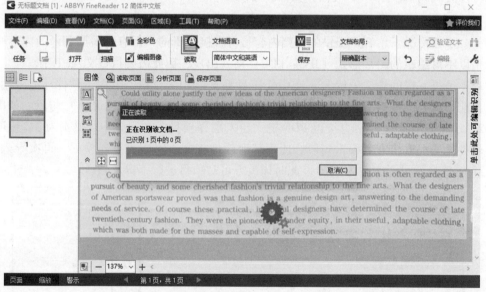

图 2-18 ABBYY Fine Reader 识别过程

(二)译中:机辅翻译过程

对文档进行预处理后,即可将处理后的源文本导入到 CAT 工具中。此节以 MemoQ 2015 为例阐述译中机辅翻译过程(参考 Kilgray 翻译技术公司的 MemoQ 2015 入门指南[①]),一般包括以下步骤:

---

① "MemoQ Translatos:Guides and Videos," https://www.memoq.com/en/support/guides-and-videos/translators.

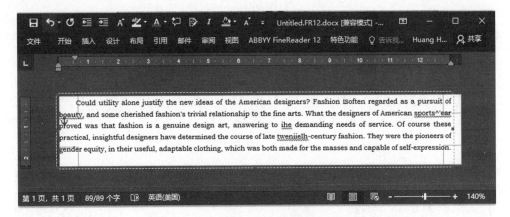

图 2-19　识别后生成的可编辑 word 文档

1. 创建项目

启动 MemoQ 时，译员可以看到控制面板（Dashboard）（图 2-20）界面上显示了目前的项目、打开最近的项目、管理项目、新建项目等常用命令。译员可在控制面板（Dashboard）上开始创建新项目。

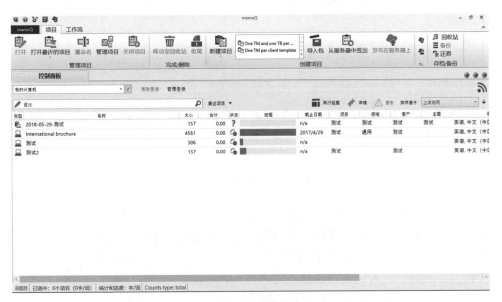

图 2-20　控制面板一览

点击"新建项目"，MemoQ 将自动启动项目创建向导。译员需决定项目类型：

（1）根据模板的新项目（New Project From Template）；

（2）新项目（New Project）；

（3）根据模板的新在线项目（New Online Project From Template）；

（4）新在线项目（New Online Project）。

若默认从模板中启动,则模板默认每种语言一个 TM,一个 TB(One TM and one TB per language)。

若选择使用新 MemoQ 项目,步骤如下:

(1)向导第一页。在项目(Project)功能区选项卡中,选择创建一个本地项目,即可打开向导的第一页(图 2-21)。输入项目的名称,选择源语言和目标语言。译员还可以在项目(Project)、领域(Domain)、客户(Client)和主题(Subject)文本框中输入相应的信息。点击下一步(Next)。

图 2-21　项目创建向导第一页

(2)向导第二页,添加文档进行翻译(见图 2-22)。在空文档列表下,点击导入(Import)命令链接。打开(Open)对话框弹出:浏览并选择要添加到项目的文件,一次可以选择多个不同文件类型的文件,选择完文件后,点击打开(Open)。此外,也可以点击选择性导入(Import with options)命令链接,为项目添加更多文件,也可为项目添加多种类型的文件。点击下一步(Next)。

(3)第三页,选择或建立翻译记忆库(见图 2-23)。向导页面列举了该项目语言对下所有可用翻译记忆库,如项目语言对是英语—德语,那 MemoQ 不会列出英语—波兰语的翻译记忆库。译员可直接勾选记忆库名称前的勾选框,选择一个或更多已有的翻译记忆库,选中的记忆库即移动至列表顶部。译员也可点击新建(Create/use new)来创建一个新的翻译记忆库。为项目添加完翻译记忆库后,点击下一步(Next)。

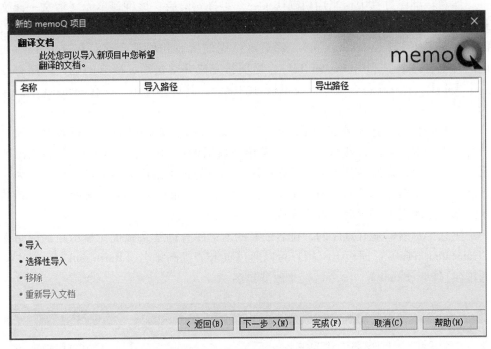

图 2-22　项目创建向导第二页

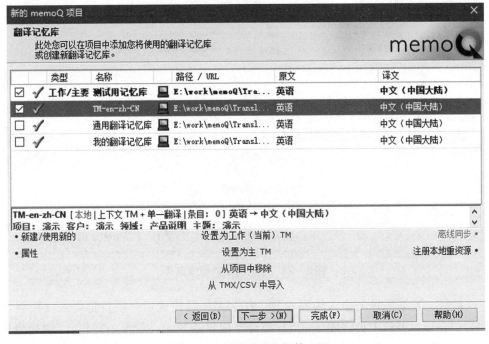

图 2-23　项目创建向导第三页

注意：翻译过程中，当用户确认了一个翻译句段后，该翻译单元（原文—译文句段对）方可存储到工作翻译记忆库（working translation memory）。在 MemoQ 中，需要一个工作 TM（working TM），译员确认完的所有句段都会储存在这个 TM 中。但同时也有一个主 TM（master TM），当项目完成并交付后，所有的翻译都储存在这个 TM 中。主 TM 包含最终以及审核过的翻译，其他翻译记忆库在 MemoQ 中只作为参考。

（4）第四页，选择或建立术语库（见图 2-24）。MemoQ 列出了所有符合项目语言的术语库。同样，若所处理的是英语—德语的项目，那么 MemoQ 不会列出英语、法语、西班牙语等其他语言的术语库。译员勾选术语库名称前的复选框，为项目添加一个或多个术语库。译员也可点击新建（Create/use new）来创建一个新的术语库。添加完术语库后，点击完成（Finish）。

注意：术语库是有排序的，排名最高的术语库查询结果被优先显示在翻译结果（Translation results）面板上。用户可以通过点击"提高排名（Raise rank）"或"降低排名（Lower rank）"命令链接来改变排名。

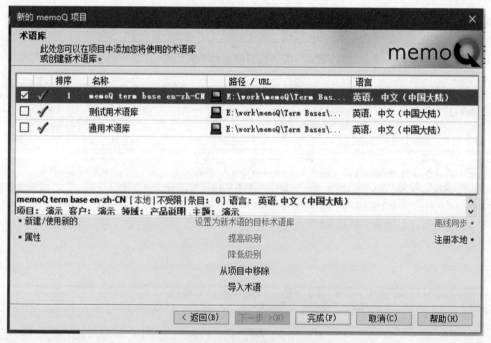

图 2-24 项目创建向导第四页

此外，若本项目需多人协同参与，那么在项目建成后，项目负责人（项目经理）可在项目编辑主页（图 2-25）添加本项目参与人（译员、审校），然后将项目发布至服务器（MemoQ 2015：功能区选项卡—项目—"发布在服务器"）即可共享。

图 2-25 项目主页添加参与人

2. 翻译

在项目主页（Project home）中，点击翻译（Translations）图标，在文档列表中，双击想要处理的翻译文档。若文档已打开，则双击 MemoQ 窗口上方的选项卡。

在文档选项卡中，文档内容以两栏呈现。左边一栏包含源语言句段，右边一栏则可编辑译文，译员在此输入译文，点击对应译文句段即可开始翻译。

（1）确认句段。

当译员完成一个句段的翻译，需按下默认确认快捷键（Ctrl + Enter）或在翻译（Translation）功能区选项卡上点击确认（Confirm）。MemoQ 会将已翻译句段保存到文档及项目的工作翻译记忆库。然后继续跳转到第二个句段。

译员还可选择确认但不更新（Confirm Without Update）或其默认快捷键：Ctrl + Shift + Enter，即将当前句段的状态设置为译员已确认，但不将原文句段和译文句段存储在工作翻译记忆库中。如果译员没有使用翻译记忆库，这便是唯一确认句段的方式。每个改动后 MemoQ 都会自动保存，用户在翻译时无需保存文档。

注意：

第一，若译文与原文标签不符，系统会提示此处有问题，如图 2-26 中的句段 1，系统以感叹号提示此处译文缺少一个标签（若与原文不一致，导出时可能会出现格式不一致或排版问题）。

第二，匹配率：指句段中源文本和 MemoQ 在翻译记忆库中找到的句段之间的相似度。如果匹配率是 101% 或 100%，则当前句段中的原文本及其格式与翻译记忆库中相同。如果匹配率在 95% 到 99% 之间，那么文本相同，而格式和数字可能有所不同。如果匹配率低于 95%，那么文字也存在不同。如果匹配率为 102%，那么这一匹配来自于 x-translate［基于预翻译（pre-translation）的文档］。

（2）合并及分割句段。

在编辑（Edit）和快速访问（Quick Access）功能区选项卡中，译员可找到分割（Split）和合并（Join）按钮。

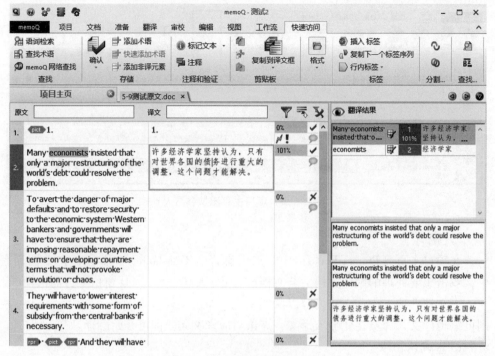

图 2-26 编辑界面确认标签

如果当前句段并不是一个完整的语义单元，但和下一个句段却可以构成一个语义单元，那么译员可以点击合并按钮或按 Ctrl + J，MemoQ 会合并当前句段和下一个句段。如果当前句段包含不止一个句子（或语义单元），译员可将其分割为两个句段：在源语言中的合适位置单击，然后点击分隔按钮或按 Ctrl + T，MemoQ 会在指定位置将句段分割成两部分。调整好原文句段后，译员则可继续在右侧栏输入译文。

（3）无自动建议：在翻译记忆库和术语库中查找信息。

若译员对如何翻译当前句段中的词或表达不是很确定，并且术语库中不包含这些词或短语。译员没能在结果列表中得到建议的情况下，可以在翻译记忆库中查询有疑问的词或表达，即使用语词检索（concordance）。

MemoQ 2015 中内嵌了语词检索（concordance）功能：选择原文单元格中的词或表达，按 Ctrl + K，或从翻译/审校或快速访问功能区选项卡中选择语词检索（Concordance）。如果翻译记忆库中包含该词或表达的句段，MemoQ 会在独立的窗口中列出这些结果及其翻译。

译员可以在两种语词检索视图间切换：三列（Three column）视图或者原文 + 译文（Source + Target）视图。在原文 + 译文（Source + Target）视图中显示了元信息（Meta information），如创建者和创建时间。

译员也可以右键单击译文（Target）一栏，选择编辑条目（Edit Entry），在语词检索（concordance）窗口中编辑 TM 条目。

（4）预翻译（pre-translate）。

如果翻译记忆库包含原文中的许多句段，译员可以执行 MemoQ 中的预翻译功能一次性将这些句段插入译文。译员可以在准备（Preparation）功能区选项卡中，找到预翻译（Pre-Translate），点击即可。

此外，如果文档出现某种故障时，可通过如下方法还原：由于译文总是同时保存在两个地方：文档和翻译记忆库。若译员无法访问或交付文档，可以再次将源文档导入项目中（点击文档按钮下的再次导入"Reimport"），然后使用预翻译（Pre-translate），即可从翻译记忆库中还原译文。

（5）句段状态。

在本小节的翻译部分（确认句段），我们提及过句段状态。即在目标句段旁边，有一个小的信息面板显示每个句段的状态。MemoQ 中的默认句段状态有五种不同的颜色编码值，如表 2-5 所示：

表 2-5　MemoQ 翻译句段状态颜色编码

颜色	标签	说明
灰色	0% ✗	句段还未被编辑
橙色	0% ✗	句段已被编辑，但还未得到确认
绿色	0% ✓	翻译已经得到确认（绿色的勾，不是红色的叉）
蓝色	100% ✗	在预翻译中，目标句段文本自动插入。此时译员可以在蓝色背景上看到一个百分比值（不是 0），完全准确的匹配率为 100% 或 101%，模糊匹配的值则更低
紫色	0% ✗	在预翻译中，目标句段文本是由片段拼成的。记忆库中无整个句段的完整建议，但有部分片段翻译建议。若用户激活了机器翻译插件（TM），则建议可能来自于机器翻译
红色	0% ✗	句段状态为拒绝（Shift + Enter）

（6）使用格式标签（见图 2-27）。

图 2-27　格式标签示例

在本小节的翻译部分（确认句段），我们提及过格式标签。

当译员导入源文档时，CAT 工具会从文档文件中提取文本并隐藏其他内容（格式、样式、图像等）。想要重新显示这些元素，需要以原始格式导出译文。这些元素在 CAT 工具中通常以标签形式出现。只有当译员正确地将所有格式标签都插入到目标句段中时，CAT 工具才可以将文档导出成原始格式，译文排版才能和源文档保持一致。

如在 MemoQ 2015 中，翻译区默认仅显示原始格式中的粗体、斜体和下划线，译员可以改变这些格式。如果整个原句段的格式是统一的（例如整个句段都是斜体），那么同样的格式也自动应用于目标句段。如果只有部分原句段具有特定格式，译员可以选中目标文本，按 Ctrl + B、Ctrl + I 或 Ctrl + U 对应修改格式。

翻译时，句段中其他格式指令或图像则转化为格式标签，并以花括号括起来的紫色数字 {1~?} 表示，这些数字称为格式标签。包含高亮文本的句段可能是这样显示的：

译员按 F9 可以按顺序插入标签。如果将光标往后移，并按下 Alt + F6，MemoQ 会重排目标单元格中的标签。只有当译员插入所有格式标记，或把所有不必要的标记从目标单元格中删除，错误提示（感叹号图标）才会消失。

（三）译后：审校检查、回收语料库

当译员完成翻译后，需参照翻译准则，对可能涉及的全局性问题或翻译中易犯的错误进行全面的排查、修改。若该翻译项目由多个译员组成翻译团队，则在译员完成翻译工作后转交审校人员，由审校人员对译文进行校对（MemoQ：功能区选项卡 – 审校）。若该项目已上传至服务器共享，那么审校和翻译工作可以实时进行。

一般需检查如下问题[①]：

1. 翻译错误

（1）错译，对原文意义表达错误。

（2）漏译，漏掉某处翻译。

（3）语义表达不准确。

（4）引用不一致。

（5）语法、标点符号、拼写等错误。

2. 翻译一致性

（1）术语一致性：检查术语与客户提供的标准是否一致；选用术语时是否符合上下文语境，表达是否通顺。

（2）规范一致性：是否按照业界规范、语言风格是否一致、是否符合客户项目的特殊要求。

---

① 王华树：《计算机辅助翻译实践》，国防工业出版社 2015 年版，第 392–393 页。

3. 功能性错误

（1）字体、版面、标签等格式问题。

（2）隐藏文字误删误改。

（3）链接错误。

最后，译员需要将本次翻译项目中使用的记忆库、术语库导出，检查语言对是否有误，按规范修改后，整理留待下次使用。

四、案例练习

（1）请画出 CAT 工具的工作流程简图。

（2）请简述笔译流程中译前、译中、译后基本工作内容。

（3）请登录 MemoQ 网站（https：//www.memoq.com/en/），下载并安装 MemoQ 试用版，并参照本章 MemoQ 2015 翻译项目的步骤，组建小型翻译团队，并分配角色进行协同翻译演练。

第三章 传媒翻译

第一节 新闻翻译

一、教学目标

本节旨在以国内外主流新闻为学习文本,向学生介绍新闻的行文特点及其语言风格,使学生对中英文新闻的差异有较为清晰的认知,从而结合相关翻译理论,掌握新闻翻译的方法和技巧。

二、新闻翻译宏观视角

(一)谁在对谁说话?

全球一体化的不断发展,不仅指经济上的一体化,也意味着各国文化的持续加速融合。在中国,文化"引进来"与"走出去"如火如荼地进行着。在这个进程中,大众传播作为一种强有力的手段,起着举足轻重的作用。席勒认为"电影、广播电视节目、书籍、新闻报道等随处可见的文化产品或服务,它们所提供的并不仅仅是消息和娱乐,同时也是传播社会价值或政治观点的工具;最终,它们会对全社会的精神结构产生深远的影响。"[①] 新闻作为大众传播的重要实现手段自然越来越受到重视,新闻翻译研究的重要性和紧迫性也因此不断突显出来。

(二)说什么?

新闻是记录与传播信息的一种文体,具有记录社会、传播信息、反映时代的功能。新闻有广义与狭义之分。广义上的新闻包括消息、通讯、特写、速写等;狭义上的新闻指用概括的叙述方式,以简明扼要的文字,迅速、及时地报道新近发生的、有价值的事实的消息。通常,新闻包括标题、导语、主体、背景和结语五部分。其中,标题、导语和主体是新闻的主要组成部分;背景和结语是新闻的辅助部分。新闻包含六要素:时间(when)、地点(where)、人物(who)、事件的起因(why)、经过(how)、结果(what)。一篇新闻报道,通常都包含这6个因素,正所谓"麻雀虽小,五脏俱全"。就文体而言,新闻以叙述为主,兼或有议论、描写、

---

① 参见郭庆光《传播学教程》,中国人民大学出版社2003版,第253页。

评论等。

不论是英文新闻还是中文新闻，都有自己独特的语言和写作风格。英文新闻的特点突出反映在两个方面。第一，就语法和句式特点而言，新闻语言广泛使用现在时，给人以真实感。此外，由于篇幅有限，新闻常用含有同位语、介词短语、插入语、分词短语等的扩展简单句。此外，英文新闻注重描述的客观性，相对中文新闻而言，被动句使用频率较高。第二，就词汇特点而言，新闻行文风格简练，大量使用专有名词、缩略词、小词等，外来词、新词、旧词新意等也是新闻用词的突出特点之一。因此，中文新闻英译时要注意以下几点。首先，英文新闻时态通常为一般现在时，句式常用拓展简单句，被动句的使用也较为频繁。其次，注意灵活使用专有名词、缩略词、小词、外来词和新词等。中文新闻的特点主要体现在三个方面。第一，就句式而言，由于中文多为意合，相对来说更注重句子内在的逻辑关系，因此中文新闻大多使用短句且连接词的使用较为有限。第二，就词汇而言，中文新闻频繁使用中文四字词语和固定表达。第三，英文新闻注重描述的客观性，多用被动句，而中文新闻注重主体性，行文时多用主动句。因此，在英文新闻汉译时要注意以下几点。首先，句子结构上，适当减少复杂句、连接词、逻辑词的使用；其次，词汇使用上，适量地使用四字词汇使译文更加精炼紧凑；再次，注意被动句和主动句之间的转换。

（三）何时？何地？

新闻翻译的历史几乎与报纸的历史一样悠久。在中国，新闻翻译史大致可以分为三个时期：萌芽期（1970年之前）、发展期（1980年到20世纪末）及繁盛期（始于21世纪）[①]。随着科学技术的发展，除了随处可见的纸质版新闻，主流新闻还为读者提供了电子版，只要有网络就可以随时订阅。

（四）为什么？

经济一体化给中国带来的不仅仅是难得的发展机遇，还带来了一系列挑战。当今世界发展不平衡，不仅仅指经济发展不平衡，也包括文化输出失衡，"发展中国家的民族文化在不同程度上受到外国（主要是西方）文化的侵害、取代或挑战，受支配程度越来越高的状况"[②]。

1978年改革开放以来，我国经济长期保持快速增长，经济总量跃居世界第二，综合国力显著增强，人民生活不断改善。然而，不得不承认的是，在经济取得飞速发展的同时，我们在一定程度上忽视了文化领域的同步发展。因此，要实现更高层次的发展，中国就必须重视文化传播，这意味着要重视传媒，重视新闻翻译。新闻翻译借助语言符号转换的形式很好地展现了不同国家、不同文化意识形态、不同生活习俗和价值观念，"能催生与创造新的文化产品，并凭借自己的媒介优势把一个

[①] 王秉钦：《20世纪中国翻译思想史》，南开大学出版社2004版，第293-298页。
[②] 郭庆光：《传播学教程》，中国人民大学出版社2003版，第253页。

时代最为精华的思想、最文明的成果记录下来，流传下去"①。如果我国的新闻翻译准确、及时、高效，那么这不仅能促进我国新闻事业的发展，更能吸引国外读者的眼球，提升中国的国际形象。

三、新闻翻译原则

中英文新闻在语言表达、运用、习惯有显著的不同，但新闻的本质决定两者之间的共性大于其个性。因此，在翻译的过程中，就翻译技巧而言，应该首先考虑采用直译的翻译方法；当直译不能很好地传达原文信息时，则合理地采用意译；此外，适当的增译和省译在实际的翻译过程中非常有必要。就词汇句式文法而言，英文新闻汉译时要注意四字词的使用，适当地对连接词做省译处理，注意被动句和主动句的转换。中文新闻英译时要注意句子表达的完整性、逻辑性，适当地进行增译及主被动句转换。

（一）直译

尽管中英文新闻在语言和文化上有显著的差异，但总的来说，两者的共性大于个性。作为译者，我们要相信语言上的差异不是语言之间不可跨越的障碍和鸿沟，这种差异很多时候是相同本质的不同现象，这种同质使各国之间达到互相理解成为可能。

如果新闻内容（包括但不限于标题、导语、正文等）表意清晰，通俗易懂，两种语言的表达方式完全或者基本相同，且直接翻译不会给读者造成理解困难时，那么译者在翻译时，不论是英译中，还是中译英都应该首先采用直译的翻译方法，即在保持原文内容同时，又保持原文的表达形式。如：

【例1】Through experiments on visual perception and neurology, they discovered that our emotions really do alter how we see a neutral face. (Daily Mail, 2018.4.12)

译文：通过视觉和神经学实验，他们发现，我们的不同情绪的确可以改变我们看待中性脸部表情的方式。

分析：原文句子结构清晰、表意明确，句子主体结构为"through 引导的状语 + 主语 they + 谓语 discovered + 宾语从句"。在翻译的过程中，可以直接将原文传达的信息直译出来，无需改动句子结构。再如：

【例2】Becoming China's premier architectural historians was no easy feat. (New York Times：2018.4.11)

译文：成为中国最著名的建筑历史学家不是一件容易的事。

分析：原文句子结构简单、信息清楚，句子主体结构为"动词-ing 形式的主语 + 谓语 was + 形容词 no easy"。中文也有类似的句子结构和表达方法，因此在翻译

---

① 马文丽：《新闻翻译：把握话语权——再谈后殖民主义译论语境下的翻译策略》，载《武汉理工大学学报（社会科学版）》2007 年第 20 卷第 5 期，第 687 – 690 页。

的过程中,直译即可。

不仅英译中时可以采用直译的技巧,在一定场合,中译英也可以直译,达到有效传递信息的目的。如:

【例3】 最新的科技进步大大降低了制造成本。一般来讲,培育钻石的成本比开采钻石的成本低30%~40%。①

译文: Recent advances in technology have slashed expenses. Generally, synthetic diamonds cost 30 percent to 40 percent less than mined ones.

分析:原文由两个简单句组成,句子结构简单清晰。英语中有类似的句子结构,因此在这里可以直接翻译成两个简单句,第一个句子的句子结构为"<u>主语 advances + 谓语 have slashed + 宾语 expenses</u>",第二个为"<u>主语 synthetic diamonds + 谓语 cost + 宾语 percent</u>"。再如:

【例4】 实验室培育钻石和开采钻石有着相同的物理、化学和光学成分。②

译文: Lab-grown diamonds have the same physical, chemical and optical properties as natural gems.

分析:跟上一个例子一样,这个例子的句子结构简单清晰,可直接直译为"<u>主语 lab-grown diamonds + 谓语 have + 宾语 properties + 状语</u>"。

值得注意的是,直译有一定的局限性,并不是所有场合都能够采用。当句子冗长、句式复杂、句意艰涩难懂时,或者当中英表达方式差异显著时,直译并不能很好地、正确地传达出原文的信息,甚至传达出来的内容让读者不知所云,摸不着头脑。所以,不顾实际情况和条件,不顾中英两种语言在表达、构造上的差异,不顾中西方文化背景的不同的直译必然会将译者带入误区,造成误译。

(二) 意译

由于东西方在文化、地域、历史、习俗等诸多方面的差异,中西方人民在思维和思想方式也有着明显的不同,这种不同有时候会给双方互相理解带来一定的困难。中国读者认为易读易懂的内容,对英国、美国读者来说却未必,反之亦然。如前文所述,新闻的主要作用和核心宗旨是传递信息。新闻翻译不是普通意义上的翻译活动,更重要的是信息传播活动。因此,在翻译的过程中,除了要做到语言形式上的对等,译者更要注重文章内容、信息的对等,充分考虑读者的表达习惯和思维方式,更好地将信息传达出去。

意译是新闻翻译中最为常用且最有效的翻译方法之一。意译,即译者摆脱原文的表达方法、句型结构等方面的限制,尽量靠近译入语的表达规范,使译文地道合

---

① 《钻石珠宝市场,一场科技与浪漫的较量》,凯丽希官网,http://www.caraxy.com/news_27.html。

② 《钻石珠宝市场,一场科技与浪漫的较量》,凯丽希官网,http://www.caraxy.com/news_27.html。

理，符合译入语的表达习惯和目标读者的阅读习惯。当直译的翻译策略不能准确地传达新闻的信息内容，或不能恰当地体现作者的写作意图，或者不符合译入语的表达习惯时，译者可根据实际情况采用意译的翻译方法。如：

【例5】This was a demanding undertaking both for Liang, who walked with a bad limp after a motorcycle accident as a young man, and Lin, who had tuberculosis for years. (New York Times, 2018.4.11)

译文：对于梁思成和林徽因来说，这并非易事：梁思成年轻时，一场摩托车事故让他后来走路一瘸一拐，而林徽因则长期患有肺结核。

分析：原文"demanding undertaking"，字面意思是"要求苛刻的工作"。如果将其直译成"对于梁思成和林徽因两人来说，这是要求苛刻的工作"，会让人觉得奇怪，因此，在翻译时，译者将其处理成了"并非易事"，更加符合中文表达，更为连贯通顺。再如：

【例6】Queen Elizabeth has apparently gifted Kate a 19th-century alabaster cameo pendant to use as a good luck charm for previous births, so will also be a lucky charm for baby number three. (New York Post, 2018.4.17)

译文：同前两次生产一样，英国女王伊丽莎白二世赠给凯特王妃一个象征好运的19世纪浮雕挂件。

分析：英文常常将状语后置，而中文则相反。译文将状语"previous births"前置且具体化为"前两次生产"，更符合中文读者的阅读习惯和体验。此外，"baby number three"字面意思是"三号宝宝"，此处直译可能会对中文读者带来一定困惑。作为非重要关键信息，译者在翻译的时候直接将其意译出来。

意译的翻译策略不仅广泛应用于英译中，还常见于汉译英中。如：

【例7】这场较量，谁将成为最后的赢家？是地底下自然形成的开采钻石，还是科技造就的培育钻石？①

译文：Which will last forever—the stone naturally forged in a volcano, or hard science?

分析：原文是两个问句，强化了句子信息，到底谁会成为最后的赢家。在英译的过程中，译者将形容词+名词结构"最后的+赢家"处理成动词+形容词结构"last forever"。译文中last一词精炼、地道，与新闻简洁的语言风格一致。此外，译者还将两个问句处理成了一个选择问句，使译文读起来更为紧凑。再如：

【例8】钻石珠宝市场，一场科技与浪漫的较量②

---

① 《钻石珠宝市场，一场科技与浪漫的较量》，凯丽希官网，http://www.caraxy.com/news_27.html。

② 《钻石珠宝市场，一场科技与浪漫的较量》，凯丽希官网，http://www.caraxy.com/news_27.html。

译文：Romance battles science in gem market

分析：新闻标题是对新闻内容加以概括或评价的简短文字，起着划分、组织、揭示、评价新闻内容、吸引读者阅读的作用。通常，新闻标题包括主题、引题、副题、插题、提要题、边题、尾题、栏目题和通栏题9种。作为文章的"点睛之笔"，标题的重要性不言而喻。原标题用的是<u>名词结构</u>"……的较量"。在译文中，译者将这个名词结构处理成了<u>动词结构</u>"battles"。"battle"一词简洁、形象、生动，较量跃然于纸，能够很好地抓住读者的眼球。此外，还与英语新闻简练的行文风格一致。再如：

【例9】 早在20世纪50年代就出现了人工制造的钻石。然而，直到近年来，培育钻石的制造成本才开始明显低于开采钻石的成本。[①]

译文：Diamonds have been grown in laboratories since as early as the 1950s but, until recently, synthetic diamonds had been much more expensive to make than mining natural jewels.

分析：在中文中，时间状语（早在20世纪50年代）一般置于句子开头，但英语则刚好相反。译者将时间状语结构"since as early as the 1950s"句子的结尾。此外，原文有两个拓展简单句组成，译者将其处理成了一个拓展简单句，使译文更加紧凑、逻辑更加清晰。

直译与意译并无优劣之分。不论是直译，还是意译，都应该以实现翻译的"信达切"为前提。否则，不顾实际的直译可能导致死译，没有原则的意译则可能导致胡译。

（三）增译

所谓增译法，就是在翻译的过程中，为了使译文更加符合译文读者的欣赏习惯、审美情趣，译者可适当增加一些词语，充分发挥想象力和创造力，使译文富有创意和吸引力。在新闻翻译中，为了更加有效地传递原文的信息，译者可以适当使用增译的翻译方法。如：

【例10】 In many cases, they had to journey through treacherous conditions in the Chinese countryside to reach them. (New York Times, 2018.4.11)

译文：很多时候，他们不得不途经环境恶劣的农村，才能到达这些建筑的所在地。

分析：原文只有一个"them"，字面意思为"它们"。在翻译时，译者根据上下文语境，将其增译为"这些建筑物的所在地"。使译文更为连贯、通顺，信息表达更为完整，增强了译文的可读性。再如：

【例11】 Kate will be giving birth in the private Lindo Wing of St Mary's Hospital,

---

[①] 《钻石珠宝市场，一场科技与浪漫的较量》，凯丽希官网，http://www.caraxy.com/news_27.html。

London, where her two other children were born. (New York Post, 2018.4.17)

译文：凯特王妃将在伦敦圣玛丽医院林都院区生产，乔治王子和夏洛特公主都是在这家医院出生的。

分析：原文只有"her two other children"，但在译文中将"其他的两个孩子"的具体信息增译为"乔治王子和夏洛特公主"，增加译文的可读性、趣味性。此外，增译还常常用来增加背景知识。对于源语读者而言无需多说的一些典故、品牌、文化可能对于目标读者而言却非常陌生。如：

【例12】说到中国的复古自行车，当属中国第一辆自行车的制造者——飞鸽。本次活动，飞鸽将隆重推出40款具有中国复古风的自行车供大家试骑。[1]

译文：Speaking of Chinese vintage bicycle, it must be Feige (literally, "Flying Pigeon") — China's very first bicycle produced in Tianjin. In order to embrace the race, the Tianjin-based Feige Bicycle Co. Ltd is to roll out 40 types of bicycles with unique Chinese vintage style.

分析：飞鸽自行车是中国知名度非常高的一个品牌。在翻译的过程中，译者增译了"China's first bicycle produced in Tianjin"这个信息，增强了译文的可读性，让目标读者能够更加轻易地知道新闻传递的信息。再如：

【例13】在前天结束的中甲联赛中，天津权健队最终夺得冠军并成功冲入中超，成为又一支进入中国足球顶级联赛的天津队伍。[2]

译文：In the final of 2016 China League One (the second tier of the Chinese football league pyramid) played the other day, Tianjin Quanjian won the title and promoted to the 2017 Chinese Super League (the highest tier of professional football in China), becoming another football team based in Tianjin competed in Chinese top division.

分析：原文读者可能知道中甲与中超的区别，但是目标受众不一定知道China League One 和 Chinese Super League 的区别。因此，译者在这里采用增译的技巧，将中甲和中超的区别增译出来，方便读者了解这两者之前的差别。再如：

【例14】CARAXY 培育钻石是这个市场的变革者。[3]

译文：CARAXY is the innovator of grown diamond market.

分析：在翻译新闻时，首先要通读全文，正确理解原文信息。通过正文的内容可以了解到，这里的 CARAXY 是一个品牌名字，是中国首批介绍培育钻石的公司。因此在翻译的过程中，可以将此信息增译在"grown diamond market"中，让读者知道，"CARAXY 是培育钻石市场的变革者"，而非字面的"CARAXY 培育钻石是市

---

[1] http://ly.tj.gov.cn/News/201405/20140513161 43082.html 2018-12-07
[2] http://www.jwbos.com/2016/67/44/1031172804663822.html 2018-12-07
[3] 《钻石珠宝市场，一场科技与浪漫的较量》，凯丽希官网，http://www.caraxy.com/news_27.html。

场的变革者"。

通常,译者在翻译时不可以随意增减原文的意义,但这并不意味着译文和原文必须词对词,因为一词对一词的翻译往往不能得到晓畅、准确、地道的译文。因此,在完整保留原义的前提下,为了使译文准确通顺,可以添加一些必要的词语和背景信息。要注意,增译是为了更好地将源语的文化背景尽可能地传达给目标读者,为了让译文更自然流畅,符合译文读者的阅读习惯;不顾实际情况的胡乱增译是不可取的。

(四) 省译

省译法是与增译法相对应的一种翻译方法,所谓省译,就是在翻译的过程中,如果文章中某些内容是读者已知的事实,或者为了使译文更加符合译语的表达习惯,就可省去不译。在新闻翻译中,省译法的使用很普遍,尤其是在新闻编译中。适当地删去不符合目标语思维习惯、语言习惯和表达方式的词,可以避免译文累赘,增强译文的可读性。具体而言,在英译汉中,省译可以从两个方面来操作,一是适当减去原文中的代词、介词、冠词、连词、动词、短语虚词、系动词等;二是省略次要信息以突出关键信息。

【例 15】In a paper just published in Nature Neuroscience, a team led by Elseline Hoekzema of the Universitat Autonoma de Barcelona, in Spain, describe for the first time how pregnancy alters women's brains, rewiring them in ways that persist long after a child has been born. (The Economist)

译文:《自然·神经科学》杂志最近发表的一篇论文中,由 Elseline Hoekzema 带领的西班牙巴塞罗那自治大学的团队,首次描述了直到宝宝出生以后很久的一段时间内,怀孕是如何改变及重塑女性大脑的。

分析:原文中多次出现"in"这个介词,在译文中没有一一对应译成"在",而是省译了介词,使译文更加紧凑地道。

【例 16】Ultimately, you should go with what makes you comfortable.①

译文:大家应该怎么舒服怎么来。

分析:原文中的 Ultimately(根本上,最终)在译文中省译了,这个连接词的省译并没有影响到原文信息的传递,相反还增加了译文的流畅性。除了英译汉,省译在新闻汉译英中也很常见。如:

【例 17】新华社北京 3 月 8 日电(记者 查文晔) 国务院港澳办主任王光亚 8 日下午在人民大会堂"两会部长通道"上说,中央希望香港第五任行政长官选举能

---

① 《每日新闻一分钟:体毛到底该不该刮》,可可英语,http://www.kekenet.com/Article/201805/554131.shtml,访问日期:2018 年 12 月 7 日。

够依法、依规、顺利进行，选出符合中央要求的行政长官人选。①

译文：BEIJING, March 8 (Xinhua) - Wang Guangya, Director of the Hong Kong and Macao Affairs Office, said last Wednesday afternoon that the central government expects Hong Kong to elect its fifth Chief Executive in accordance with laws and regulations, and the Chief Executive to be elected should be qualified with the central government's requirement.

分析：新闻导语不需要太详细。原文中的"在人民大会堂'两会部长通道'上"可以省译，因为对于外国读者来说，这些细枝末节并不是他们想要了解的内容。因此，在翻译此类新闻时译者只需传达主要信息。另外，通讯员信息（记者查文晔）也可以直接省译，因为这对于外国读者来说不是必须的信息。

【例18】 北京市卫计委表示，医改方案实施后，由于实行了药品的阳光采购，很多药品价格都会下降。以老年人常用的药品来说，降血脂药中常用的"阿托伐他汀钙片"，2015年在京销售的主要有2个品牌，其中进口产品名为"立普妥"，国产产品名为"阿乐"。实行阳光采购后，这两种药品的采购价格分别下降了9.76%和11.47%。单纯开药的患者，现在集中去开药看似挂号环节省了几块钱，但比起药价的降幅来说，未必会省钱。②

译文：The Commission shows that the medicine price will decrease after the medical reform. For the patients who only need medicine, to buy medicines now seems to save several yuan in the registration, which may not be a real save compared with the decrease of medicine price.

分析：通过新闻可知，北京市卫计委在前文已经出现，因此，此处翻译时不必再次译出全称，直接译为"The Commission"。此外，对目标读者来说，"阳光采购"不是必要信息，这个例子更是复杂且为非必要信息。加之新闻上一段已经举例说明医改前后医疗费用将会发生的变化，所以这里可以省译这个例子，直接译结论即可。可以看出，在新闻翻译中，应该对上下文重复出现的信息进行合理的省译。

需要注意的是，省译绝不是删去原文的思想内容，而是省去在原文中需要而在译文中不需要的词。

（五）用缩略语、短小词

相对于中文的含蓄和"圆润"，英文较为直接和"锐利"。具体表现为，在用词方面，英语新闻用词一般较为精炼、简短、具体、通俗易懂。因此，在汉译英中，译者可以结合中英文新闻语言表达的特点，适当多用缩略语和短小词。

---

① 查文晔：《国务院港澳办主任：希望香港选出符合中央要求的行政长官人选》，新华网，http://www.winhuanet.com/2017-03/08/c-1120593127.htm，访问日期：2018年1月27日。
② 贾晓宏：《医改后药价会下降 北京卫计委：没必要扎堆开药》，央视网，http://news.cctv.com/2017/03/29/ARTIJI2EweIYYQjHGNQHEca2170329.shtml，访问日期：2018年12月7日。

【例19】 China Launches First ICBM in to Pacific
译文：中国向太平洋发射首枚洲际弹道导弹

ICBM 是 Inter-Continental Ballistic Missile 的缩写词，意为洲际弹道导弹。在英文新闻中，常常使用的缩写词往往是一些组织机构的简称，如 NPC（全国人民代表大会）；或是表示职务或职业特征的人物名称，如 DJ（无线电唱片音乐节目主持人）；或者是大家熟知的事物名称，如 GDP（国民生产总值）。

【例20】 New Groups Boost Hi-Tech Research.
译文：新兴集团推动高新技术研究。
分析：原文中的 high-tech 指 high-technology。

除了缩略语，短小词在英文新闻中也很常见。

【例21】 Quake Death Toll May Top 2000.
译文：地震死亡人数估计已逾两千。
分析：原文中的 Top 等于 Exceed，形象、生动，且节省篇幅。以上短小词、缩略语在英语新闻标题乃至整个消息报道中屡见不鲜。译者在平时翻译中需多加留意，这对于提升翻译质量，无疑是大有裨益的。下表为英文新闻中常见的短小词：

ace = champion	得胜者
aid = assistance	帮助
blast = explosion	爆炸
body = committee, commission	委员会
set = ready	准备
snag = unexpected difficulty	意外障碍，意外困难
stalemate = dispute that cannot be settled	僵持，僵局
clash = controversy	机构
crash = collision	碰撞，坠毁
deal = agreement, transaction	协议，交易
envoy = ambassador	大使
fake = counterfeit	赝品，骗局
feud = strong dispute	严重分歧
flop = failure	失败
nod = approval	许可，批准
poll = election, public opinion poll	投票选举，民意测验
probe = investigation	调查
pullout = withdrawal	撤退，撤离

（六）主动句与被动句

中英文的一个显著不同在于：英文注重逻辑，强调描述、叙述的客观性，因此英文新闻中常用被动句；而中文则更注重主体性，多用主动句，较少使用被动句。因此，英文新闻汉译时，常常会将被动句转化成主动句；中文新闻英译时，又常常将主动句转化成被动句。如：

【例22】For centuries, art lovers and critics have been perplexed by and debated the Leonardo Da Vinci painting's gaze and slight smile — or is it a grimace?

译文：几百年来，艺术爱好者和评论家一直对莱奥纳多·达芬奇这幅画中人物的目光和她的微笑（或是苦相？）感到困惑，并对此进行争论。

分析：译者将原文中的"been perplexed by"译成了主动态"对……感到困惑"，使译文更加符合中文的表达习惯。

【例23】He was asked several questions at the press conference.

译文：记者招待会上人们问了他几个问题。

分析：原文中使用了被动态"he was asked"，译者将此处理成主动态"人们问了他"，符合中文表达习惯和中文读者的阅读习惯。

在新闻翻译中，不论是汉译英，还是英译汉，要注意所有的翻译方法、技巧和策略都是建立在正确理解原文的基础上的，且始终记住，新闻翻译的本质是翻译，"信达切"应是译者不断追求的目标。最后，不论是直译、意译，还是增译、省译，没有哪个方法是老死不相往来的，在同一篇新闻中，可以综合运用各种合适的翻译方法。

四、平行文本

（一）平行文本

在互联网高度发达的今天，平行文本随处可见。下页是国内外一些具有影响力的报纸的官网。

www.timesonline.co.uk 泰晤士报	英国发行的综合性日报，对世界政治、经济、文化有较大影响
www.nytimes.com 纽约时报	美国纽约出版，全世界发行，具有相当的影响力
www.wsj.com 华尔街日报	创办于1889年，是美国乃至世界影响力最大的日报
www.ft.com 金融时报	全球性财经报纸，主要报导商业和财经类新闻
www.washingtonpost.com 华盛顿邮报	创办于1877年，常报道美国国内政治动态

续上表

www.zaobao.com 联合早报	著名华文网站，载有客观新闻和深度评析，深受亚太区读者喜爱
http://www.people.com.cn/ 人民日报	中国第一大报，世界上最权威、最有影响力的报纸之一
http://www.cankaoxiaoxi.com/ 参考消息	大陆唯一能直接刊载外电的报纸，全方位、多视角报道国内外新闻

输入是学习翻译最好且最有效的方法之一。只有不断地输入，才能紧跟时代的脚步，输出更地道、更准确的译文。

（二）掌握专业术语

要想更加准确、快速地进行中英文新闻的翻译，从平行文本中掌握相关的专业术语就变得相当重要。以下是新闻中常见的一些术语表达。

business cycle	商业周期
capital goods	资本货物
economic recession	经济衰退
credit-crunching	紧缩信贷
currency reserve	货币储备
deflation	通货收缩
bear market	空头市场
bull market	多头市场
futures market	期货市场
pro-market	主供市场经济
potential market	潜在市场
constant price	不变价格
contract price	合同价格
capital export	资本输出
capital inflow	资本流入
rebuilding of stocks	吃进库存
moonlight-job	"月光"工作；兼职工作
ceiling price	上限价格
floor price	下限价格
sampling	选样调查

续上表

spot sales	出售现货
floating exchange rate	浮动汇率
dumping	倾销
antidumping	反倾销
prohibited tariff	禁止性关税
protective tariff	保护性关税
absolute quotas	绝对配额
import quotas	进口配额
country quotas	国别配额
global quotas	全球配额

五、案例练习

（1）将下列新闻翻译成中文。

Donald trump has called off the planned Singapore Summit with the North Korean leader. In a letter to Kim Jong-Un, the US president said he made the decision based on what he called the "tremendous anger and open hostility" in a recent North Korean statement. Mr. Trump says he's very much looking forward to meeting Mr. Kim someday.

（2）将下列中文翻译成英文。

你愿意嫁给我吗？曾经打开盒子，说出这句浪漫的话语，呈现给对方的毫无疑问是一颗经过的大自然鬼斧神工洗礼的天然钻石。如今随着科技的发展，市场上有了全新的选择——利用高科技手段在实验室里生长出来的钻石，它们被称为培育钻石。这种钻石并非莫桑石锆石等仿钻，它的成分、性质和外观和开采的天然钻石完全一样，连专业的钻石鉴定师也无法通过肉眼或是简单仪器去鉴别，一时间钻石业内人心惶惶，一场科技与传统的较量在市场上蓄势待发。

第二节　广告语翻译

一、教学目标

本节旨在以国内外经典广告语为学习文本，向学生介绍广告语的特点及其语言风格，使学生对汉英广告语的差异有较为清晰的认识，从而与相关翻译理论结合，掌握广告语的翻译方法和技巧。

二、广告语翻译宏观视角

(一) 谁在对谁说话?

广告一词最初来源于拉丁语 advertere,意为传播、诱导,后来英语将其吸收演变成 advertise;广告语则是广告的语言,是一种具有鲜明特点的语言。作为宣传的重要组成部分,广告语以实现信息的有效传递为己任,潜移默化地影响着目标群体的消费行为。

(二) 说什么?

广告语是向广告受众宣传、推广特定产品、服务等的语言,通常以口号的形式出现。就语言特点而言,通常是简短的词语、词组、短语、句子等。广告语被用来展示产品功能或者彰显服务特色,传播品牌文化或者表达企业理念。成功的广告语可以快速地为广大受众接受和理解。

(三) 何时?何地?

在高度市场化信息化的今天,广告如同氧气和水一样无处不在。毫不夸张地说,人们被广告包围着,无时不刻不被广告影响着。随时随地的广告早已渗透到当代人们生活的各个领域,成为现代人生活中不可缺少的一部分。

(四) 为什么?

随着经济的不断发展,商业活动持续增加,各国之间的文化交流也日益频繁,广告语作为其中重要的一环,越来越受关注。一个好的广告语,能够有效地促进商业、文化等交流活动。近年来,为了更好地宣传、推销产品,企业在广告上大做文章。自然而然,广告语翻译的重要性日益显著。

三、广告语翻译原则

(一) 深入了解产品,正确解读广告语原文

任何翻译,第一步都是正确理解原文。在广告语的翻译中,不仅仅要理解原文,还要深入了解产品,只有这样才能将原广告语巧妙地译出来。如:

【例1】There are some things money can't buy; for everything else, there's Master Card. (万事达卡广告)

译文:万事皆可达,唯有情无价。

分析:这则广告的巧妙之处在于虽然万事达是一个支付平台,但却强调有些东西钱也买不到,强调为消费者提供非物质的体验,如和家人朋友共度美好时光。迄今为止,这个屡获殊荣的万事达卡真情无价系列广告已经超过430支,在全球110个国家和地区以51种语言播放,成功塑造了一个与Visa、美国运通及其他信用卡组织不同的品牌形象。中文译文"万事皆可达"巧妙地包含了万事达这个品牌,且中文的蕴涵非常积极向上,充满正能量。

【例2】 只为点滴幸福（蒙牛广告）

译文：Little happiness matters

分析：这是蒙牛在 2012 年投放的一则广告。广告一出，网上就炸开了锅。许多网友认为这个译文几乎是原广告语的反面，因为 little 通常指"几乎没有"，多用在否定。尽管后来有不同的声音出现，但此译文整体上而言不算是非常好的译文。

改译：For every drop of happiness / Happiness in every drop

广告语的重要性不言而喻，因其举足轻重的地位，广告语的翻译不应出任何差错。所以，正确地理解原广告语，理解产品，理解品牌文化是翻译广告语的重要步骤。

（二）多用简单句和祈使句

好的广告语对品牌来说至关重要，有人将其比喻成品牌的眼睛，因为广告语对于人们理解品牌内涵，建立品牌忠诚度有着不同寻常的意义。广告语简洁、凝练、且口语化，具体表现在简单句和祈使句的广泛使用。如：

【例3】 Yes, We Can!（奥巴马竞选获胜演说口号）

译文：我们一定行！

分析：这是美国前总统奥巴马在题为"美国的变革"的竞选获胜演说中重复提及的口号。严格意义上说，"Yes We Can"不是广告语，但却极具感染力。2008 年全球金融危机，当时的美国人民最需要的就是信心。奥巴马的这句强有力的口号给美国人带来了信念和希望。译者将其翻译成"我们一定行！"简洁又有力。再如：

【例4】 We Try Harder.（Avis 艾维斯租车广告）

译文：我们是第二，所以我们更努力。

分析：这则广告来自艾维斯（Avis）租车。一般的广告都是强调自己的产品和服务有多么厉害。很少品牌如此坦诚地说自己第二。谦虚、诚恳的态度使艾维斯赢得了广大消费者的信任。广告投放之后，艾维斯取得了营业额的重大突破，从一个亏损的企业转而成为口碑好、赢利可观的公司。译者将其背后的意义表达出来，让目标受众更加清晰地感受到艾维斯租车的诚意和谦虚。

（三）突出核心词

广告文案大概是最讲究"炼字"的行业了。广告语简洁凝练的特性更加突显了其核心词的重要性。在翻译的时候，不论是英译中，还是中译英，译者都应该将最核心的词突显出来。如：

【例5】 Impossible Is Nothing.（Adidas 阿迪达斯广告）

译文：一切皆有可能。

分析：对这句广告语，Adidas 通过电视广告片将其演绎得淋漓尽致。前女足前锋马晓旭在广告中说，"要让再大的挑战也变得简单，最好的办法就是把自己变得更强"；NBA 篮球运动员阿里纳斯在广告中说，"在没有人相信你的时候，你的任何努力都会为自己加分"；贝克汉姆说，"你这一生中会经历挫折，但重要的是坚强地度过它"。从开始的默默无闻、一文不名，通过不懈的努力到达巅峰，或者常人无法企及的地位，这就是"一切皆有可能"的真意。译者将其译为"一切皆有可能"，译文简短、有力，积极向上，非常有感染力。再如：

【例6】 Because You're Worth It. （L'Oréal 欧莱雅广告）

译文：巴黎欧莱雅，你值得拥有。

分析：欧莱雅有一个维持多年的策略，即在全世界选择最具魅力的明星作为品牌代言人，通过代言人的动人故事带出产品。中国著名影星巩俐、李冰冰、范冰冰等都是或者曾是其代言人。欧莱雅品牌的奢华、高端、国际范儿也由此树立。译文"巴黎欧莱雅，你值得拥有"让女性们觉得如果此生没有欧莱雅，则将是人生一大憾事，这也正是欧莱雅想要达到的目的。

（四）恰当使用修辞

广告语的目的是为了让人印象深刻，为了让目标群众耳目一新，有时候可以恰当地使用一些修辞手法。如：

【例7】 It Gives You Wings. （Redbull 红牛广告）

译文：红牛给你翅膀。

分析：红牛饮料来源于泰国，销往全球70多个国家。在欧洲，"Redbull gives you wings"是一句非常著名的广告词。这则广告比起国内的"困了累了喝红牛"更为感性。再如：

【例8】 Don't Dream It. Drive It. （Jaguar 捷豹汽车广告）

译文：告别梦想，尽情驰骋。

分析：这则广告号召人们对梦想的座驾发起行动。广告词运用了英语中头韵（Alliteration）的修辞手法（即在一组词或一行诗中用相同的字母或声韵开头），使广告语读起来富有韵律感，单词的选择和组合传递出了一种完整的含义，令人过目难忘。再如：

【例9】 Guinnless isn't good for you. （Guinnless 健力士啤酒广告）

译文：没有 Guinness 啤酒对你不好。

分析：Guinness 曾使用"Guinness is good for you"这条广告语，后来有关机构责令其停止使用。因为 Guinness 属于烈性酒，它含酒精，不可能有益健康。对此，Guinness 的广告公司做出巧妙回应，推出了广告语"Guinnless isn't good for you"。"less"作为后缀，表示无、不能，双重否定更加强烈地传达了肯定的含义：Guinness 啤酒有益健康。

四、平行文本

阅读经典广告语译文是学习广告语翻译的重要手段之一。欣赏几则国内外经典广告语及其翻译。

Cancer Cures Smoking（Cancer Patients Aid Association）	译文：癌症治愈烟瘾 该广告获得2003年坎城平面大奖。广告语句式简单且在中文中有对应的句式。在翻译时，直译即可，简单、粗暴却有震撼力
Think Different（Apple）	译文：非同凡想 这则长达一分钟的广告涵盖了爱因斯坦、鲍勃·迪伦、约翰·列侬等著名人物，文案"致那些疯狂的家伙"句句铿锵。这支广告让乔布斯落泪，甚至被誉为百年内最伟大的广告。中文译文将其处理成"非同凡想"，简单、有力
Intel Inside	译文：内置英特尔 从1991年起，英特尔就与戴尔等制造商合作推出这个营销策略，制造商在使用了英特尔芯片的设备上标注"Intel Inside"字样。一个广告主题若是能让人印象深刻、难以忘记且达到广告投放目的，自然可以保持数十年不变
Bigger than Bigger（Apple）	中国大陆译文：比更大还更大 中国港台译文：岂止于大 这句广告语出自iPhone6和iPhone6 plus的宣传语，宣传语本意是：你比你想象的更强大
Good to the last drop.（麦氏咖啡）	译文：滴滴香浓，意犹未尽 滴滴香浓，形象地展现了咖啡的香和浓，而意犹未尽，则充分地还原了Good to the last drop的意境，喝完之后还想再来一口
Impossible made possible.（佳能打印机）	爱是感于内而形于外 内外和原文的impossible和possible呼应，语句表达形式上很工整对称

五、案例练习

翻译下列广告语：

（1）Obey your thirst.（Sprite）

（2）The taste is great.（Nescafe Coffee）

（3）Take TOSHIBA, take the world.（Toshiba）

（4）生而不凡（CARRY 培育钻石）

（5）怕上火，喝王老吉。（王老吉）

（6）成长的过程中，家人常常鼓励我要勇于表达，大胆说出心中所想；他们告诉我要敢于追逐梦想。长大后，现实却常常试图蒙蔽我们的心智，迫使我们以他人的方式生活。幸运的是，我从未放弃，不曾妥协。年轻时知道"我是谁"，不断发掘自己，这很重要。因为，我们独一无二；因为，我们生而不凡。

第三节 字幕翻译

一、教学目标

本节旨在以国内外电影、广播电视字幕为学习文本，向学生介绍字幕的特点及其语言风格，使学生对电影、广播电视字幕有较为清晰的认识，从而与相关翻译理论结合，掌握字幕的翻译方法和技巧。

二、字幕翻译宏观视角

（一）谁在对谁说话？

自 1978 年改革开放以来，中国和国外影视作品的交流越来越多。影视翻译，包括配音和字幕翻译越来越受到重视。字幕翻译主要分为两类：即语际翻译和语内翻译。本章节谈到的字幕翻译指语际翻译，即在保留影视作品原声的情况下，将作品中的人物对白和必要的视觉信息翻译成目的语放在屏幕下方。

（二）说什么？

"字幕翻译是一种特殊的语言转换类型，将原声的口语浓缩为书面语。"[①] 字幕翻译既具有其他翻译，如文学翻译、科技翻译、法律翻译等翻译领域的共性，同时又具有其特点。因此，在评价字幕翻译的质量和翻译策略的运用上，字幕翻译与传统翻译领域有一定的区别。

（三）何时？何地？

字幕翻译的宗旨是最大限度地传递影视作品中人物的语义信息，帮助目的语受众跨越语言障碍，了解故事情节、知悉影视作品的相关文化和作品想要表达的思想。

（四）为什么？

影视作品作为快速传播文化的一种有效手段，在了解国外文化和本国文化"走出去"的过程中起着重要作用。尤其是在信息社会的今天，随着互联网的不断普

[①] 赵宁：《试析电影字幕限制因素及翻译策略》，载《中国民航学院学报》2005 年第 10 期，第 56 页。

及，影视资源已经逐步成为人们获取外国知识信息的一种重要媒介。因此，字幕翻译的重要性也逐渐突显出来。

三、字幕翻译原则

（一）节略和压缩的翻译策略

英译汉时往往会省掉很多信息。因为英语要求结构完整，所以必然含有一些中文不必要说的内容，例如一些主语、逻辑词等。中文虽然结构不完整，但意思是完整的。一般而言，口语对白到文字的转换中，原文就要缩减1/3甚至一半，对白者说话速度越快，信息压缩量越大。在字幕翻译中，做到尽量简洁不仅仅是为了对应节奏，还因为只有省译了部分内容，中文才自然。做到简洁，就要刻意省掉一些内容，其中一些是由于两种语言的差异而必须省掉的，还有一些是受众根据剧情很容易知道的，也都可省略。总之在字幕翻译过程中，译者要在正确判断目的语受众认知力的基础上，对于一些对认知活动关联系较小，甚至无关紧要的信息可以进行删减节略。这些信息通常包括：

1. 语气词：well, oh, I tell you, you know, say, so, I think 等。

【例1】well, you're very good at it.（美剧 *This Is Us*）

译文：你的讲解非常到位。

分析：这里的 well 属于语气词，在翻译时可以直接省译。

【例2】So, many, many years ago…（美剧 *This Is Us*）

译文：很久很久以前……

分析：译者在翻译时省译了 so。

【例3】Oh, Sloane, do the story.（美剧 *This Is Us*）

译文：斯隆，你来讲这个故事。

分析：译者将语气词 oh 省译。

2. 语义重复的对白

【例4】Father, that was a great sermon. Made me weep.（电影 *Million Dollar Baby*）

译文：神父，刚才的布道太精彩了，我都流泪了。

分析：译文很啰嗦，因为包含了一些不必要的信息。对话的这两个人刚从教堂出来，其中一个人是神父，所以说原文的"sermon"必然是"刚才的"布道，因此，"刚才的"没有必要译出。

改译：神父，您的布道真好，我都听哭了。

【例5】It was too salty the night she and Carl moved into their house. It was too watery the night she found lipstick on Carl's shirt. She burned it the night Carl told her he was leaving her for his secretary.（美剧 *Desperate Housewives*）

译文：她和卡尔搬过来那晚，她做得太咸了。她发现卡尔衬衫上有唇印的那晚,又太淡了。卡尔为了自己的秘书离开她的那晚,她做糊了。

分析:原译比较啰嗦,不够简洁,不符合字幕的特点。

改译:他们刚搬来的那晚,咸了。发现卡尔有外遇那晚,稀了。他跟小秘跑的那晚,糊了。

3. 冗长拗口的对白

【例6】 The beauty of the fortress city was a legend.(电影 The Hobbit)

译文:它的壮丽如口耳相传的传说一般。

分析:原译较为啰嗦拖沓。

改译:城池之壮丽已成为传说。

【例7】 Its wealth lay in the earth, in precious gems hummed from rock.(电影 The Hobbit)

译文:它的财富就嵌在泥土中,是巉岩中打磨出的珠宝。

分析:原译不够简洁凝练。

改译:它的财富就在地下,是那巉岩中打磨出的珠宝。

(三)化暗示为明示的翻译策略

字幕转瞬即逝的特点决定了字幕翻译要在瞬间给受众带来视听感受,因此译文越自然、越生活化越好。最理想的状态是受众看完就觉得是日常生活中说的话,一看就懂,不需要停下来思考。由于英语和中文语言表达等方面的不同,即便是同一件事,同一个道理,陈述起来也可能也有很大的不同。因此,在翻译的过程中,要采取增、解释、改译、意译、加注等手段将暗示的内容明示出来。

纸面文学翻译可以尽量保留西方文化的意象,但影视剧翻译应始终记住翻译的宗旨是为了让受众尽可能不费力气地理解原台词传递的信息;字幕翻译的首要职责不是介绍西方文化,而是让受众看懂情节,并得到视听上的享受。因此,译文最好让受众一看就明白,不需要回过头来思考。

中英文的不同不仅是语言结构的不同,这种不同还涉及两种文化的思考方式和意识形态。说同一个意思、同一个道理的时候,不同的不仅是语言元素,在视角、意象选择和思考逻辑上都很不一样。由于两种语言的差异,按照英语的思维逻辑说出的中文往往会说不清、道不明,让人觉得疑惑。这样的地方一定要将"事儿"点破,思考在那个情境中中国人要表达这个"事儿"会怎样说。有时候不仅要对语言本身做处理,还要改变说话的逻辑、换掉原文中中国受众不熟悉的意象或者概念。

【例8】

Willy: Car should be able to back up, Frankie.

Frankie: Just push, will you?(电影 Million Dollar Baby)

译文:

Willy:车应该可以挂倒挡,弗朗基。

Frankie:就推,好吗?

分析："Car should be able to back up"这句话如果按照原来英语的句子结构，到中文里边怎么说都别扭。其实只要抓住了人物想说的"事儿"，即想要传达的信息到底是啥，再用中文的惯常说法说出来就清晰了，不必受英语句式的限制。Willy此处无非想说"不用推车，可以开车挂上倒挡后退。"如此一来就清晰了。

改译：Willy：车子可以挂倒挡的，弗朗基。

Frankie：你就推，行么？

【例9】If you do, I'll be forced to Nagasaki your life and career.（美剧 *This Is Us*）

译文：如果你一走了之，那就别怪我毁掉你的生活和事业。

分析："Nagasaki"是日本城市长崎的英文名。这座城市在二战期间遭受了原子弹的袭击。因此，这个词也被用来表达"摧毁，毁灭"。在翻译受众认知能力之外的典故、引用时，不能直译，需要将其意译出来，采用化暗示为明示的翻译策略。

【例10】Hey, stop horsing around!（美剧 *This Is Us*）

译文：别闹了。

分析：原文用"horsing around"形象生动，但如果直译为像马一样乱跑，受众会不知所云，因此直接译为"别闹了"。虽然在形象生动方面打了折扣，但信息传达及时又快速，受众能够很轻易地理解整个剧情。

（四）归化的翻译策略

字幕翻译最重要的任务是最大限度地传递影视作品的语义信息，帮助受众跨越语言障碍。因此，在字幕翻译中，译者要尽可能地靠近读者（受众），让受众以最小的努力便可以获得最大的语境效果。就具体的翻译策略而言，译者首先必须利用各种翻译策略，尽可能地以读者为本；就措辞而言，译者应当尽量简洁、清晰、通俗易懂。由于中西方文化的显著差异，在字幕翻译的过程中，译者要尽可能地向受众靠拢，将源语中的文化信息用归化的翻译策略传递给受众。

【例11】You're standing outside my church comparing God to Rice Krispies?（电影 *Million Dollar Baby*）

译文：你这是站在我的教堂外面把上帝比作薄脆饼干？

分析：原译让人摸不着头脑，可改译：这可是教堂，你竟拿上帝开玩笑？当原文用的是目的语陌生的比喻时，可以大胆采用归化的翻译策略，将目的受众不熟悉的内容译为熟悉的。再如：

【例12】光着干啥呢，晒膘呐？（电影《黄金大劫案》）

译文：Working on your tan?

分析：《黄金大劫案》是宁浩导演的一部喜剧、动作电影。原文"晒膘"一词幽默有趣，但如果直接翻译成"晒太阳"会让受众摸不着头脑，因此将其译成受众熟知的"working on your tan"是可取的。

（五）四字词语、成语的使用

四字成语、四字词语简洁深刻、形象生动、读起来朗朗上口，且能够较好地解决字幕翻译受制于时空的问题，经常用于字幕翻译之中。举电影 *The Great Gatsby*（《了不起的盖茨比》）中的字幕翻译为例。

【例13】Back then, all of us drank too much.

原译：当时，我们每天都醉生梦死地虚度光阴。

改译：那时，我们每天都醉生梦死。

【例14】The more in tune with the times we were, the more we drank.

原译：越和那个时代的步调相契合。

改译：越是与时俱进，越是长醉不醒。

【例15】And none of us contributed anything new.

原译：所有人脑子里都被迂腐陈旧之事所填满。

改译：我们也越是陈旧迂腐。

分析："醉生梦死""与时俱进""长醉不醒""陈旧迂腐"四字词读来朗朗上口，且占用篇幅较小，符合字幕翻译的使用要求。

四、平行文本

提高字幕翻译水平的方法有很多，其中一个是关注时事，关注网络，多看看最俏皮、最地道的表达。此外，任何翻译都需要大量的练习。在看英美电视剧、电影、纪录片时多实践，熟能生巧。

五、案例练习

翻译下列字幕：

（1）Well, the least I could do is make sure you boys had a decent meal to look forward to in the morning. I know you're out of your minds with grief.（《绝望的主妇》）

（2）You'll find a trainer in this gym or somewhere else that's gonna wanna train a girl. It's the latest freak show out there. The trouble is, they're gonna be wasting your time.（《百万宝贝》）

（3）舌尖上的中国：自然的馈赠，主食的故事，转化的灵感，时间的味道，厨房的秘密。

第四章　旅游翻译

第一节　旅游广告翻译

一、教学目标

培养旅游广告翻译的技能，学习旅游广告的文体特征，积累旅游广告的相关知识，提高汉译英的语言能力。

二、旅游广告翻译宏观视角

旅游广告是旅游部门或旅游企业通过各种形式的媒介，公开而广泛地进行的有关旅游产品、旅游服务和旅游信息的传播活动。旅游广告的目的是向大众宣传和推广旅游目的地、旅游产品、旅游体验、服务或其他相关信息，以说服旅游者到目的地游览、购买旅游产品或进行其他相关消费活动，从而帮助旅游企业获得经济利益及品牌价值。

旅游广告具有广告的特点，结合旅游产品的特点和特性，通过劝服性的宣传途径，迎合旅游者的消费心理，有效地把旅游产品推介出去。因此旅游广告有三大功能：①认识功能，即向旅游者介绍旅游产品的基本信息、特点、性能等；②心理功能，即诱发旅游者旅游和消费行为的产生；③美学功能，即具有一定的审美价值，在一定程度上满足旅游者的审美心理。

三、旅游广告翻译原则

1. 用词通俗易懂

旅游广告面向的是普通大众，要达到在广大读者群中的宣传目的，争取更多的旅游者游览或消费，其用词就必须简单、通俗。同时，旅游通常是为了放松心情、缓解压力，因此旅游广告会着力营造轻松、亲切、自然的氛围，这也决定了其用语应该通俗自然，中英文的旅游广告都有这种现象。我们先来看几则英汉语旅游城市的宣传词：

（1）Pennsylvania：America Starts Here

（2）Quebec：It Feels So Different

（3）Aruba：Our Only Business Is You

（4）Victoria：You'll Love Every Place of Victoria

（5）上海：上海，精彩每一天

（6）香港：动感之都，购物天堂

（7）长春：永远是春天！

（8）丹东：太阳升起的地方——丹东

（9）杭州：最忆是杭州

细看以上九则广告，无论是英文还是中文，使用的均是日常生活中经常用到的通俗词汇，几乎不会给读者造成任何理解上的困难。在翻译旅游广告时，选词就应该体现这样的特征，尽量选择对于目标语读者来说简单、通俗易懂的词汇。试举几例：

【例1】原文：全国优秀旅游城市宁波欢迎您！

原译：National Excellent Touristic City! You are welcomed by Ningbo!

改译：Welcome to Tourist City Ningbo!

分析：原文中的"全国优秀旅游城市"对于汉语读者来说非常容易理解，是汉语文化中常见的荣誉称号，容易让读者产生好感。但若直译成英文"National Excellent Touristic City"，英语的读者不一定会立刻理解这是一种荣誉，反而可能会觉得用词累赘，直接用"Tourist City"既简洁又容易理解。

【例2】原文：创一流服务，迎四海嘉宾。

原译：Welcoming our honored guests from all over the world with the first-class service.

改译：First-class service to all guests.

分析：原文的"四海嘉宾"是汉语中常见的四字短语，其实质意义就是"宾客"，译文把"嘉宾"译成"honored guests"并无必要，"honored"用在广告中也拉远了与读者的距离，显得客气生疏。另外，"四海"二字在原文中起到的作用主要在音韵上，即"四海嘉宾"与"一流服务"形成对仗，这两个字译成英文的五个单词"from all over the world"显得累赘，由于它的实质含义在这里并不重要，可以省略不译。

【例3】原文：宽窄巷子，最成都。

原译：Kuanxiangzi Alley and Zhaixiangzi Alley, the Most Chengdunese

改译：Kuangxiangzi Alley and Zhaixiangzi Alley, a Very Typical Taste of Chengdu

分析：原文的"最成都"，非常简洁上口，对于汉语读者来说，意义一目了然，是把名词"成都"活用作形容词，意思就是"最具有成都特色的"。直译成the Most Chengduness，意义不明，对于没听说过成都的英语读者来说，则更加费解。因此，"最成都"适合意译。

2. 使用描述性强的词汇

旅游广告语言往往形象生动，在介绍宣传旅游景点或旅游产品时都会使用一些

81

描述性很强的动词或形容词，增强宣传对象的吸引力，从而说服读者到旅游景点游览和消费。描述性强的词汇在中英文旅游广告中都普遍存在，但是，汉语的描述性词汇，尤其是一些四字短语，在翻译成英语时往往要做一定的删减或改写，因为汉语更注重文辞的华丽。为了保留原文的形象生动，在汉译英时碰到这种情况，也应挑选一些描述类的英文动词、名词或形容词。试举例如下：

【例4】原文：雄秀奇幽看四川

原译：Sichuan Boasts Magnificent, Elegant and Peaceful Scenery.

分析：原文的"雄秀奇幽"四个字都是描述性的词，放在一起形成四字短语，既简洁又工整，精炼地总结了四川景色的特点。译文用了三个对应的形容词将之译出，非常贴切。

【例5】原文：太湖奇峰环抱，烟水迷蒙，自然天成的湖光山色美不胜收。

原译：The Taihu Lake is surrounded by grotesque peaks and veiled in mist. This naturally formed scenery of lake and mountains is fantastic.

改译：Grotesque peaks around and mist over the surface form into the harmonious natural scenery of the Taihu Lake.

分析：原文的"奇峰环抱""烟水迷蒙""湖光山色"都是描述性很强的词语，形成了很强的画面感，能让读者产生美好的联想。但"湖光山色"一词，在语义上与"奇峰环绕"和"烟水迷蒙"是重复的，在汉语中属于修辞性的重复，在英文中就无须译出，否则就显得累赘。

【例6】原文：进入山中，重峦叠嶂，古木参天；峰回路转，云断桥连；涧深谷幽，天光一线；灵猴嬉戏，青蛙奏弹；奇花铺径，别有洞天。春季万物萌动，郁郁葱葱；夏季百花争艳，姹紫嫣红；秋季红叶满山，五彩缤纷；冬季银装素裹，白雪皑皑。

译文：In the mountains, spectacular sights are everywhere: ancient trees, magnificent peeks, winding paths, high bridges, deep canyons, peaceful valleys, and sometimes a sheer line of skyline overhead. Monkeys and frogs can be seen and heard here and there. Peculiar flowers blooming along the paths make it seem another world. Spectacles are different every season: thriving and green springs, flowery and brilliant summers, maple-red autumns, and snow-white winters.

分析：原文使用了大量描述性很强的四字短语，极尽铺张渲染之能事，浓墨重彩地描绘了优美的景色，符合汉语写作的审美观。其中有些并列使用的短语，在语义上是互相重叠的，重复出现只是为了形成和谐的音韵节奏或增强气势，如"重峦"就是"叠嶂"，"百花争艳"与"姹紫嫣红"意义相近，"银装素裹"与"白雪皑皑"同义。这些语义重复的词，译成英文时，选择其中一个译出即可。对于原文中的描述性词汇，译文也用了大量的形容词与之对应，再现了原文描绘的画面。

【例7】原文：她（黄河）奔腾不息，勇往直前，忽而惊涛裂岸，势不可挡，使群山动容；忽而安如处子，风平浪静，波光潋滟，气象万千。

译文：It tears and boils along turbulently through the mountains and, at some place, flows on quietly with a sedate appearance and glistening ripples.

分析：原文的"奔腾不息""勇往直前""惊涛裂岸""势不可挡"都是描绘性很强的词语，但在语义上是相近的，叠用只是为了增强气势，不宜逐一直译。译文选择了"tears and boils"和"turbulently"这几个词，同样也是描述性很强的词汇，非常简洁生动地复制了原文的气势。

3. 使用对话性的语言

旅游广告通过传单、宣传册、广告牌、电视、网络等多种媒介向目标受众进行宣传，它可以看做是广告发起者与接受者之间的一种对话。为了营造亲切自然的氛围，拉近与受众的距离，赢得好感，旅游广告通常具有对话性的特点，比如：使用祈使句直接对观众或读者提出召唤或建议；使用"we"来自称，用"you"来指称观众或读者，营造面对面对话的感觉；使用对话中常用的加强语气的情态动词或副词，增强说服力，等等。看以下例子：

【例8】原文：登黄山，天下无山，观止矣。

原译：An experience of ascending Mount Huangshan will belittle all the other mountains in the world. This experience tops all.

改译：You would not have any interest in other mountains after seeing Huangshan.

分析：原文是无主语句，不点明动作的行使者，这在汉语中是很常见的语法现象，而英文的语法决定了句子必须有主语，试译将"An experience of ascending Mount Huangshan"这个非人称短语作为主语，解决了无主语的问题，但放在广告中则不如用"you"直接与读者对话来得亲切。

【例9】原文：故都凭栏，让思绪穿越古今，往事历历在目。

译文：Lean against the railing of the former capital, and let your thinking run through the time. Now the past has come alive.

【例10】原文：赶快计划您的新春之旅，以一身喜庆红衣与全港市民一起开心度岁，投入这个环球欢乐派对吧！

译文：Lose no time in planning your new-year travel. Spend your Spring Festival with Hong Kong people in your holiday best. Joint this merry global party!

分析：以上两例原文都是是汉语中的无主语句，译为祈使句，直接对读者发出邀请，让读者有一种身临其境的感受。

【例11】原文：想为亲友挑选一份别具香港特色的纪念品吗？在山顶的购物商场和商店悠游闲逛，必定可以买到您的心头爱。

译文：Looking for a gift for someone special that carries that uniquely Hongkong stamp? You're sure to find something that suits your fancy from our range of malls and shops.①

分析：原文直接对读者发问，创造了面对面对话的氛围，译文也保留了疑问句的形式。

4. 善用修辞手法

旅游广告经常使用一些修辞手法，让语言表达更有吸引力和感染力，让读者获得美的享受，给他们留下更深刻的印象，激发他们游览的兴趣。中英文旅游广告都善于利用修辞手法来增强语言表达效果，而且所用到的修辞手法都是多种多样。两种语言中有一些修辞手法基本相同，如比喻、拟人、反复等。在汉译英时对于这类修辞手法，一般尽量译出，保留原文的修辞效果。

由于中西思维和审美习惯的不同，英汉语旅游广告中也有一些修辞手法的使用频率不尽相同。第一，在中文旅游广告中使用夸张的手法远比英语中多，这是因为汉语写作讲究辞藻工整、言辞华丽，重视酣畅淋漓的审美情趣，而英语写作以简洁、严谨、自然、理性为美，因此在汉译英时遇到汉语旅游广告中的夸张时，要谨慎对待，有时还要做适当删节。第二，引用也是汉语常用的一种修辞手法，在英语旅游广告中却很少使用。汉语的旅游宣传材料经常引经据典，如诗句、谚语、传说等，以渲染景点的美，增加其魅力，引起读者共鸣。这些引用如果比较复杂，直译难以让英文的读者理解，甚至产生歧义或误解，应该适当省略。第三，对仗也是汉语常用而英语用得很少的一种修辞手法。汉语写作以文辞工整为美，使用对仗符合汉语读者的审美情趣。英语写作并不讲究工整，而注重信息的严谨真实。汉语中的对仗有些内容并未包含实质信息，在汉译英时那些内容空洞、渲染性的词语往往省略不译。第四，排比在汉语旅游广告中非常常见，而在英语旅游广告中则比较少见。汉语旅游广告中使用排比可以创造节奏和谐、感情充沛、气势磅礴、形象生动的效果，但放到以简洁为美的英文中，则显得冗余繁琐。因此，在汉译英时碰到排比，通常只需译出原文意思，删掉语义重复的部分。第五，汉语写作善用尾韵，而英语写作头韵用得比较多，这是两种语言长久以来的文学传统所造成的不同。在汉译英时，对汉语旅游广告中的尾韵，可以灵活使用头韵（alliteration）、尾韵（end rhyme）、辅音韵（consonance）等各种韵来补偿原文的音韵效果。

总而言之，对于汉语旅游广告中使用的修辞手法，要分析具体情况，既要尽量保留原文的表达效果，也要考虑到英语读者的审美情趣。下面我们看一些例子：

【例12】**原文**：高原明珠，蓝色宝湖。（青海湖）

译文：Pearl on the Plateau, Magic Blue Lake

分析：原文使用了比喻，将青海湖比喻成"明珠"，译文保留了比喻，"明珠"

---

① 夏康明、范先明：《旅游文化汉英翻译概论——基于功能目的论视角下的跨文化旅游翻译研究》，中国社会科学出版社 2013 年版。

仍然译为"pearl"。

【例13】原文：滁州是帝王之乡、将相之乡、文化之乡、转运之乡。

译文：Chuzhou is known as Hometown of Emperors, Hometown of Generals and Ministers, Hometown of Culture, Hometown of Transshipment.

分析：原文用了四个重复的"……之乡"来描述滁州的特色，突出了滁州的多重魅力。译文以四个"Hometown of"与之对应，保留了反复的修辞手法，达到与原文同样的效果。

【例14】原文：感悟人生，感悟泥性，感悟瓷韵悠悠。

原译：Feel the life, feel the porcelain, and feel the history.

改译：Touch the clay, know the history, and feel the life. ①

分析：原文用三个重复的"感悟"，形成回环往复的音韵效果和深远绵长的意蕴。但是将"感悟"一律翻译成"feel"，就会导致词语搭配不当，因为"feel"与"the life"或"the history"无法搭配，所以三个"感悟"应分别用不同的词分别对应。

【例15】原文：洞庭湖"衔远山，吞长江，浩浩汤汤，横无际涯；朝晖夕阴，气象万千"。

译文：Carrying the shadows of distant mountains in it and swallowing the Yangtze River, the vast and mighty Dongting Lake stretches afar. It is brilliant in the morning and gloomy at dusk, with its scenery abounding in changes.

分析：原文引用了范仲淹《岳阳楼记》中的诗句，借以描绘洞庭湖的景色。由于这些诗句是描绘性的，并不需要特定的文化背景就能理解，引用也能很贴切、很精彩地突出景点的魅力，所以直译即可。

【例16】原文：水映山容，使山容益添秀媚，山清水秀，使水能更显柔情。有诗云：岸上湖中各自奇，山觞水酌两相宜。只言游舫浑如画，身在画中原不知。

译文：The hills overshadow the lake, and the lake reflects the hills. They are in perfect harmony, and more beautiful than a picture.

分析：原文引用了杨万里描绘西湖风光的诗句来凸显西湖景色的魅力，增加艺术美感，但这几句诗在语义上与前文有重合之处，因此无须全部译出，整合上下文意译即可。

【例17】原文：一门四进士，叔侄三翰林（四川罗江县）。

译文：The Land of Gifted Scholars.

分析：原文是四川罗江县的旅游广告语，"一门四进士，叔侄三翰林"说的是罗江县清朝大才子李调元家族的故事，这是当地人耳熟能详的佳话。这句广告词涉及到中国历史人物，如果不熟悉背景，则很难理解。此外，"进士""翰林"这些

---

① 陈可培，边立红：《应用文体翻译教程》，对外经济贸易大学出版社2012版，第241页。

中国文化特色的词汇，在英文中没有对应的词语。这句中的引用是为了佐证罗江县是一个文化气息浓厚、出过很多读书人的地方，因此意译为"The Land of Gifted Scholars"是合适的。

【例18】原文：山不高而秀，水不深而清（四川丹棱县）。

译文：A Place That Boasts Beautiful Mountains and Clear Waters

分析：原文的对仗是为了工整美，符合汉语写作美学的标准，两句的意义重点在"山秀"和"水清"，译文突出了这两点。

【例19】原文：宜山宜水更宜宾——宜宾！

译文：Beautiful Yibin Brings You as Much Happiness as You Can Bear.

分析：原文是四川宜宾市的旅游广告，将"宜宾"这一市名巧妙地与"宜山""宜水"并列，形成朗朗上口的节奏。译文用"beautiful""bring"和"bear"三个单词形成头韵，模仿了原文的韵律，也达到了很好的效果。

四、平行文本

1. 四川省各城市宣传语中英文对照

下列表格是四川省旅游局2014年编写发布的《四川省旅游常用语标准化英文翻译》的部分内容，涉及四川省内各城市的旅游宣传口号。

四川省 Sichuan Province	
天下四川·熊猫故乡	Heavenly Sichuan, Home of the Panda
天府之国	The Land of Abundance
四川好玩	Sichuan, a Place for Fun
天下四川有爱， 熊猫故乡更美	Blessed Sichuan—Abundance of Love, Home of Panda—Abundance of Scenery

成都市 Chengdu City	
成功之都，多彩之都，美食之都	City of Success, City of Diversity, City of Gourmet Food
财富之都，成功之都	Chengdu, Can Do!
世界现代田园城市	A Modern Garden City of the World
成都：一座来了就不想离开的城市	Chengdu: An Attractive Residence
西部看成都，成都看城西	Chengdu—Focus of Western China; Western Chengdu—Focus of the City
论道成都，青羊宫	Perceive Taoism at Qingyang Taoist Temple in Chengdu

都江堰市 Dujiangyan City	
拜水都江堰，问道青城山	Pay Homage to Holy Water at Dujiangyan Weir, Cultivate Taoist Mindset in Qingcheng Mountain
青山净水，天人合一	A Green Mountain in Harmony with Crystal Water, Man in Harmony with Nature
青城山：第五洞天；青城天下幽	Qingcheng Mountain: The 5th Blessed Land of Taoism; The Most Secluded Mountain under Heaven
都江堰水利工程： 世界活的水利博物馆 解读中华文明的钥匙 永久性地灌溉了中华民族 独奇千古的"镇川之宝" 世界水利文化的鼻祖	Dujiangyan Weir Irrigation System: World Living Water Conservancy Museum The Key to Chinese Culture Eternally Nourishing the Chinese Nation The Distinctive Treasure of Sichuan The Ancestor of World Water Conservancy Culture

其他城市和景点 Other Cities and Scenic Spots	
龙门山：地质科学迷宫	Longmen Mountain: A Labyrinth of Geological Science
邛崃市：茶马古道第一镇	The First Town on the Ancient Tea-Horse Path
九龙沟：人间龙宫	Jiulong Valley: The Dragon Palace on Earth
安仁县：百年安仁，馆藏中国	The Museum of Anren Preserves the History of China
西岭雪山：东方的阿尔卑斯	Xiling Snow Mountain: The Alps in the East
雾中山：天下无双地，雾中第一山	Wuzhong Mountain: An Unparalleled Mountain Looming in the Frost

资料来源：四川旅游政务网

http://www.scta.gov.cn/sclyj/lydt/zwgg/system/2014/05/9/000532875.html

2. 普吉岛悦榕庄度假村旅游广告英汉对照

The Banyan Tree Phuket isn't just a resort for your body. It's a sanctuary for the soul.

Under the shelter of the Banyan Tree rest comes rather easily to a soul.

That's because an essence of tranquility pervade the air at the Banyan Tree.

From the quiet elegance of its private villas to its contemplative watercourts and gardens.

From the serenity of its superbly landscaped 18-hole golf course to the therapeutic comforts of its spa.

And, when your surroundings exude such peach, there's a very good chance that some of it will filter inside you.

普吉岛悦榕庄度假村——身心放松的度假胜地,心灵超脱的神圣殿堂。
这里的空气清新,沁人心脾。
这里的别墅宁静典雅,仿佛世外桃源,
这里的水景庭院,平静怡人,
这里有18洞的高尔夫球场,风景壮丽,
这里有温泉水疗,舒适养人。
入住悦榕庄,享受平和,放纵身心。①

五、案例练习

1. 将下列英语翻译成中文:

A boundless blue sky stretches over golden fields of wheat rippling in the warm, dry wind. The horizon is interrupted only by a lone grain elevator. A dusty pick-up chugs down a gravel road, its weathered driver intently observing this year's field of crops.

Meanwhile, you luxuriate on the buoyant surface of a hot mineral spring, its curative powers made famous by Native American legend. All the muscles you stiffened playing 18 holes of your best golf, release their tension into the healing waters. Soon enough, you'll be as good as new, ready for another day of downtown café shopping in Saskatoon or trying your luck at the grand casino in Regina. ②

2. 将下列中文翻译成英语:

香港处处生机盎然,彰显出不一样的醉人风采。在繁华的街头漫步,或踏足清新茂密的山林,每个角落总有令人心动的惊喜!徜徉碧海之上,沉浸落日熔金之中,可尽享惬意自在。投入传统节庆,见证中西文化和谐互融,亲历香港生活,身同感受,又是另一番体会。③

---

① 丁大刚:《旅游英语的语言特点与翻译》,上海交通大学出版社2008年版,第47页。
② 丁大刚:《旅游英语的语言特点与翻译》,上海交通大学出版社2008年版,第53页。
③ 夏康明,范先明:《旅游文化汉英翻译概论——基于功能目的论视角下的跨文化旅游翻译研究》,中国社会科学出版社2013年版。

第二节 景点介绍翻译

一、教学目标

了解英汉语景点介绍的文体特点与差异,积累景点介绍写作的相关知识,学习和掌握景点介绍汉译英的策略与技巧。

二、景点介绍翻译宏观视角

景点介绍一般会出现在旅游景区的图版、碑刻或附文上,旅游宣传手册中,景区网站上或其他介绍景区的旅游资料中,主要用来向旅游者介绍和宣传旅游景区或景点。景点介绍的内容通常包括旅游景区或景点的地理位置、自然风光、历史、文化、宗教、民俗等相关信息。景点介绍的主要功能是传递信息,但也同时具有教育和诱导的功能,增加旅游者在人文、历史、自然等方面的知识,并用优美的景色描写唤起或增强游览的兴趣。

三、景点介绍翻译原则

(一)化繁复为简约

景点介绍是应用文,兼具说明文体与描述文体的特征。英汉两个民族不同的文化传统和审美心理决定了英汉语景点介绍语篇不同的文体特征。夏康明与范先明在谈到这种差异时曾指出,"英语旅游景区宣传语篇行文简洁流畅,描写客观,忌讳同义重复……而汉语旅游景区宣传语篇一般讲究辞藻华丽、含蓄优美,用词十分讲究,表达上爱连续使用四字词组和对偶平行结构,力求行文工整、声律对仗、文意对比,以达到音、形、意交融的效果"(夏康明、范先明,2013)。这段话同样适用于景点介绍中关于景物描写的语篇。汉语景点介绍中那些辞藻华丽、同义反复的语段,如果原封不动地译成英语,会使行文堆砌、逻辑不清、语义失真。将汉语的景点介绍翻译成英文时,就应遵循英语语篇的行文习惯和审美心理,化繁复为简约,将一些不太重要的信息省译,将信息量少、重在修辞功能的语段整合改写。试看两例:

【例1】原文:黄山自古云成海,云流动在千峰万壑之中,浩瀚天际,壮丽非凡。峰尖浮海,犹如孤屿,时隐时现,似见非见,瞬息万变,气象万千。变幻莫测的云海与朝霞、落日互映,色彩斑斓,壮美瑰丽。

原译:The clouds over Mount Huangshan are like a sea. They float among the thousands of peaks, which is a magnificent sight against the vast sky. The peaks in the sea of clouds are like isolated islands, sometimes visible and sometimes invisible, changing at every second and turning into different shapes. The unpredictably changing sea of clouds is in harmony with the rising and setting sun, their colors bright and beautiful.

改译：The clouds float over the mountain and among its peaks and gullies like a sea in which the peaks from time to time appear and disappear, often in the twinkling of a moment, like isolated small islands. The cloud sea is even more splendid at sunrise and sunset.

分析：原文是汉语中典型的景物描写的篇章，辞藻华丽，行文工整。为了增强美感，有很多语义重复的词语，如"云成海"与"云海"、"时隐时现"与"似见非见"，"瞬息万变""气象万千"与"变幻莫测"，"壮丽非凡"与"壮美瑰丽"等。原译将这些堆砌的词语一概原封不动地搬到英文中，既无必要，也显得累赘臃肿。合适的做法是将语义重复的部分删掉，将整段的实际意义重新整合成简洁完整的句子。

【例2】原文：江岸上彩楼林立，彩灯高悬，旌旗飘摇，呈现出一派喜气洋洋的节日场面。千姿百态的各式彩龙在江面游弋，舒展着优美的身姿，有的摇头摆尾风采奕奕；有的喷火吐水，威风八面。

原译：Colored buildings stand along the river banks. Colored lanterns and banners hung from the buildings, making a joyful and festive scene. Colored dragon boats of various shapes float on the river, showing their beautiful moves. Some of them are elegantly wagging their heads and tails. Others are proudly spraying fire or water.

改译：High-rise buildings, ornamented with colored lanterns and bright banners, stand along the river banks. On the river itself, decorated loong-shaped boats await their challenge, displaying their individual charms. Some wag their heads and tails and others spray fire and water. ①

分析：原文用了三个"彩"字，在汉语中并无不妥，但原译用三个"colored"与之对应，在英文中是应该避免的。此外，"千姿百态的各式彩龙""舒展的优美的身姿""风采奕奕""威风八面"在语义上有重合的部分，全部直译显得非常冗余。

（二）化意合为形合

汉语是一种"意合"的语言。所谓"意合"，即句子内部的连接或句子之间的连接多依靠语义的贯通，少用连接词，所以句法结构形式短小精悍。因此，汉语在介绍或描写景物时往往不太重视词语之间、句子之间的逻辑顺序和形式关联，句子结构比较松散、自由，常常靠意境把篇章内容串联起来。相比之下，英语则是一种"形合"的语言。"形合"是指句子内部的连接或句子间的连接采用句法手段或词

---

① 彭萍：《实用旅游英语翻译（英汉双向）》，对外经济贸易大学出版社2016年版，第36页。

汇手段。英语在介绍或描写景物时，十分讲究句式结构的逻辑层次，语法严格。要加强语义、扩展信息，英语不是靠单纯的词语的添加，而往往需要通过连接词或各种语言连接手段来实现。将汉语景点介绍语篇翻译成英语时，往往需要化"意合"为"形合"，先要理清词语之间、句子之间隐含的逻辑关系，将信息重新整合成语法严格、逻辑严谨的英语句子，在适当的位置需要使用连接词或其他语言连接手段。请看下面几例：

【例3】原文：青城山地貌独特，植被茂密，气候适宜，林木葱翠，层峦叠嶂，曲径旖旎，古观藏趣。

原译：Qingcheng Mountain has special geological landforms and thick vegetation. The climate is mild and the forests are exuberant. There are ranges of mountains. Paths wind in the mountains and ancient temples hide in them.

改译：Endowed with special geological landforms and a mild climate, Qingcheng Mountain enjoys exuberant vegetation and forests through which the paths wind and the ancient temples disperse in ranges of mountains.

分析：原文用七个四字短语来描述青城山的风貌，七个短语并列，中间没有任何连接词，但都是围绕"青城山风光好"这个中心意思来写的，是典型的"意合"语篇。原译基本直译，也用了很多主语不同的短句，连接词很少，在英文中显得结构松散，没有逻辑。改译则将 Qingcheng Mountain 这个陈述对象拎出来作为主语，其他短语或用非谓语动词，或用定语从句作为从属成分，译成一个长句，既突出了重点，结构也清晰。

【例4】原文：青湖湖面有一小岛，岛上成团成簇植栽桃树，故名桃花岛。桃花岛绿荫满地，桃红柳绿，桃花纤巧妩媚，杨柳婀娜多姿，春雨霏霏，好一副"桃红春雨"图，步入岛中，仿佛置身人间仙境。

原译：There is an islet on the Qinghu Lake, named the Peach Islet because of so many peach trees there. The Islet is covered with green. Peach flowers are red and beautiful and willows are graceful, with frequent spring rain. All these form into a picture of "Peach Flowers and Spring Rain". To be on the Islet is like staying in a fairyland on the earth.

改译：On the Qinghu Lake is an islet named the Peach Islet, for there are so many peach trees there. Beautiful peach flowers, graceful willows and frequent spring drizzles form into a fascinating picture. Standing on the Islet, you will feel as if you were in a fairyland.

分析：原文也由小短句组成，句子之间基本没有词汇衔接，全文依靠"桃花岛风景好"这个语义中心来组织。原译也都译成小短句，句子之间衔接很少。改译则译成三个句子，第一句与第二句之间用 peach trees 和 peach flowers 来衔接，第三句则用 islet 与前两句衔接。

【例5】原文：汉王的陵墓，隋帝的锦帆，唐宋的寺庙，明清的园林；历史上的扬州市何其辉煌，何等繁华；今天的扬州更是一座巨大的、充满中华民族文化瑰宝的历史博物馆。①

原译：The Tomb of the King of Han Dynasty, brocade sail of Sui Emperor, temples of the Tang and Song dynasties, gardens of the Ming and Qing dynasties. Yangzhou was such a magnificent and prosperous city in history. Today Yangzhou is a huge historical museum full of cultural treasures of the Chinese nation.

改译：Yangzhou has been brilliant and prosperous in history. Today's Yangzhou is a huge historical museum full of cultural treasures of the Chinese nationality. Tourists may trace the places of historical interest including Tomb of the King of Han Dynasty, brocade sail of Sui Emperor, temples of the Tang and Song dynasties and gardens of the Ming and Qing dynasties.

分析：原文用四个偏正短语列举了扬州的历史遗迹，与后文并无词汇连接，但全文都围绕"扬州是一座历史名城"这个中心意思展开。原译在结构上照搬原文，不用连接词，前面的四个短语和后面的部分在逻辑上无法衔接，也不符合英文的语法。改译则巧妙地将句子顺序调整，第一句中的 Yangzhou in history 与第二句中的 today's Yangzhou 形成词汇衔接。第三句中添加了 Tourists may trace the places of historical interest including 与前面两句进行衔接。

（三）文化信息灵活处理

除了文体差异，英汉语景点介绍在内容上也有很大的差别。正如杨敏指出，"英美旅游篇章重在景点地理环境、服务设施、优势与不足诸方面的纯信息传递，而风光景色的描述性篇幅不多，而我国的旅游语篇往往更加突出旅游资源的社会身份特征，如社会影响、历史沿革、发展业绩，更突出旅游资源的风光景色和人文特色，甚至占用很大篇幅来引用史书和文学作品及诗歌对于景点的颂扬和描述"（康宁，2005）。对于汉语旅游景点中很常见的典故、诗词、楹联等文化色彩浓厚的内容，在翻译时应以读者为中心，灵活处理。

对于景点介绍中出现的历史典故、与景点相关的故事，除复杂难懂的情况外，一般可以直译。比如：

【例6】原文：在四川西部，有一美妙的去处，它背倚岷山主峰雪宝顶，树木苍翠，花香袭人，鸟声婉转，流水潺潺，这就是松潘县的黄龙。相传在中国古代，洪水肆虐，人们苦不堪言，大禹决心治水，但船不能行，有黄龙来为他负舟，于是导水成功。黄龙疲惫，未及回归大海，死于岷山之下，因而其地就成为黄龙。

---

① 夏康明，范先明：《旅游文化汉英翻译概论—基于功能目的论视角下的跨文化旅游翻译研究》，中国社会科学出版社2013年版。

译文: One of Sichuan's finest scenic spots is Huanglong, which lies in Songpan County just beneath Xuebao, the main peak of the Minshan Mountains. Here you will enjoy lush green forests, fragrant flowers, bubbling streams, and songbirds. There is a story about the place as follows: Once in ancient China, when great floods threatened the people of central China, Yu the Great was determined to tame the mighty floods by himself. However, the water was too inundate for any boat to carry him. Then, a yellow long (pronounced *Huanglong* in Chinese, with the image similar to English "dragon") appeared to boat him, leading to his success in the fight against the floods. Too exhausted to return to its ocean, the long died at the foot of the Minshan Mountains. And the place was named after it. ①

分析: 原文中的典故是一个故事,并无晦涩难懂之处,直译可增加阅读或游览的趣味。

若典故或故事中提到一些中国文化特色词汇、历史人物等,直译的话,对于不了解中国文化的外国读者来说,可能造成理解上的困难,这种情况下,可对这些名词稍作解释。例如:

【例7】**原文**: 太平宫位于崂山东部的上苑山北麓,初名太平兴国院,是赵匡胤为华盖真人刘若拙建的道场之一……

译文: Taiping Temple is located at the northern foot of Mount Shangyuanshan, east of Laoshan Mountain. Its original name was "Garden of Taiping Xingguo", serving as a Taoist temple. Under the grant of Zhao Kuangyin, the founder of the Song Dynasty (960—1121), it was built for Liu Ruozhuo, a famous Taoist priest of the time.

分析: 原文的历史人物"赵匡胤"和"刘若拙"是中国人耳熟能详的名字,"华盖真人"和"道场"这样的词汇也不会造成中国读者的理解困难,但不熟悉中国文化的西方读者可能根本不知道或不理解这些名词。译文对它们一一做了简单的解释。

引用诗词或楹联也是中文景点介绍中常见的现象,诗词或楹联能够加深中国读者的印象,增加景点的魅力,符合中国读者的审美心理。而对于注重逻辑和事实的西方人来说,诗词和楹联不仅陌生晦涩,也显得毫无必要。因此,中文旅游文本中的诗词和楹联一般要么进行简单的解释,要么省译,以迎合英文读者的思维和审美心理。例如:

【例8】**原文**: 游客乘着竹筏游览九曲溪,仿佛置身于画卷之中,如古诗所云:"武夷风景堪称奇,胜似人间仙境。"

译文: Tourists can ride a bamboo raft to enjoy the picturesque landscape along the Nine-bend Stream, as reflected in the ancient lines that the landscape of the Wuyi

---

① 彭萍:《实用旅游英语翻译(英汉双向)》,对外经济贸易大学出版社2016年版,第124页。

Mountains is as marvelous as a fairyland.

分析：原文引用古诗词佐证武夷山风景美丽，译文简单将诗词意思解释了一下，非常简洁明了。

【例9】原文：嵩阳书院的将军柏，是中国现存的原始古柏。诗人李觐光诗谓："翠盖摩天回，盘根拔地雄。赐封来汉代，接种在鸿蒙。"据传说，西汉元丰元年（公元前110年），汉武帝游中岳时，把三株高大茂盛的古柏分别封为"大将军""二将军""三将军"。现在还存活的只有"大将军"和"二将军"两株。

译文：In the Songyang academy, there are two great cypresses, which are the oldest in China. As the legend goes, in the year 110 B. C., when emperor Wudi of the Han Dynasty visited the central mountain, he was greatly surprised to see such big cypresses there, so he conferred them the title of "the Great General", "The Second General" and "the Third General". The Third General died many years ago. Now, only the other two generals still stand there vibrantly. ①

分析：原文引用的诗词，介绍了古柏的来历，与后文的传说意义基本重合，因此直接删掉即可。

【例10】原文：惠州市是广东省辖城市，位于广东省的东南部，珠江三角洲的东端，属于今日珠江三角洲经济开放区。战国时期属楚国，隋朝称循州并设府。公元1021年改称惠州。据《方兴纪要》载，惠州东接长汀，北连赣岭，控潮梅之襟要，半广南之辅翼，大海横陈，群山拥后，诚岭南之名郡也。

译文：Located at the southeast part of Guangdong province and the east part of pearl River Delta, Huizhou city is an open zone of economic development. It used to be named Xunzhou during the Dui Dynasty (581—618). In 1021, it was named Huizhou. This city is a very important spot for its strategic and geographic position.

四、平行文本

（一）海南省海口市五公祠简介中英对照

五公祠位于海口市区。自北宋大文豪苏东坡于绍圣四年（1097）被贬来琼，借寓金粟庵（今五公祠内）留存遗迹以来，宋、元、明、清及民国历朝不断在其周围增建、重修古迹，习惯上把这组古迹群称之为"五公祠"。它包括：海南第一楼（又称五公祠）、学圃堂、观稼堂、西斋（五公精舍）、东斋、苏公祠、两伏波祠、洞酌亭、浮粟泉、琼园和新建的五公祠陈列馆。

五公祠占地面积66000平方米，建筑面积6800平方米，2001年6月26日国务院列为第五批全国重点文物保护单位。五公祠近千年的历史，孕育着丰富的文化内

---

① 彭萍：《实用旅游英语翻译（英汉双向）》，对外经济贸易大学出版社2016年版，第123页。

涵，蕴藏着深厚的历史底蕴，它是全面了解海南历史、政治、文化发展的名胜古迹。

这里楼阁参差，疏密相间；亭廊宛转，错落有致；叠石假山，丘壑分明；泉井湖水，浣羡渺弥；树木花卉，沧古洒灑，素有"琼台胜境""瀛海人文"和"海南第一名胜"之誉。

Five-Lord Temple, located at the southeast of Haikou City, covering an area of about 66,000 square metres, is a comprehensive tourist scenic spot integrated with ancient buildings, historical sites and gardens, mainly composed of the First Temple of Hainan (Five-Lord Temple), Guan Jia Tang, Xue Pu Tang, Su Gong Temple (Lord Su Temple), two-Fubo Temple (Two-Famous-General Temple), Dong Zhuo Pavilion, Xi Xin Room (Room for Cleansing One's Soul), Fu Su Spring, Su Spring Pavilion, Qiongyuan Garden, and other cultural and historical relics. Ever since Su Dongpo, an outstanding poet and writer in the Song Dynasty, led the local people here to dig two springs in 1097, it has become a place to worship the worthies of the past and educate the later generations, hence the good reputation of "Famous Attraction of Hainan".

"The Five Lords" refer to the five famous officials in the Tang and Song Dynasties who were suppressed and sent into exile on Hainan. They are Li Deyu, prime minister of the Tang Dynasty; Li Gang and Zhao Ding, prime ministers of the Song Dynasty; Li Guang and Hu Quan, the great scholars of the Song Dynasty. Although the periods of time the Five Lords lived in the island were not the same, they were all best-known as being patriotic officials and national heroes, and were deeply remembered by the people of Hainan for their propagation of advanced culture of Central China and their influence on the development of Hainan's civilization.

资料来源：海口旅游网 http://www.haikoutour.gov.cn/wugong/intr.asp
http://en.haikoutour.gov.cn/com_view.asp?CID=23

(二) 长江三峡景区简介与美国大峡谷国家公园简介对比

长江三峡

长江三峡西起重庆市奉节白帝城，东至宜昌南津关，全长 193 公里，由瞿塘峡、巫峡和西陵峡组成。三峡是中国最早推向世界的黄金旅游线，是国内最大的风景名胜区和国家地质公园，也是世界上唯一能通航的著名大峡谷。

长江三峡景色壮美、文化积淀深，沿线有依赖三峡独特气候和植被形成的峡谷红叶景观，是海内外游客醉心的旅游目的地，长江三峡——传奇之旅！欢迎您前来体验三峡绝美的峡谷风光和积淀千年的迷人传说！

瞿塘峡长 8 公里，是三峡中最短的一个，入口夔门断崖壁立，是三峡大门，素有"夔门天下雄"之称。峡内有古栈道遗址、风箱峡悬棺、凤凰饮泉、倒吊和尚、犀牛望月等奇观。

巫峡全长46公里,峡长谷深,奇峰突兀,层峦叠嶂,云腾雾绕,江流曲折,峡内有三台八景十二峰。三台是楚怀王梦会巫山神女的楚阳台、瑶姬授书大禹的授书台、大禹斩孽龙的斩龙台,十二峰中以神女峰最著名,峰上有一挺秀石柱,形似婷婷少女。

西陵峡全长120公里,是三峡中最长的峡谷,其中的兵书宝剑峡、牛肝马肺峡、崆岭峡、灯影峡,风光奇异,声名远播。

资料来源:长江三峡 http://www.sanxiatrip.com/introduction

Grand Canyon National Park

Grand Canyon National Park, a World Heritage Site, encompasses 1,218,375 acres and lies on the Colorado Plateau in northwestern Arizona. The land is semi-arid and consists of raised plateaus and structural basins typical of the southwestern United States. Drainage systems have cut deeply through the rock, forming numerous steep-walled canyons. Forests are found at higher elevations, while the lower elevations are made up of a series of desert basins.

Well known for its geologic significance, the Grand Canyon is one of the most studied geologic landscapes in the world. It offers an excellent record of three of the four eras of geological time, a rich and diverse fossil record, a vast array of geologic features and rock types, and numerous caves containing extensive and significant geological, paleontological, archeological and biological resources. It is considered one of the finest examples of arid-land erosion in the world. The Canyon, incised by the Colorado River, is immense, averaging 4,000 feet deep for its entire 277 miles. It is 6,000 feet deep at its deepest point and 18 miles at its widest. However, the significance of Grand Canyon is not limited to its geology.

The Park contains several major ecosystems. Its great biological diversity can be attributed to the presence of five of the seven life zones and three of the four desert types in North America. The five life zones represented are the Lower Sonoran, Upper Sonoran, Transition, Canadian, and Hudsonian. This is equivalent to traveling from Mexico to Canada. The Park also serves as an ecological refuge, with relatively undisturbed remnants of dwindling ecosystems (such as boreal forest and desert riparian communities). It is home to numerous rare, endemic (found only at Grand Canyon), and specially protected (threatened or endangered) plant and animal species.

Over 1,500 plant, 355 bird, 89 mammalian, 47 reptile, 9 amphibian, and 17 fish species are found in park.

资料来源：Grand Canyon National Park
https://www.nps.gov/grca/learn/nature/index.htm

五、案例练习

（1）将下列英语翻译成中文。

Though filled with an astonishing array of geological wonders—geysers, hot springs, fumaroles, canyons, waterfalls—Yellowstone is perhaps most remarkable as a wildlife sanctuary. Protected here are bison, elk, bears, moose, mountain lions, eagles, trumpeter swans, and a host of other animals. The world's first national park, Yellowstone covers more than two million acres (810,000 hectares) and draws thousands of visitors a year.

（2）将下列中文翻译成英语。

凤凰自然资源丰富，山、水、洞风光无限。山形千姿百态，流瀑万丈垂纱。这里的山不高而秀丽，水不深而澄清，峰岭相摩、河溪萦回，碧绿的江水从古老的城墙下蜿蜒而过，翠绿的南华山麓倒映江心。江中渔舟游船数点，山间晨钟暮鼓兼鸣，河畔上的吊脚楼轻烟袅袅，可谓天人合一。

第三节 导游词翻译

一、教学目标

了解导游词的文体特点与风格，积累导游词写作的相关知识，学习和掌握导游词汉译英的策略与技巧。

二、导游词翻译宏观视角

"导游词是供给导游在旅游途中或是景点等地向游客提供有关旅游目的地信息的讲解服务所使用的材料，其主要功能是帮助游客快捷地了解旅游景点的自然风光、民风民俗、本土特产、风味小吃、历史文化古迹与遗产等。从这一点看，它与一般的旅游手册、读物、宣传手册等资料相似。只是它是借导游之口直接说给游客听的，因而具有口语化、简明扼要、通俗易懂的特点。"（金惠康，2006）

将导游词翻译成英语是为了使外国游客能轻松地旅游，并在旅游过程中了解景点背后的中国文化，从而达到推广与传播中国文化的目的。

三、导游词翻译原则

（一）以旅游者为导向

导游词翻译的目的是服务外国游客，把景点的有关信息传达给不懂汉语的旅游者。因此导游词的翻译应该始终以旅游者为出发点。翻译"应该向目的语靠拢，尽量地发挥目的语的优势"（谭卫国 & 蔡龙权，2008）。导游词翻译注重的是交际效果，要更好地服务外国游客，让他们听懂并喜闻乐见，从中获取相关信息和知识，就应该注重译文的实用性。在翻译时可以适当突出文化信息，但以不增加旅游者的理解负担为前提。根据外国游客的文化背景，对中国文化信息可作适当的删减，解释或改动。请看两例：

【例1】原文：秦淮河古名"淮水"，<u>相传秦始皇东巡至金陵时，自江乘渡，依望气者言：凿方山断长龙，以泄金陵王气，故名秦淮河</u>。在远古时代，秦淮河即为扬子江一支流，新石器时代，沿河两岸便人烟稠密，孕育了南京古老文化，有"南京的母亲河"之称。

译文：The Qinhuai River used to be called Huai Water, and was renamed Qinhuai for <u>the legend that Emperor Shihuang, the first emperor of the Qin Dynasty (221 B. C.—206 B. C.) ordered to introduce Huai Water to the city by cutting through a mountain</u>. In fact, it has been a tributary of the Yangtze River since ancient times. As early as the Neolithic Age, it nurtured the early settlers along its banks and was known as the mother river of Nanjing.

分析：原文用一个传说解释了秦淮河名字的来历，这个传说可以增加游览的兴趣，在译文中可以保留，但是其中出现的诸如"望气者""断长龙……以泄金陵王气"这些信息，则需要较复杂的解释才能让外国游客理解，因此译者就将这些信息删掉，把传说的大致意思译了出来。此外，对"秦始皇"这个中国历史人物，加上了简单的解释。

【例2】原文：乐山师范学院始建于1978年，地处世界文化与自然双遗产所在地——乐山。我们现在的位置是学校的主校门，各位可以看到校门正对的是中国著名的大渡河。左右分别是世界文化与自然双遗产乐山大佛和峨眉山。

译文：Leshan Teachers College, founded in 1978, is located in Leshan city which is the home to Leshan Grand Buddha and Mount Emei, the world cultural and natural heritage site <u>named by the UNESCO in 1996</u>.

Now here we are at the main gate of the school, and right across from the gate, we can see the well-known Chinese Dadu River, <u>a part of the Yangtze River</u>. Leshan Buddha, <u>carved out of a huge rock in Tang Dynasty more than 12 hundred years ago sits at the foot of Lingyuan Hill</u> on our left side, and 30 kilometers to our west, towers Mt. Emei, <u>a</u>

famous Buddhist Mountain in China, on our right side. ①

分析：原文中出现的"乐山大佛""大渡河""峨眉山"都是中国读者耳熟能详的名词，但对于外国读者却可能比较陌生。对这些名词，译者都分别加了简单又通俗的解释，这样就能更好地达到导游词的交际效果。

（二）口语化

导游词一般具有通俗易懂、亲切自然的口语风格，因为导游词是直接讲解给游客听的。翻译后的导游词也应该保留口语化的特征，在遣词造句、修辞风格上应该简洁朴实、流畅自然。请看以下两例：

【例3】原文：香港百物俱全，品牌汇聚，消费丰俭由人，为您提供独特的购物体验。从亮丽的大型购物商场，到本土风味浓厚的露天市场，从时尚精品店，到售卖中国传统商品的商店和主题购物区，商品琳琅满目，应有尽有，您可找到最新的设计师品牌服装、电子产品，乃至价格吸引人的古玩古董和珍藏品。

译文：For sheer variety of products and brands in all price ranges, Hong Kong is a unique shopping experience. From glitzy malls to funky street markets, and trendy boutiques to traditional Chinese product stores and themed shopping districts, you can find everything from the latest designer fashions and electronic gadgets to best-value antiques and collections. ②

分析：原文的"香港百物俱全，品牌汇聚，消费丰俭由人"，译为一个非常口语化的短语：For sheer variety of products and brands in all price ranges；原文的"商品琳琅满目，应有尽有"，被译为口语化的句子：you can find everything。

【例4】原文：在外滩沿江的那些百年建筑中，和平饭店双姊楼一直是一道流光溢彩的风景，令众多游客流连忘返。

原译：Among all the century-old buildings standing along the Bund area, the two towers of the Peace Hotel are always the most eye-catching scene which made many visitors linger on.

改译：The Peach Hotel is standing alongside the Bund. Its eye-catching scene always makes many tourists stop and enjoy for a while. ③

分析：原译将原文译成一个包含29个单词的复杂句，不太符合口语化的特征，而且用到了century-old，linger on这样比较书面化的词语。改译则是两个简单句，用词更加通俗。

---

① 夏康明，范先明：《旅游文化汉英翻译概论—基于功能目的论视角下的跨文化旅游翻译研究》，中国社会科学出版社2013年版。

② 夏康明，范先明：《旅游文化汉英翻译概论—基于功能目的论视角下的跨文化旅游翻译研究》，中国社会科学出版社2013年版。

③ 丁大刚：《旅游英语的语言特点与翻译》，上海交通大学出版社2008年版，第115页。

（三）现场感

导游词最集中出现的场合便是景点的讲解阶段，现场感是导游词非常突出的一个特点。现场感可以依靠一系列的表达手段来实现，比如指示现场时间、地点的副词、现场导引语、设问等。在翻译中应该保留这种特征，比如下面两例中的"we'll soon enter…""we are passing…"等。

【例5】原文：各位游客，离开都江堰市，我们就要进入川西北高原地区，来到阿坝藏族羌族自治州了。

译文：Ladies and Gentlemen, after leaving Dujiangyan City, we'll soon enter the Northwest plateau of Sichuan and reach the Ngawa/Aba Tibetan and Qiang Autonomous Prefecture. ①

【例6】原文：坐在车窗边的朋友可能已经发现我们正经过被称为"中国第一环保水库"的紫坪铺水利枢纽工程。②

译文：Those sitting by the window have probably noticed that we are passing by Zipingpu Water-Control Project, China's first environmental protection reservoir.

除了依靠引导性和指示性的词汇，导游词还可以针对游客的文化背景和心理特点，适时灵活地对原文进行一些处理，拉近与游客之间的距离，调动现场的气氛。以下就是灵活塑造现场感的一个经典例子：

【例7】原文：故宫耗时14年，整个工程于1420年结束。

To Americans：The construction of the Forbidden City took 14 years, and was finished in 1420, 72 years before Christopher Columbus discovered the new world.

To Europeans：The construction of the Forbidden City took 14 years, and was finished in 1420, 144 years before Shakespeare was born. ③

分析：译者为了营造导游词的现场感，在对美国游客讲解时，加入了他们熟悉的哥伦布发现新世界的典故，在对欧洲游客讲解时，增加了他们熟悉的莎士比亚的典故，可谓非常灵活。这样处理就有效拉近了游客与中国文化的距离，增加了游览的兴致。

四、平行文本

（一）华东黄金旅游观光涉外导游词汉英对照

各位游客，你们好！首先请允许我代表旅游公司的全体员工对大家前来华东黄

---

① 夏康明，范先明：《旅游文化汉英翻译概论——基于功能目的论视角下的跨文化旅游翻译研究》，中国社会科学出版社2013年版。

② 夏康明，范先明：《旅游文化汉英翻译概论——基于功能目的论视角下的跨文化旅游翻译研究》，中国社会科学出版社2013年版。

③ 夏康明，范先明：《旅游文化汉英翻译概论——基于功能目的论视角下的跨文化旅游翻译研究》，中国社会科学出版社2013年版。

金旅游观光线观光旅游表示热忱的欢迎!

此次华东之旅,行程十二天,将游览南京、扬州、镇江、无锡、苏州、上海、杭州、千岛湖和黄山,共七个城市和名山名湖各一。路线较长,旅途比较辛苦,我们司陪将本着"宾客至上,服务第一"的宗旨,尽心尽力做好服务工作,同时也希望我们的工作能够得到各位游客的支持和配合,促进我们提高服务质量,从而使大家吃得满意、住得舒适、玩得愉快、走得顺利,诚信而来,满意而归。

游客们,华东地区旅游资源丰富,人文景观独特。这里是"江南玉米之乡,山清水秀之处,历史文物之都,名人荟萃之地"。从区域来讲,包括六省一市,从线路来说,江浙沪连同千岛湖、黄山,这条都市风光线与名山名水线融为一体的景观,是国内旅游的最佳线路。

华东之旅,除传统的风景名胜游、文物古迹游、佛教文化游、都市观光游、休闲度假游之外,还有许多独具特色的旅游项目可供选择。

如"江南水乡及都市观光游"。江南水乡以苏州和杭州为胜,历来有"上有天堂下有苏杭"之誉;都市风光以上海大都市为主,三地相连,交通便捷,也叫"小华东之旅",这一带,太湖风光烟波浩渺,西湖秀色清波涟漪,数百园林争奇斗艳,亭台楼阁瑰丽多姿,更有浦东新区拔地而起,金茂大厦傲视江滨,东方明珠直上云霄……这些都是华东旅游的精华。

还有"江南园林及山水风情游"。江南园林是中国园林的一大流派,它"不出城郭而获山水之怡,身居闹市而有泉林之致",巧用借景,将真山真水融入其中,南京的瞻园、扬州的个园、无锡的蠡园、苏州的留园和拙政园、吴江同里的退思园、上海的豫园、杭州的郭庄等。无不景中有景,妙趣天成。"山外青山楼外楼",点出了江南的群山有层次、园林有格局的特色。

最后还有推荐一下"江南美食游"。江南佳肴,色香味形驰名中外。美食种类繁多,异彩纷呈,处处飘香,南京板鸭、无锡酱排骨、苏州松鼠鳜鱼、上海浦东鸡、杭州东坡肉、阳澄湖大闸蟹,无不让您一尝为快,大饱口福!

各位游客,今天大家来到华东,其悠久的历史、璀璨的文化等待着您去领略;秀丽的风光、美好的山水期盼着您去欣赏,但愿华东黄金旅游线之旅能够成为您的度假天堂。

最后预祝各位旅行期间身体健康、万事如意。谢谢!

Ladies and Gentlemen, good day! Please allow me, on behalf of our tourist company, to extend a warm welcome to you!

Our East China tour will last 12 days, covering 7 cities and 1 famous mountain and 1 famous lake, that is, Nanjing, Yangzhou, Zhenjiang, Wuxi, Suzhou, Shanghai, Hangzhou, and 1000-Islet Lake and Mt. Huangshan or the Yellow Mountain. This is a quite long tour and it calls for a good balance between sightseeing and relaxation. The driver and I are both here to work closely and serve you in the best possible way. We look forward to your support and cooperation. And we do hope you will enjoy your trip all the way here and back home.

Ladies and Gentlemen, let me give you a short description of East China and highlights of some of the cities we are going to visit. East China enjoys rich tourist resources and unusual tourist attractions. It is known as the "home of fish and rice, a resort with natural landscape, an area of historical and cultural heritage, and a place for gathering famous people". Geographically, East China includes 6 provinces and 1 municipality directly under the Central Government. In terms of the tourist route, it is perhaps the best tour route for domestic sightseeing. For it integrates modern cities and water towns with scenic lakes and noted mountains in Jiangsu, Zhejiang, Shanghai as well as 1000-Islet Lake and the Yellow Mountain.

For the East China tour, we offer traditional programs such as a landscape tour, cultural heritage tour, Buddhist cultural tour, metropolitan tour, leisure and holiday tour, and many more SITs.

Take the "Jiangnan water town and metropolitan tour" for example. One finds the best Jiangnan water towns in Suzhou and Hangzhou, which represent typical features of the Jiangnan region noted for its fertile land and crisscross canals, lakes and rivers. It's always been known by the time-honored saying, "Above is paradise, below are Suzhou and Hangzhou". The metropolitan tour refers chiefly to the city tour of Shanghai. These three cities are close and accessible to each other. The tour of the cities is locally known as the "Lesser East China Tour". The real highlights are the visit to the vast Taihu Lake in Suzhou, the rippling West Lake in Hangzhou, garden cities decorated with a rich variety of pavilions, terraces, and towers, the skyline of Pudong New Area, the 88-storied Jinmao Tower overlooking the river, and the oriental Pearl Tower piercing the clouds.

Another example is the "Jiangnan garden and landscape tour". Jiangnan gardening is one major school of Chinese landscape gardening. One can appreciate the beauty of hills and water without going outside the city walls and enjoy the serenity of springs and woods while living in the downtown. One of the gardening techniques is to make clever use of borrowed views. It integrates outside views of natural landscape with those inside the garden. This art of gardening can be found in Zhan Garden in Nanjing, Ge Garden (Bamboo Garden) in Yangzhou, Li Garden in Wuxi, Lingering Garden in Suzhou, Tuisi (Retreat and Reflection) Garden in Tongli (Wujiang), Yu Garden in Shanghai, and Guo's Villa in Hangzhou. All these gardens feature a scene within a scene as if created by nature. The poetic line "hill beyond hill and tower beyond tower" shows natural hills range after range and the artistic layout of landscaped gardens.

Last but not least, I'd like to recommend the "Jiangnan Gourmet Tour". Special food in Jiangnan is famous for its color, fragrance, taste, shape and variety. There are the pressed salted duck of Nanjing, Wuxi style spare ribs braised in brown sauce, the squirrel-like mandarin fish of Suzhou, the Pudong chicken of Shanghai, the Dongpo pork of Hangzhou (after the poet), the hairy crab of Yangcheng Lake, to name but a few. I'm sure you will eat to your delight.

Ladies and Gentlemen, East China and its history, culture and scenic beauty are beckoning you. I hope the golden tour of East China will be your paradise for travel, leisure and holiday.

Finally, enjoy your trip. Thank you![1]

（二）伦敦塔导游词英汉对照

Good Morning! Welcome to the Tower of London. As Henry the Helpless, a guard here at the lovely Tower of London, I will be your tour guide for today. I hope you're here for a short visit to learn a little about the history of this amazing structure, not for an extended stay behind our prison walls.

The Tower of London has a very interesting story behind it. It was begun by a man who was not even English, William of Normandy. At the time he was the cousin of England's King Edward. It all started because William became outraged when Edward backed down on his promise to give the throne to William and ended up giving the throne to his English brother-in-law, Harold. William sailed his army across the English Channel to conquer England. On October 14, 1066, he met Harold at Hastings and conquered him. On Christmas Day later that year, William—now called William the Conqueror—was crowned King of England. Immediately after William took over as king, he built forts everywhere. One stood in the southeastern corner of London, near an old Roman wall on the north bank of the Thames River. William ordered that this fort be removed in 1078 to be replaced by a huge stone stronghold. This would be the "symbol of his power, a fortress for his defense, and a prison for his enemies". He named it the Tower of London.

…

Now that I've introduced you to the history of our famous Tower, maybe you'd like to take a tour.

早上好！欢迎来到伦敦塔。作为可爱的伦敦塔的一名卫兵，我今天将要作您的导游。希望您是来此做短暂的旅行，了解一点有关这座建筑奇观的历史，而不是打算在我们的高墙内做长久的停留。

---

[1] 夏康明，范先明：《旅游文化汉英翻译概论——基于功能目的论视角下的跨文化旅游翻译研究》，中国社会科学出版社2013年版。

伦敦塔的背后隐藏着一个非常有趣的故事。一切始于诺曼底的威廉，他连英国人都不是。当时，他是英格兰国王爱德华的表弟。爱德华违背诺言，没有把王位传给威廉，而是给了他的英国内弟哈罗德。威廉怒不可遏，于是他把军队开过英吉利海峡，开始征服英格兰。1066年10月14日，他在黑斯廷战败了哈罗德。那年的圣诞节，威廉——现在成为征服者威廉——被加冕为英国国王。威廉登上王位之后，大肆修筑堡垒。其中一个堡垒位于伦敦的东南角，在泰晤士河北岸的一个罗马墙附近。1078年，威廉下令推倒这座堡垒，重新用石头建造一座巨大的堡垒。这是"他权力的象征，防御的要塞，敌人的监狱"。他为其取名为伦敦塔。

……

现在，我已经给您讲完了我们著名的伦敦塔的历史，也许您希望进去参观一番。①

五、案例练习

（1）将下列英语翻译为中文。

This afternoon we visit Mayers Ranch. Leaving Nairobi, past hundreds of colorful farm holdings, the road emerges from a belt of forest to reveal the most magnificent valley in the world. The Great Rift Valley… We wind our way to the base of the Valley…before proceeding to Mayers Ranch where we are treated to an awesome display of traditional Masai dancing. You will be able to watch from close-up, the legendary Masai enact warlike scenes from their past.

These warriors are noted for being able to leap high in the air from a standing position. The experience is truly a photographer's delight. After English Tea on the lawn of the Ranch house we return to Nairobi.②

（2）将下列中文翻译为英语。

有人说，进了八大关，如同游览欧洲，此说不虚。这里既有德、日、美、俄、奥式建筑风格，又有意大利、希腊、丹麦和西班牙的建筑艺术，真是精彩纷呈，令人目不暇接。这些建筑可以说找不出两幢是相同的，每座别墅从设计到建造都独具匠心，但从内部结构看，又有许多共同之处，即豪华、典雅。③

---

① 丁大刚：《旅游英语的语言特点与翻译》，上海交通大学出版社2008年版，第118页。
② 丁大刚：《旅游英语的语言特点与翻译》，上海交通大学出版社2008年版，第131页。
③ 彭萍：《实用旅游英语翻译（英汉双向）》，对外经济贸易大学出版社2016年版，第82页。

第五章 商务翻译

第一节 产品说明书翻译

一、教学目标

本节旨在以国内外说明书为学习文本,向学生介绍产品说明书的特点及其语言风格,使学生对英汉产品说明书的差异有较为清晰的认识,从而与相关翻译理论结合,掌握产品说明书的翻译方法和技巧。

二、产品说明书翻译宏观视角

(一)谁在对谁说话?

随着经济全球化的不断发展,全世界范围内的商品流通越来越频繁。因此,为了更好地促进产品流通、经济交流,说明书的翻译越来越受到人们的重视。所谓说明书,是"介绍物品性能、规格、使用方法的实用性文体"[1],包括产品说明书、用户手册、操作手册等。好的说明书,不但能够有效地传达产品相关的信息,如:成分、性质、使用方法等;还能在无形之中为产品广告、宣传,扩大产品的知名度、认可度,进而达到提升销售的目的。

(二)说什么?

说明书是生产厂家为消费者提供的一种书面形式的服务,旨在提供产品相关信息,树立企业良好形象,广而告之产品特色,最终进一步促进销售。就展示形式而言,说明书包括说明手册,说明插页,说明标签等。就产品用途而言,说明说包括食品类说明书、家用电器类说明书、化妆品类说明书、机械装备类说明书、书籍类说明书等。在说明书的翻译过程中,要充分考虑说明书的宗旨和说明书的文体特点,采取相应的翻译策略。

(三)何时?何地?

如今全世界范围内的商品流通越来越频繁。因此,可以说有商品的地方就有说明书。

---

[1] 李运兴:《汉英翻译教程》,新华出版社 2006 版,第 198 页。

(四) 为什么?

说明书是实用性很强的应用文本。说明书主要用来介绍产品的成分、特点、性能和使用方法等,此外还有广告宣传的作用。一般而言,说明书语言简洁凝练,结构逻辑严谨,表达明确客观。在说明书的翻译过程中,要尽可能地在有效传递信息的基础上,再现说明书的文体特色和风格。

三、产品说明书翻译原则

(一) 使用简单句

说明书的受众是使用产品的消费者。为了兼顾不同教育背景和理解力的消费者,说明书常用简单句。因此,翻译时,在完整传递信息的同时要尽量简化句子结构。如:

【例1】Our rosehip expertise ensures the finest quality oil with minimum 80% essential fatty acid (omega 3 and 6) and fatty acid (omega 9) content. (Trilogy Certified Organic Rosehip Oil)

原译:趣乐活作为玫瑰果油专家对于我们的玫瑰果油有极高的标准,当中必须含有80%的必需脂肪酸欧米伽3和欧米伽6和脂肪酸欧米伽9[①]

改译:玫瑰果油专家趣乐活为您呈现最优质果油,其必需脂肪酸欧米伽3和欧米伽6和脂肪酸欧米伽9含量不少于80%。

分析:原文为扩展简单句,介绍了产品的成分特征。译文较为完整地传达了原文的信息,但稍显啰嗦生硬。再如:

【例2】Individual results may vary. (Trilogy Certified Organic Rosehip Oil)

译文:结果因人而异。

分析:产品说明书客观、正式,原文中用了情态动词"may",在翻译时省译该词,处理成"结果因人而异"。

只含一个主谓结构且句子各成分由单词或短语构成的简单句在说明书中的出现频率非常高,在翻译时,译者可以适当使用简单句,增加说明书译文的可读性。

(二) 使用祈使句

产品说明书是生产者向消费者介绍产品成分、用途、性质、使用方法、保养维护、注意事项等等内容而撰写的简洁、明确的文字材料,是一种常见的说明文。在介绍产品使用方法时,常用祈使句。如:

【例3】Gently massage 2~3 drops into face/body morning and/or night. Apply to young scars only once the wound has completely healed. Do not apply to broken skin. (Trilogy Certified Organic Rosehip Oil)

原译:取2~3滴玫瑰果油在脸上或身体上轻轻按摩。每天早晚根据需要使

[①] https://www.trilogyproducts.com/cn/products/certified-organic-rosehip-oil-45ml 2018-12-07.

用,可以单独使用或与面霜、乳液、身体乳混合使用。请不要在破损肌肤上使用。

改译:早晚取 2～3 滴玫瑰果油在面部/身体上轻轻按摩。本产品可用于淡化疤痕,但需注意不要在破损肌肤上使用。

分析:原文介绍了产品的使用量,使用时间,使用方法以及注意事项。译文基本上传达了原文的信息,但较为啰嗦、不够简洁。再如:

【例4】 Lightly mist onto face or mist into hands and gently press onto the skin. (Jurlique Lavender Hydrating Mist)

译文:轻轻喷到面部或手部,温和按压至皮肤吸收。

分析:原文是典型的英语祈使句,提出产品使用的建议、劝告等。中文说明书也常用祈使句,因此,直译即可。再如:

【例5】 WARNING: Keep out of eyes. Stop use if irritation occurs. Keep out of reach of children. (ESTEE LAUDER CyberWhite)

译文:注意事项:使用时避开眼睛。如有过敏,暂停使用。请放置在儿童接触不到的地方。

分析:原文中"warning"一词大写,醒目地提醒消费者要注意的事项。翻译时,可用祈使句、或者加粗字体等将这种警告、提醒的语气充分体现出来。

当然并不是所有说明书内容都使用祈使句,祈使句常用在产品使用方法和产品注意事项中。因此,说明书产品使用方法和注意事项英译时,可以适当使用祈使句,以达到告知、警示等目的。

(三) 主被动句转换

英语分为主动语态和被动语态。主动语态的主语是动作的执行者,而被动语态的主语则是动作的承受者。在说明书中,由于动作的执行者不确定,所以常常使用被动语态。如:

【例6】 Results obtained by expert clinician's assessment Twice daily use on 10 women over 12 weeks. (Trilogy Certified Organic Rosehip Oil)

译文:临床实验结果由十位女性每日两次,使用12周后得出。

分析:原文运用被动句客观、清晰地介绍了实验的条件。然而,汉语中使用被动句的频率远低于英语。因此,译文将被动转为主动,更加符合汉语表达习惯。再如:

【例7】 The carton is manufactured from recycled and sustainably sourced fibre. Please recycle. (Jurlique Lavender Hydrating Mist)

译文:本产品包装盒由可回收可持续利用的纤维制造。请循环使用。

分析:英文说明书中常用被动语态以避免具体提及动作的执行者。因此,说明书汉译时可以化被动为主动,说明书英译时则可以化主动为被动。

英语中被动语态出现的频率要比中文里高得多,但要注意,这并不意味着被动语态可以随意使用。译者应该在需要的场合使用被动语态,不能为了被动语态而被动语态。

（四）不完整的句子

说明书篇幅有限，如何在有限的篇幅介绍产品的成分、使用方法、注意事项等等是值得译者深入思考的问题。不管是英文说明书还是中文说明书，常常会在包装盒上使用不完整的句子，突显关键词。如：

【例8】Certified organic golden seed oil（Trilogy Certified Organic Rosehip Oil）

译文：有机认证玫瑰果油

分析：原文强调产品是经过临床验证的，有机的果油。翻译时应将认证这一个特点突显出来。

改译：认证有机玫瑰果油

对于不完整的句子，不论是英译，还是汉译，都要尽可能地突显关键词。如：

【例9】Proven to improve the appearance of scars and stretch marks.（Trilogy Certified Organic Rosehip Oil）

译文：临床研究表明本产品能够有效改善疤痕和妊娠纹等。

分析：原文省略了主语，为不完整的句子。翻译时，将完整信息译出更符合汉语表达规范，信息更加完善。因此，在翻译不完整的句子时，如果这些不完整的句子会给消费者带来理解上的困惑，则需要采用增译的策略，使信息更为完善、清楚。

（五）使用缩写词

正如上文所说，说明书篇幅有限。因此，为了在有限的篇幅中尽可能地传达产品相关的信息，除了使用不完整的句子，在说明产品成分时，还常常使用缩写。如：

【例10】Ingredients：Aqua（Water），SD Alcohol 40-A（Alcohol Denat.），PEG-7 Glyceryl Cocoate, Althaea officinalis（Marshmallow）Root Extract, Fragrance/Parfum, Sodium Hydroxymethylglycinate, Lactic Acid, Citrus Grandis（Grapefruit）Seed Extract, Linalool, Limonene.（Jurlique Lavender Hydrating Mist）

译文：成分：水，SD乙醇40-A（工业酒精），聚乙二醇，葵类（药蜀葵）根部萃取物，香水/香精，N-羟甲基甘氨酸钠，乳酸，柑桔（葡萄柚）种子萃取物，芳樟醇，柠檬油精。

分析：以上SD和Denat.都是缩写，全称分别为specially denatured和denatured。在说明书成分汉译时也可用缩写词，以便节省篇幅。

（六）大写的使用

产品说明书上的每一个信息都是重要的。大写和加粗是说明书撰写时强调重中之重的常用方法。因为大写和加粗都会使信息醒目、郑重、清晰，能够有效地吸引人的注意力等等。长篇大写字母常用来书写警告语。因此，在英文说明书汉译时可以将关键信息加粗，在中文说明书英译时则可大写。如：

【例11】 TO ENSURE ADEQUATE PROTECTION, CANCER COUNCIL RECOMMENDS ALL SUNSCREENS BE RE-APPLIED EVEERY TWO HOURS OR AFTER SWIMMING, EXERCISING AND TOWEL DRYING. (Cancer Council Everyday Sunscreen)

译文：为了起到充分的防晒作用，茜茜尔防晒霜提醒您**每两小时补涂一次，游泳、运动后擦干身体，及时补涂。**

当然，除了大写、加粗之外，也可以通过字体的变换来达到警醒的作用。

四、平行文本

（一）获取专业知识

翻译属于语言输出，而输出的前提是有足够的输入，因此，要想准确快速地进行说明书的中英互译，一定要多读说明书，了解说明书的行文特点。

（二）掌握专业术语

以下是说明书中常用的一些词汇：

ingredients/composition	成分
precautions/warnings	注意事项
directions/how to use this product	使用说明
storage	储藏方式
guarantee period	保修期
specification	规格
sample	样品
size	规格
functions	功能
net content	净含量
shelf life	保质期

五、案例练习

翻译下列说明书：

（1）胖胖瓜子仁。

本品选用中国特产天然无壳南瓜子为原料，富含人体所需之营养成分和微量元素，经独特工艺处理，外形晶莹饱满，风味脆香可口。为理想之保健旅游佳品，堪称"天下一绝"。

配料：天然无壳南瓜子、食盐、天然调味品。

贮藏：低温、干燥

保质期：七个月

生产日期：见封口处

(2) The product features simple operation and easy maintenance.

(3) The product is smooth in operation, convenient for installation, adjustment and maintenance.

第二节 商务合同翻译

一、教学目标

本节旨在以国内外商务合同为学习文本，向学生介绍商务合同的特点及其语言风格，使学生对英汉商务合同的差异有较为清晰的认识，从而与相关翻译理论结合，掌握商务合同的翻译方法和技巧。

二、商务合同翻译宏观视角

（一）谁在对谁说话？

《中华人民共和国合同法》第二条规定：合同是平等主体的自然人、法人、其他组织之间设立、变更、终止民事权利义务关系的协议。由此可见，合同得到法律认可，具有法律效应。就形式而言，合同分为书面合同、口头合同和其他形式的合同。本章讨论的合同为书面商务合同。

（二）说什么？

合同的存在是为了规定合同当事人各方的债务和债权关系，以合法且平等地进行交易。刘宓庆（1998）认为，合同具有条理性，纪实性和规范性。所谓条理性，指合同文本逻辑严密且语言体式清楚明了，条理十分清楚。所谓纪实性，指合同言而有实。而规范性则是指语言和表达的内容符合行业的要求，符合专业的标准。[1]

（三）何时？何地？

商务合同属于法律文书，有其独特的文体特征。总结言之，就词汇而言，商务合同词汇得体、专业、规范、准确，体现在正式用语、专业术语、旧体词及同义词语的使用；就句法而言，商务合同陈述句为绝对主体，复合句居多，被动句相对而言也比其他文本多。[2] 因此，翻译商务合同时要把握两个原则，一是"忠实"原则，即要在深入透彻理解原合同的基础上，尽可能地保留合同的文体特征；二是

---

[1] 刘宓庆：《文体与翻译》，中国对外翻译出版社2007版，第212页。
[2] 胡庚申，王春晖，申云桢：《国际商务合同起草与翻译》，外文出版社2002版，第46页。

"规范"原则,商务合同有其独特的文体特征和规范,在翻译的过程中,译文要符合行业及专业规范。

(四)为什么?

中国加入 WTO 后,对外开放不断扩大,国际商务活动越来越频繁。国际间的商务活动、交流等都离不开合同。经济活动活跃的同时带来了一些涉外经济纠纷。其中不少纠纷是由于合同文字引起的。因此,要避免类似的纠纷,就要更加重视商务合同的翻译。

三、商务合同翻译原则

(一) 合理使用旧体词

作为对双方当事人有同等约束力的法律性文件,合同要求用词准确、严谨,条理清晰、规范。为了避免误解和歧义,不论是中文合同,还是英文合同,采用的都是正式且行文严谨、措辞准确的表达。就英文合同而言,正式的英文合同通常句式结构复杂,措词常常使用现代英语中较少使用的旧体词,也叫古英语词。英语商务合同中常见的旧体词有:以 "here" "there" "where" 等为前缀加上一个或几个介词构成的复合副词,如: hereby, hereof, hereunder, thereof, thereto, whereas 等。旧体词的使用能够有效避免重复、误解、歧义,同时能够使合同的行文更加简洁、准确、严密、规范。因此,掌握旧体词是商务合同英汉互译的重要前提。英文商务合同中常见的旧体词如下:

1. 以 here 为前缀的复合副词: hereby, hereof, hereto, herein, hereunder 等

(1) **Hereby**:"特此""因此""兹""在此",常用在法律、合同、协议书等正式文件的开头语中。在合同条款中,若需要特别强调时也可使用,表示当事人借此合约,要宣示某种具有法律效力的"意思表示",如保证、同意、放弃权利等,常放在主语后。如:

【例1】 Party A hereby covenants and warrants that...

译文:甲方在此保证……

分析: hereby 在此意为 by this agreement,译为"甲方在此保证"。再如:

【例2】 All parties hereby agree that...

译文:所有当事人在此同意……

分析: hereby 在此意为 by this agreement,译为"所有当事人在此同意"。

Hereof:"关于此点""在本文件中",指上文已经提及的"本合同的、本文件的……",常放在要修饰的名词的后面。如:

【例3】 to take effect on the date hereof

译文:于本(合同、协议……)之日期生效

分析: hereof 在此意为 to take effect on the date of this contract/agreement/....。

再如：

【例4】the headings of the sections hereof

译文：本（合同、协议……）各条款之标题

分析：hereof 在此意为 the headings of the sections of this contract/agreement/…

（2）**Hereto**：''至此''"在此"，指上文已提及的''本合同的……本文件的……''，常放在要修饰的名词后面。如：

【例5】both parties hereto

译文：本（合同、协议……）之当事人双方

分析：hereto 在此意为 both parties to this contract/agreement/…再如：

【例6】items specified in Attachment II and hereto

译文：本（合同、协议……）之附件II所列之各项。

分析：hereto 在此意为：items specified in Attachment II to this contract/agreement/…。

（3）**Herein**：''此中''"于此"，指上文已提及的''本合同（中）的……，本法（中）的……''等，常放在所修饰词后。如：

【例7】to file a suit in the court agreed to herein

译文：向当事人于本（合同、协议……）中同意管辖的法院提起诉讼

分析：herein 在此意为 to file a suit in the court agreed to in this contract/agreement/…再如：

【例8】to follow the terms and conditions herein

译文：遵守本（合同、协议……）所规定的条件

分析：herein 在此意为 to follow the terms and conditions in this contract/agreement/…

（4）**Hereunder**：''在本合约内''"依据本合约"。如：

【例9】obligations hereunder

译文：本（合同、协议……）内的义务

分析：hereunder 在此意为 obligations under this contract/agreement/…再如：

【例10】rights granted hereunder

译文：依本（合同、协议……）所赋予的权利

分析：hereunder 在此意为 rights granted under this contract/agreement/…

2. 以 there 为前缀的复合副词：thereof, therein, thereto, thereunder 等

（1）**Thereof**：''关于''"在其中""由此"。如：

【例11】This contract is written in the English language. In case of any discrepancy between the English version and any translation thereof, the English text shall govern.

译文：本合同用英语书写。若英文版本与译本之间有任何冲突，应以英文版本协议为准。

分析：句中''thereof''从上下文判断意为''the English version and any translation of the English version", 即 thereof 一词代替 of the English version。与以 here 开头的词如 hereof 的理解方法类似。

(2) **Therein**："在那里""在那点上""在那方面"，指上文已提及的"合同中的""工程中的"。如：

【例12】 the agreement or any part thereof

译文：协议或协议的任何部分

分析：thereof 在此意为 the contract or any part of the contract。

(3) **Thereto**："随附""附之"。如：

【例13】 "Contract Products" means the products specified in Appendix 1 to this Contract, together with all improvements and modifications thereof or developments with respect thereto.

译文："合同产品"系指本合同附件 1 中规定的产品，以及与之相关的所有改进、修改或开发。

分析：句中 thereto 意为 or developments with respect to the developments。

(4) **Thereunder**："在其下""依照"。如：

【例14】 The Borrower fails to pay any amount payable thereunder.

译文：借款人未能支付根据本协议应支付的任何款项。

分析：句中 any amount payable thereunder 意为 any amount payable under the contract。

3. 以 where 为前缀的复合副词：whereas, whereby 等

(1) **Whereas**："鉴于"，常用于合同、协议的引言部分以引出合同双方订立合同的理由或依据，即"鉴于条款"。如：

【例15】 Whereas Party A desires to use the Patented Technology of Party B to manufacture and sell the Contract Products

译文：鉴于甲方希望利用乙方的专利技术制造并销售合同产品。

【例16】 鉴于甲方愿意聘请乙方，乙方同意受聘为甲方的常年法律顾问。合同双方特此达成如下协议：

译文：Whereas Party A is willing to employ Party B and Party B agrees to work as the long-term legal consultant of Party A, it is hereby mutually agreed as follows：

(2) **Whereby**："凭此协议""凭此条款"，常用于合同协议书中以引出合同当事人应承担的主要合同义务。如：

【例17】 A sales contract refers to a contract whereby the seller transfers the ownership of an object to the buyer and the buyer pays the price for the object.

译文：买卖合同，是指出卖人将物的所有权转让给买受人，买受人支付价款的合同。

分析：句中 whereby 意为 a contract by which the seller transfers…。

为了正确地使用古旧词，译者应不断加强中英文合同相关专业术语的输入，知晓合同、协议的书写规则。

（二）使用成对词和近义词

成对词和近义词在合同中出现的频率很高。在日常英语中，有些成对词和近义词有时可以互换，但在合同中不能随便互换，因为这些词表达的权利和义务有一定的区别。只有清楚地辨别它们，才能避免歧义与误解。大体上，成对词和近义词可以分为两类，第一类是词义基本相同的词，第二类是词义有明显差异的词。

同义的成对词和近义词在合同中使用时，尤其连用时，它们的词义都取其同义，旨在准确完整地表述意思。以保持合同在法律上的严肃性，避免争议的产生。这符合签订合同的目的。如：

【例18】The heading and marginal notes in these conditions shall not be deemed part thereof be taken into consideration in the in terpretation or construction thereof or of the contract.①

译文：本合同条件中的标题和旁注不应视为合同本文的一部分，在合同条件或合同本身的理解中也不应考虑这些标题和旁注。

分析：此句中的"interpretation"和"construction"意思均为"理解，解释"。再如：

【例19】Party A shall no longer be responsible or keeping secret and confidential the part already published.

译文：甲方不再承担已经被公开部分的保密义务。

分析：句中的"secret"和"confidential"均为"秘密"。再如：

【例20】The terms and conditions of this Contract shall extend to and be binding upon and insure to the benefit of the parties hereto and their permitted successors and assigns.

译文：该合同条款对本合同双方、其继受人以及允许的受让人均有约束力，且为其利益而订立。

分析：这里的并列结构"terms and conditions"均表示（合同，协议，谈判等中的）条款。合同中的"Terms"通常指的是有关款项条款，如货款、成本、佣金等方面的规定。而"conditions"不一样，它指的是不同情况、条件。这两个词在此连用表示合同条款。

至于有差异的同义词，既然同义词在合同中含有微小差异，那么他们成对连用时就涉及到很多情况。如：

【例21】The period of one year specified in the preceding paragraph shall not be suspended or interrupted.

---

① 张法连：《法律英语翻译教程》，北京大学出版社2016版，第178页。

译文：前款所述的一年期限不得终止或中断。

分析：此句中，如果只用"suspend"，那就意味着某些权利中途可以终止，一年之内可以重计。而如果只用"interrupt"，其意思是某些权利可以中途终止，但剩余的期限可以继续在以后计算。但用"suspend or interrupt"就更加准确完整，这就可以清楚表明此类权利一年之内不能以任何形式终止。再如：

【例22】For the damage or loss due to natural causes within the responsibilities of the ship-owner or the underwriter, the Seller shall not consider any claim for compensation

译文：由于在船东或保险人责任范围内发生的损害或损失，卖方不考虑任何索赔。

分析：一般地，"damage"表明实值受到损坏，而"loss"表示全损。根据国际货物运输保险惯例，有些保险承保货物的全损，而有些只承保部分损失。关于合同中当事人的利益，此句用了"damage or loss"两个同义词来表述。这一连用表明合同的正式性、明确性。使当事方的权利与义务更清晰明了。

（三）专业术语

法律术语的来源非常丰富，主要可以分为四类。第一类为创新性法律术语。在全球化及新科技的影响下，众多新的社会现象已不能被原来的常规字词适当表达，于是出现大量新词、新字。如：contract and responsibility system（承包经营责任制）、computer crime（计算机犯罪）。第二类为转换型法律术语。这类术语由民族共同语的一般词汇成员转化而成为法律术语。如："告诉"一词，作为一个法律专业术语，既改变了原来的词义，又改变了原来的语音形式。第三类为外来型法律术语。社会的不断发展和国际交往的日益频繁，我国的法制必然需要进一步完善发展，这就需要借鉴援引其他法制较完善的国家的立法经验，适时的援引其他国家法律活动中经常使用的法律术语。例如：破产、专利、法人、知识产权等。在英语语言中，除吸收现代各国相关的新的法律术语外，外来法律术语来原主要是法语和拉丁语。如法语的 statute（法令）、assize（巡回审判）、warrant（搜查令）；拉丁语的 de facto fort（事实上的侵权行为），proviso（限制性条款）。第四类为沿用型法律术语。语言在社会发展的任何阶段都是交际工具，它一视同仁地为社会服务。因此，它的一些基本符号从古沿用至今。法律条文中同样也选用了一些旧的包括古代的法律术语。如：自首、大赦、诉状等。英语中的 exile（流放）、ransom（赎金）、summons（传票）等。社会继承和使用这些旧的法律术语是因为它们在长期的使用中已具备了为人们所公认的特定的含义，没必要舍近求远重新创造新的法律术语。

除了单词，还有一些常见的术语表达，如：In witness whereof/In testimony whereof，意为"以此为证，特立此证"。如：

【例23】我方于2018年5月5日签署本文，特此证明。

译文：In witness whereof, we have hereto signed this document on May 5, 2018.

分析：在这里"特此证明"可以译为"in witness whereof"。再如：

【例24】李明已于2018年12月15日离开本公司，双方同意终止劳动合同，特立此据。

译文：In witness whereof, Li Ming left our company and agreed to terminate the employment contract on December 15, 2018.

此外，Know All men by these presents 也是合同常见的术语表达，如：

【例25】根据本文件，兹宣布，工商银行（注册地址：东莞麻涌）（以下简称：银行）向业主立约担保支付30000元人民币的担保金。

译文：Know All Men by these represents that we, Industrial and Commercial Bank of China having our registered office at Machong Dongguan (hereinafter known as "the Bank") will be bound unto the employer, in the sum of 30,000RMB for which payment well and truly to be made to the Employer.

译者只有不断地积累相关的法律术语，才能在合同的翻译中如鱼得水。

（四）防止漏译，认真审校

商务合同和协议是当事双方就某一商业活动协商签署的合同或达成的协议，对双方都具有约束力，属于法律性公文。尽管这类公文的种类很多，但其格式及行文相对来说较为统一，语言精练，内容缜密。在英译商务合同和协议时，要特别注意格式的统一、语言的精炼及内容的缜密。否则，失之毫厘，谬以千里，造成不可挽回的损失。如：

【例26】本合同自买方和建造方签署之日生效。

译文：This Contract shall come into force from the date of execution hereof by the Buyer and the Builder.

【例27】兹特由双方授权的代表，与上述首开日期和签署本合同为依据。

译文：IN WITNESS WHEREOF the panties hereto have executed this Contract by their authorized representatives as of the date first above written.

商务合同是一种特殊的应用文体，其用词行文的一大特点就是准确严谨。英译商务合同时，常常由于选词不当而导致词不达意或者意思模棱两可，甚至误译。因此，要不断提升双语理解运用能力，多看多输入。如：

【例28】双方都应遵守合同规定。

译文：Both parties shall abide by the contractual stipulations.

【例29】双方的一切活动都应遵守合同规定。

译文：All the activities of both parties shall comply with the contractual stipulations.

分析：英语中 abide by 与 comply with 均表示"遵守"。当主语是人时，须用 abide by；当主语是物时，则用 comply with。再如：

【例30】双方同意将交货期改为9月，并将欧元折合成人民币。

译文：Both parties agree to change the time of shipment to September and change Euro into RMB.

分析：需注意 change A to B 与 change A into B 的差异。前者意指"把 A 改为 B"，后者意为"把 A 折合成/兑换成 B"。再如：

【例31】由"胜利"轮运走/运来/承运的货物将于10月12日抵达巴黎。

译文：The goods per/ex/by S. S. "Victory" will arrive at Paris on October.

分析：介词 ex，per 和 by 含义不同。ex 指"运来"，per 指"运走"，by 为"承运"。

此外，还需注意合同细目的翻译。为了避免英译合中的细目，如：金钱、时间、数量等出现差错，常常使用一些有限定作用的结构来界定细目所指定的确切范围。如：

【例32】如果上述货物对船舶和（或）船上其他货物造成任何损害，托运人应负全责。

译文：The shipper shall be liable for all damage caused by such goods to the ship and/or cargo on board。

分析：英语中 and/or 意为"甲和乙＋甲或乙"，这样就可避免漏译其中的一部分。再如：

【例33】买卖双方同意按下述条款购买出售下列商品并签订本合同。

译文：This Contract is made by and between the Buyer and the Seller, whereby the Buyer agrees to buy and the Seller agrees to sell the under mentioned commodity subject to the terms and conditions stipulated below.

分析：英语中的 by and between 强调合同是由"双方"签订的。

为了保证商务合同与协议翻译的准确性，不引起误解，商务合同与协议的英文翻译语句一般较长，插入成分较多，句法结构也较为复杂，多使用条件状语从句、有 it 作形式主语的主语从句及定语从句等。如：

【例34】The Customer and NEXPRESS each agree and undertake that during the Term and Thereafter it will keep confidential and will not use for its own purposes or without the prior written consent of the other party disclose to any third party any part or all information concerning the terms of this Agreement unless such information is in the public domain other than as a result of a breach of this clause. ①

译文：用户及 NEXPRESS 均同意并承诺，在服务期间及之后，在没有对方书面露面同意之情况下，将对本协议条款之所有内容保密，不将其用于自己之用途，亦不向第三方透漏任何或全部与本协议有关之内容。除非此等咨询为公开情况，否则即被视为违反本条款。

分析：这是一保密条款中的一部分，原文较长，插入成分较多，滴水不漏地表达了句中各个部分之间的关系。再如：

---

① 屈文生，石伟：《法律英语阅读与翻译教程》，上海人民出版社2016版，第168页。

【例35】 If no written objection is raised by either party one month before its expiry, this Agreement will be automatically extended for another year.

译文：在期满前一个月，如果双方未用书面提出异议，本协议将自动延长一年。

商务合同及协议中常用的连接词有：if, in case that, in the event that, unless 等。如：

【例36】 Should one of the parties fail to comply with the terms and conditions of this Agreement, the other party is entitled to terminate this Agreement.

译文：如果一方未按本协议条款执行，另一方有权中止协议。

分析：should 放在句首引出倒装条件句。此外，合同中常出现以 it 作形式主语的句子。如：

【例37】 It is agreed that a margin of 2 percent shall be allowed for over or short count.

译文：双方同意，允许的误差为正负2%。

四、平行文本

（一）获取专业知识

合同英语术语是法律英语的一部分，因此，可以通过大量阅读法律英语来获取、补充专业知识。以下是常用的法律网站：

www.npc.gov.cn/englishnpc/Law/Frameset-index.html	全国人大数据库
www.ipr2.org/ipsearch/index.php	知识产权数据库
www.chinalawinfo.com/	北大法律信息网
www.westlawchina.com/index_cn.html	万律
www.legaltranz.com/archives/category/legal-writing	法律英语翻译
www.findlaw.com	律师和其他职业的人搜索法律信息的综合资源
www.streetlaw.org/en/home	该网站提供了美国五十个州的法律以及联邦法律概要；法律新闻及分析；国家可查询律师数据库等
www.lexisnexis.com/terms/	该网站是世界著名的数据库，全球许多著名法学院、法律事务所、高科技公司的法务部门都在使用该数据库

续上表

www. law. cornell. edu	该网站收集了美国法律资源,特别是最近和以前的最高法院判决、超文本版本的美国法典、美国宪法、联邦条例、联邦证据规则和联邦民事审判规则、纽约上诉法院最近的意见和美国法律规范图书馆的注释

(二) 掌握专业术语

合同英语中广泛使用术语,因此,掌握相关的专业术语对于提升合同翻译水平是必不可少的。以下是部分常见的法律术语:

amicable consultation	友好协商
as mentioned in this law	本法所称
any breach or default of the provisions hereof	任何违约及过失
as provided herein	依照合同相关规定
breach of contract	违约
cease to be effective	失效
commercial invoice	商业发票
concession	让步
consistent with this agreement	与本协议不相矛盾
contravene the provisions hereof	违反本法规定
sight payment	即期付款
termination of agreement	解除合同
terms and conditions	条件

五、案例练习

翻译下列合同条款:

(1) The decision and award of the arbitration tribunal shall be final, and the judgment on the decision and award in question may, under the request of either party to the Contract, be made by any court having jurisdiction. The parties thereto shall, in good faith, comply with the decision and award of the arbitration tribunal.

(2) 鉴于甲方与乙方按照平等互利的原则,经过友好协商,决定双方共同投资在中国建立合资经营公司(以下称"合资企业"),为此达成如下合同。

(3) 工程的缺陷责任证书应由工程师在缺陷责任期终止后28天内颁发,或者,如果不同的缺陷责任期适用永久工程的不同区段或部分时,则在最后一个缺陷责任期终止或根据第 82 条，在任何按指示进行的工程已完成并达到工程师满意之后尽快签发。

第三节 会展文本翻译

一、教学目标

本节旨在以会展手册、会展指南等为学习文本，向学生介绍会展文本的特点及其语言风格，使学生对英汉会展文本的差异有较为清晰的认识，从而与相关翻译理论结合，掌握会展文本的翻译方法和技巧。

二、会展文本翻译宏观视角

（一）谁在对谁说话？

会展业属于服务业，是一种新兴产业。具体而言，会展业是指就一定主题而举办的不同类型的会议、展览，其目的是为了促进商品、物资、人员、资金和信息流动。随着全球经济一体化进程的不断加速，日益频繁和深入的国际交流使得会展活动越来越受到各国政府的重视。

（二）说什么？

会展活动不仅仅是推出产品、销售产品、吸引国内外投资的重要手段之一，还是提高举办城市知名度，带动其他相关产业发展的有效方式之一。作为国民经济中的重要产业之一，会展业给国家和举办城市带来了客观的经济效益和社会效益。会展文本相关翻译是外宣翻译的重要分支，主要涵盖会展概况（包括展会名称、主题、内容以及历届办展成果）；展会组织机构（包括主办方、协办方、赞助方等）；和参展程序（参展资质、展会举办场馆、展位情况及价格信息、会展中心信息等）。会展外宣"属于对外传播学的范畴，该学说认为，效果是检验翻译的唯一标准"①。

（三）何时？何地？

根据中国商务部网站《中国会展行业发展报告 2016》文件显示："2015 年全国共有 160 个城市举办了展览活动，展览数量达 9283 场，比 2014 年的 8009 场增长 15.9%；展览面积达 11798 万平方米，比 2014 年的 10276 万平方米增长 14.8%。"②

---

① 王振南：《当前对外会展宣传翻译中的常见问题》，载《上海翻译》2009 年第 4 期，第 34-37 页。

② 商务部服务贸易和商贸服务业司：《中国会展行业发展报告 2016》，http://www.mofcom.gov.cn/article/gzyb/ybr/201702/20170202512321.shtml，访问日期：2018 年 12 月 7 日。

由此可见，会展行业发展迅猛，在经济发展中起着不容忽视的推动作用。

（四）为什么？

会展行业为国民经济带来了巨大的经济效益和社会效益，根据《中国会展行业发展报告2016》文件显示："2015年，全国展会经济直接产值达4803.1亿元人民币，比2014年的4183.5亿元人民币增长14.8%；展览业增加值增速高于当年国内生产总值（GDP）增速6.9%，也高于服务业增加值8.3%的增速；展览业增加值在全国GDP（676708亿元）中的占比为0.71%，高于2014年的0.66%；在服务业（341567亿元）中的占比为1.41%，略高于2014年的1.36%。"① 会展外宣材料的翻译在促进我国会展业发展中起到了不可忽视的作用，因此，学会并掌握会展材料翻译策略和技巧具有相当的现实意义。

三、会展文本翻译原则

（一）以效果为本

会展文本包括参展商手册，会展宣传，展会信息等等。不同的文本有不同的宗旨。如参展商手册的受众是参加展会的商家，内容主要为参展需要准备的材料，填写的表格，参展价格，展位展馆信息等。纽马克（Peter Newmark）在他的著作《翻译探索》中以语言功能为依据将文本划分为三种主要类型，即：表情功能（expressive function）、信息功能（informative function）和感染功能（vocative function）（Newmark，1981：121-113）。在1988年出版的《翻译教程》中他又增加了3种功能，即美学功能（aesthetic function）、寒暄功能（phatic function）和语言功能（metalingual function）（Newmark，1988：19-44）。不同的会展文本展示上述不同的文本类型。如参展商手册主要是为了信息的传递，而展会宣传更多的是起感染作用。因此，针对不同的文本，应该采取不同的翻译策略。如：

【例1】噪音管制措施通告（2018美博会参展商手册）

原译：Notice of Noise Control Measures

改译：Noise Control Regulations

分析：参展商手册中有很多通告。原译拖沓冗余。作为标题，语言要精炼，书写要准确，实词要大写，虚词应小写。再如：

【例2】对于违反规定擅自携带扩音设备并进行播放的参展企业，主办单位将直接终止违规展位的电力供应。恢复电力供应的申请不能保证在短时间内安排，由此所产生的接驳费用将由参展商全额支付。（2018美博会参展商手册）

原译：For exhibitors who violate the Regulations, including but not limited to bringing in and playing amplifying equipment without authorization, the organizer shall

---

① 商务部服务贸易和商贸服务业司：《中国会展行业发展报告2016》，http://www.mofcom.gov.cn/article/gzyb/ybr/201702/20170202512321.shtml，访问日期：2018年12月7日。

directly terminate the power supply of relevant Booths. The restoration of power supply may not be guaranteed in a short time, and the connection fee entailed shall be fully borne by the exhibitors.

改译：The organizer shall directly terminate the power supply of the booth in violation of the Regnlations. The application for resumption of power supply may not be guaranteed in a timely manner, and the connection fee arisig from this shall be fully borne by the exhibitor.

分析：原译拖沓，甚至有语法表达错误。此条规定出现在《噪音管制措施通告》中，通告明确提到参展商不能擅自携带扩音设备并进行播放。因此，在翻译的过程中，可以将此部分模糊化处理。另外，将主句"主办单位将直接终止电力供应"提前，将修饰成分置后，更符合英文的表达。再如：

【例3】我单位承诺，已详细了解美博会《参展商手册》内容并已为工作人员购买有效的公众责任保险。自签订该承诺书起，本司自动成为本展位的搭建、用水、用电、消防及治安工作的安全责任人，负责管理本展位制作搭建安全和消防安全、展览期间的展示安全和撤展安全。(2018美博会参展商手册)

原译：This construction unit promises to have thoroughly understood the content of the Exhibitor Manual of CIBE and purchased effective public liability insurance for its staff. From the date of signing, it shall become the safety person-in-charge for the construction, water supply, power supply, firefighting and public security of this booth and be responsible for the construction safety, firefighting safety, and exhibition safety during the exhibition period and move-out safety.

改译：This construction unit promises to have thoroughly understood the content of the Exhibitor Manual of CIBE and purchased effective public liability insurance for its staff. Since the signing of the undertaking, this unit shall automatically become responsible for the booth's construction, water, electricity, fire control safe work and public security work, and become responsible for the booth's production and construction safety, fire safety, display safety and withdrawal safety during the exhibition.

分析：原译行文不够正式。具体表现为"自签订该承诺书起"的翻译，此短语为合同常见表达，应翻译为"since the signing of the undertaking"。此外，原译有死译的嫌疑，所谓"安全负责人"，即为"负责安全的主体"，不必死译为"person-in-charge"，直接处理成"be responsible for"即可。

（二）以信息为本

对于展会文本中的信息类文本，如通告、展位信息、展馆信息、申请流程等等，译者在翻译时应以信息为本，将信息及时准确地传达给受众。如：

【例4】进馆及年龄限制：本展会只开放予业内人士参与。十八岁以下人士（包括参展商和买家）恕不接待，主办单位和展馆不设儿童托管处，请勿携带18岁以下人士前往。本展会以贸易为基础，主办单位及场地管理人员将严格执行规定。此规定亦适用于展会搭建期间。(2018 美博会参展商手册)

译文：Admission and Age Limit: This Exhibition is open to industry professionals only. Anyone below the age of 18 years old (exhibitors and buyers are included) is not allowed to enter. Moreover, no childcare services are provided in the halls, so please do not bring people under the age of 18 years old. Because this Exhibition is aimed for trading, the organizer and the site management personnel shall strictly implement this regulation which is also applicable during the exhibition construction period.

分析：本条规定了进馆及年龄限制，明确规定十八岁以下人士免入。在翻译的过程中，一定要确保此类信息的准确传达。另外，"本展会"的翻译可以参考商务合同中"本合同"（This Contract）的翻译，译为"This Exhibition"。再如：

【例5】 展览期间，因其施工或施工的工程导致重大伤亡事故，或发生展位倒塌，取消施工资格，全额扣减施工押金，并处以5万元的罚款。施工单位须承担因该事故所造成的一切经济及法律责任。该施工单位列入黑名单，永远不得直接或间接从事主办单位所有承办展览的现场展位搭建或环境布置工程。(2018 美博会参展商手册)

译文：During the exhibition period, should there be any casualty caused by the construction or the construction project, or should there be any collapsed booth, the construction unit shall be disqualified and all its construction deposit shall be fully deducted and be imposed a fine of 50,000 *yuan*. The construction unit shall bear all economic and legal liabilities caused by the accident. And it will be blacklisted and shall never be directly or indirectly engaged in all on-site booth construction or environmental layout projects undertaken by the host unit.

分析：本条规定出现在《施工管理处罚条例》，原文正式、严肃，可以参照合同的翻译方法，将其严谨正式的行文风格展现出来。具体表现为正确使用情态动词，如是义务性规定，用 shall；表示可能性，万一，用 should；表示将要，用 will。再如：

【例6】 展商所有提前申报需交纳的款项，请最晚于5月4日前汇出，并将汇款底单连同此申请表回传至主场承建商。请勿以私人账号汇款，主场搭建商在发票中开具的单位名称将与汇款单位一致，并只对款项确认到帐的项目予以安排配送。(2018 美博会参展商手册)

译文：Exhibitors are requested to remit all the payment required in advance, and send the remittance slip together with this application form to the Official Contractor no later than May 4th. Please do not remit money with a private account. The company name issued by the Official Builder in the invoice shall be the same as that of the remitter, and only the payment confirmed to the account will be arranged for distribution.

分析：本条规定了款项的缴纳时间和缴纳方式，行文正式、严肃。在翻译时要确保所有信息的正确传达，译文应该同样严谨、正式。

总之，会展文本就行文风格而言，相对较为正式、严谨，且多为规定性条款表达。在翻译的过程中，一方面要确保信息的正确传达，另一方面要尽可能地还原源语的风格，可以参考合同文本的翻译方法和技巧。

四、平行文本

（一）获取专业知识

国内外有许多极具影响力的展会，其官网也相对较为完善。在英译时，可以参考外国网站表达，在汉译时则应多看中文展会常用表达。以下是一些展会及其官网。

CES 美国消费类电子展	www.cesweb.org
IMTS 芝加哥国际制造技术展览会	www.imts.com
AAPEX 拉斯维加斯国际汽车零配件及售后服务展	www.semashow.com
CMEF 中国国际医疗器械博览会	www.cmef.com.cn
CHINABEAUTYEXPO 中国美容博览会	www.chinabeautyexpo.com
Gamescom 科隆游戏展	www.gamescom.de
CERSAIE 博洛尼亚国际建筑卫浴陶瓷展览会	www.cersaie.it
Spielwarenmesse 纽伦堡国际玩具展览会	www.spielwarenmesse.de/？L：1
InnoTrans 柏林国际轨道交通技术展览会	www.innotrans.de
MARMOMACC 维罗纳国际石材展览会	www.marmomacc.com

（二）掌握专业术语

下表是展会文本中的高频词汇。

背景板	backdrop
横幅	banner
海报	poster
小册子	pamphlet
资料架	brochure display
标语、口号	slogan
标准展位	normal booth
接待台	reception desk
撤展期	move-out

续上表

防火板	fireproof board
免费样品	sample giveaway
现场注册	on-site registration

五、案例练习

翻译下列展会文本：

（1）为提高本届美博会素质，需所有参展商承诺遵守有关参展条款及规则，自觉接受政府、行业、社会监督，履行企业责任，严格遵守法律法规，并要求参展商填写此份参展商承诺书（签署及盖章），以示确认接受和遵守各项条例。未能遵守以下参展承诺的参展商，将被取消参展资格并承担对主办单位和采购商的赔偿责任。

（2）参展单位要按规定向主办单位报交《营业执照》《生产许可证》《卫生许可证》《进口化妆品商检合格证》等与原件相符的复印件并加盖公司公章。展品不得侵权。

第六章 公示语翻译

第一节 官方通用公示语

一、教学目标

培养能按照地方及国家制定的公共领域英文译写规范对城市公共交通、街道公示语进行合理翻译的人才,要求积累对地名、人名等专有名词译写的基本知识,掌握对场所和机构名称、公共服务信息译写的能力。

二、官方通用公示语翻译宏观视角

由教育部、国家语委组织研制的国家标准《公共服务领域英文译写规范 第1部分:通则》(以下简称《通则》)于2013年12月31日发布,于2014年7月15日起实施。

(一)谁在对谁说话?

公示语是在公共场所(或公共服务领域)设置的文字语言和图表、信息,公开面对公众,起告示、指示、提示、警示、标示等作用,以达到某种交际目的的特殊文体[1]。而所谓公共场所,简而言之,是指公众从事社会生活的各种场所,包括公众进行工作、学习、经济、文化、社交、娱乐、体育、参观、医疗、卫生、休息、旅游,满足部分生活需所求使用的一切公用建筑物、场所及其设施的总称[2]。从广义上说,公示语是一种信息载体,不仅包含文字信息,而且涵盖了符号、图表标识[3]。

本章节所指公示语涉及译写,专指标识中的文字信息的翻译。从上文定义中我们可看出,公示语的原文作者应是公众场所管理部门,根据一定的告示目的,面向不同性别、年龄、职业、民族、国籍的个体所组成的公众群体发布信息。因此,公示语的译写带有官方性质。在我国,公示语翻译的受众主要则是面向以英语作为母

---

[1] 陈刚:《旅游翻译》,浙江大学出版社2014年版,第411页。
[2] 陈刚:《旅游翻译》,浙江大学出版社2014年版,第410页。
[3] 陈刚:《旅游翻译》,浙江大学出版社2014年版,第411–412页。

语或第二语言的公众群体,起告示、指示、提示等不同作用。

（二）说什么？

公示语的分类由于其多样性,按照不同的分类方式,可有不同的类别,目前尚无定论,若按公示语传达信息的应用功能,根据《通则》,则可分为以下五类[①]：

1. 功能设施公示语

所谓功能设施,指的是人们在公共场所活动中所需要的基础设施和服务设施,此类公示语主要传达信息服务,指示服务、设施、功能性区域的位置,无限制、强制功能,如：残疾人卫生间（Diasabled Only）、3号看台（Platform 3）、疏散通道（Evacuation Route）、医务室（Clinic）、贵宾电梯（VIP Only 或 VIP Elevator/Lift）、服务处（Service Center）等,更多起提示作用的公示语,如：当日有效（Valid Only on Day of Issue）、在此刷卡（Swipe Your Card Here）、余额不足（Insufficient Balance）、车位已满（Full）。

2. 警示警告公示语

表示警告、提醒或要求,提供安全指引,如：当心台阶（Mind Your Step）、小心障碍（Beware of Obstruction）、小心地滑（CAUTION//Wet Floor）【"//"表示换行,下文同】。

3. 限令禁止公示语

对公众行为提出限制禁止性要求,语言直截了当,如：请勿依靠车门（Please Do Not Lean on Door）、请勿使用手机（Please Keep Your Mobile Phone Switched Off）、未成年人不得入内（Adults Only）、禁止入内（No Entry 或 No Admittance）。

4. 指令指示公示语

常使用祈使句或短句,表达指令或提示,如：请在黄线外等候（Please Wait Behind the Yellow Line）、请绕行（Detour）、必须系安全带（Seat Belt Must Be Fastened）。

5. 说明提示公示语

如：行李安检（Luggage/Baggage Inspection）、正在维修（Under Repair）、暂停服务（Temporarily Closed）、失物招领（Lost & Found）。

（三）何时？何地？

按照公示语所使用的场所不同,又可将其分为多种类别：公共服务、交通、旅游、文化娱乐、体育、教育、医疗卫生、邮政电信、餐饮住宿、商业金融公示语。

（四）为什么？

公示语应用于日常生活的各个方面,满足的是旅游者、社会公众的需求,提供

---

① 中华人民共和国国家质量监督检验检疫总局,中国国家标准化管理委员会：《公共服务领域英文译写规范（第1部分：通则）》,中国标准出版社2014年版,第3—4页。

的是一种信息服务,起指示、提示、警示、说明的作用。公示语外译也多由当地政府部门发起,体现的是一种权威性,以往公示语译写标准多为地方性标准。自2013年《通则》出台后,2017年国家标准《公共服务领域英文译写规范》全套出台,系列国家标准是关于公共服务领域英文翻译和书写质量的国家标准,涵盖了交通、旅游、文化娱乐、体育、教育、医疗卫生、邮政电信、餐饮住宿、商业金融共13个服务领域的英文译写原则、方法和要求,为各领域常用的3500余条公共服务信息提供了规范译文。

三、官方通用公示语翻译原则

根据《通则》中规定,公共服务领域英文译写规范应遵循以下译写原则[①]:

(一)合法性

所谓合法性是指公共服务领域英文译写应符合我国语言文字法律法规的规定,在首先使用我国语言文字的前提下进行。这一原则在翻译场所和机构名称中体现尤为明显。场所和机构名称一般可以区分出专名和通名,专名是事物的专有语言符号,具有唯一性;通名是事物的普通语言符号,具有一般性。比如说"西禅寺"中"西禅"是区别于其他场所的专有名称,即为专名,而"寺"是这一类场所的共同名称,为通名[②]。

在场所和机构名称的翻译中,专名应使用汉语拼音拼写,可以不使用声调标号,非汉语的地名标识,应优先使用汉语拼音译写,通名要用英文翻译[③]。如:

【例1】原文: 永辉超市(图6-1)

原译: Yonghui Superstore[④]

试译: Yonghui Supermarket

分析: "永辉"是专名,用汉语拼音拼写;"超市"是通名,用英文翻译,因此译为Yonghui Supermarket。原译使用了superstore一词,但该词根据OED意义为"A very large out-of-town supermarket"[⑤],与永辉超市的地理定位、市场定位不完全相符,可改为"supermarket",表示"A large self-service shop selling foods and

---

[①] 中华人民共和国国家质量监督检验检疫总局,中国国家标准化管理委员会:《公共服务领域英文译写规范(第1部分:通则)》,中国标准出版社2014年版,第1-2页。

[②] 教育部语言文字信息管理司组编:《公共服务领域英文译写指南》,外语教学与研究出版社2016年版,第V-VI页。

[③] 教育部语言文字信息管理司组编:《公共服务领域英文译写指南》,外语教学与研究出版社2016年版,第V-VI页。

[④] 永辉超市官方网站,http://www.yonghui.com.cn/,访问日期:2018年12月7日。

[⑤] "superstore" OED释义检索,https://en.oxforddictionaries.com/definition/superstore,访问日期:2018年12月7日。

household goods"①。

【例2】原文：岱庙（图6-2）

原译：Dai Temple

试译：Daimiao Temple

分析：《通则》中说明，专名是单音节时，其通名视作专名的一部分，先与专名一起用汉语拼音拼写，然后用英文重复翻译。因此"庙"一词一并拼出，补充英文翻译。

图6-1 永辉超市（Yonghui Superstores） 　　图6-2 岱庙（Dai Temple）

作为地名的罗马字母拼写、公共服务信息、汉语拼音应符合我国语言文字和地名管理法律法规的规定。此外，党政机关名称的英文译写用于对外交流，不得用于机关名称标牌，故机关名称标牌不添加英文公示语②。

（二）规范性

《通则》中提及规范性是指公共服务领域英文译写应符合英文使用规范，符合英文公示语的文体要求，并且应准确表达我国语言文字原文的含义③。公示语翻译是一个复杂的过程，译者需要考虑到公示语发起者的意图、受众的文化水平、信息功能，有所取舍。这就意味着，译者在翻译公示语的过程中，不应过于拘泥于公示语原文的字面意思，应当对各个因素进行综合考量，并考虑到英文读者的阅读习惯，译出地道的英文表达。试举一例：

【例3】原文：车库危险//请照顾好儿童

原译：The Garage Danger Please Look After the Good Child（图6-3）

试译：CAUTION//Please Do Not Leave Your Children Unattended

分析：类似表述"请照看好儿童""请照看好您的小孩""请看管好您的小孩"目的主要在于提醒家长对儿童多加注意，谨防危险，注意安全，这一表述在英文当中常见的应是"Please Do Not Leave Children Unattended"（图6-3）。

---

① "supermarket OED 释义检索，https://en.oxforddictionaries.com/definition/supermarket，访问日期：2018年12月7日。

② 中华人民共和国国家质量监督检验检疫总局，中国国家标准化管理委员会：《公共服务领域英文译写规范（第1部分：通则）》，中国标准出版社2014年版，第3页。

③ 中华人民共和国国家质量监督检验检疫总局，中国国家标准化管理委员会：《公共服务领域英文译写规范（第1部分：通则）》，中国标准出版社2014年版，第2页。

图6-3 请照看好您的小孩

此外,英语有美式、英式等变体,同一事物在不同变体中说法、拼法各有不同,一般选用国际通用拼法,但在同一场所应当使用一致的变体用法①。比如直上直下式"电梯"可译为 Lift(英)或 Elevator(美),"行李"可译为 Luggage(英)或 Baggage(美),"账单"可为 Bill(英)或 Check(美),"台球室"可为 Billiard Room(英)或 Pool Room(美),"售票处"可为 Booking Office(英)或 Ticket Office(美),"书店"可为 Bookshop(英)或 Bookstore(美),这些差异性用词都很常见,可选择任一使用,但在同一个场所内应当保持一致。

(三)服务性

服务性包括两点要求,第一是公共服务领域英文译写应根据对外服务的实际需要进行②。这就意味着,同一功能设施,在不同场合应根据实际需要进行不同处理。比如说同样表示"工作时间",若是设置于商业场所,那么应当译为 Business Hours 更为合适,若是设置于办公场所,则 Office Hours 更恰当。另试举一例:

【例4】原文:轮椅位置

原译:Wheelchair Place(图6-4)

试译:Wheelchair/Wheelchair Accessible

分析:该标识常常设立于地铁车厢内侧边安置的轮椅附近,因此"位置"不必译出,可以直接翻译为 Wheelchair 也能指示出其"轮椅位置"的功能,但若设立于离轮椅较远的位置,则需要全文译出,"位置"根据具体功能需要,无需按字面意

---

① 教育部语言文字信息管理司组编:《公共服务领域英文译写指南》,外语教学与研究出版社2016年版,第Ⅵ页。

② 中华人民共和国国家质量监督检验检疫总局、中国国家标准化管理委员会:《公共服务领域英文译写规范(第1部分:通则)》,中国标准出版社2014年版,第2页。

图 6-4 轮椅位置

思直译，可意译为 Wheelchair Accessible，还可带有箭头标示①。

另外，服务性的第二点要求是：公共服务领域英文译写应通俗易懂，便于理解，避免使用生僻的词语和表达。

（四）文明性

《通则》规定：公共服务领域英文译写应用语文明，不得出现有损我国和他国形象或有伤民族感情的词语，也不得使用带有歧视色彩或损害社会公共利益的译法②。比如对残疾人士应当注意不应使用带歧视色彩的表述。西方社会对残疾人士的委婉称呼一直在变化，近来使用较多的是 People With Disabilities。

文明性这一原则在翻译限令禁止性信息或警示警告类信息时，体现尤为明显，例如：

【例5】原文：小心挤伤

原译：Carefully Crush（图 6-5）

试译：Mind the Door 或 Caution//Glass Door

分析：图 6-5 为警示性信息公示语，设立于某银行双开玻璃门上，目的是为了警示来宾小心玻璃门，不要过于匆忙或由于开合过快被挤，因此根据设立目的，可译为 Mind the Door 或 Caution//Glass Door。

限令限制性信息如"非本单位车辆禁止入内；外部车辆禁止入内"，若按字面意思直译则为 Non-authorized vehicles prohibited，双重否定语气过于强烈，容易引起

---

① 教育部语言文字信息管理司组编：《公共服务领域英文译写指南》，外语教学与研究出版社 2016 年版，第Ⅵ页。

② 中华人民共和国国家质量监督检验检疫总局，中国国家标准化管理委员会：《公共服务领域英文译写规范（第1部分：通则）》，中国标准出版社 2014 年版，第2页。

图 6-5 小心挤伤

受众的反感,因此我们可以反译,将其译为"Authorized Vehicles Only",弱化限制性语气。

四、平行文本

公示语的规范性平行文本一般指的是各省市政府相关部门出版的公示语译写规范性文件,以往多是由各地政府出版的地方性规范文件。自 2014 年国家标准《公共服务领域英文译写规范:通则》研制出后,公示语译写就有的可参考的权威规范。2015 年,《汉英公示语词典》出版。2017 年,《通则》的 2—10 部分最终出版,规定了公共服务领域包括交通、旅游、文化、娱乐、体育、教育、医疗卫生、邮政、电信、餐饮、住宿、商业、金融共 13 个服务领域英文译写的原则、方法和要求,并为各领域常用的公共服务信息提供了规范译文。

《通则》的所有内容电子版均可自教育部网站下载,为公共服务领域英文译写提供了规范、准确、权威的参照,适用于全国范围。标准的发布有利于改善当前公共服务领域英文译写不规范现象,提高外语服务质量和服务能力,为国家改革开放事业提供语言文字方面的支持和保障。

(一)场所和机构名称

前文在公示语译写合法性中已对场所和机构名称的翻译有所论述,本节参考《汉英公示语词典》[①]《公共服务领域英文译写规范:通则》[②] 及《公共服务指南英文译写指南》[③],对此进行必要补充。

首先是场所和机构名称一般由专名和通名组成,但有时还带有修饰或限定成分,一般区分两种情况:

一是"省、市、区、县"等行政区划名称,用汉语拼音拼写,但通常可以省略

---

① 吕和发,单立平:《汉英公示语词典(第 2 版)》,商务印书馆 2015 年版。
② 中华人民共和国国家质量监督检验检疫总局,中国国家标准化管理委员会:《公共服务领域英文译写规范(第 1 部分:通则)》,中国标准出版社 2014 年版。
③ 教育部语言文字信息管理司组编:《公共服务领域英文译写指南》,外语教学与研究出版社 2016 年版。

不译。二是序列、方位、属性、特征等修饰限定成分,使用英文翻译①。

根据以上两种情况,试举例:

【例6】福建省博物馆:不用将"省"译出,据《通则》的第4部分(文化娱乐)中列举的场所名称译法(图6-6),博物馆即 Museum,因此译为 Fujian Museum。

【例7】广东现代国际展览中心:该场所无"省"行政区划名称,但带有修饰成分"现代""国际",并且该修饰成分没有失去原属性特点,则使用英文翻译,对应《通则》第4部分(图6-6),综合考虑译为 Guangdong Modern International Exhibition Center。值得一提的是,如果场所或机构名称中的修饰成分已经失去原属性特点,不再表示英文含义,则可使用汉语拼音翻译②。比如上海交通大学(Shanghai Jiaotong University)。

【例8】深圳会展中心:该场所区别于"展览中心",含义包括"年会、大型会议"及"展览",因此译为 Shenzhen Convention &Exhibition Center。

序号	中文	英文
	(文博场馆)	
1	博物馆	Museum
2	历史博物馆	History Museum 或 Museum of History
3	自然博物馆	Natural History Museum 或 Museum of Narural History
4	民族博物馆	Ethnography Museum 或 Museum of Ethnography
5	民俗博物馆	Folk Museum 或 Folklore Museum
6	文史馆:文史研究馆	Research Institute of Culture and History
	(会展场馆)	Museum
7	展览馆:展示馆	Exhibition Center 或 Exhibition Hall
8	陈列馆	Exhibition Gallery 或 Exhibition Hall
9	展览中心	Exhibition Center
10	会展中心	Convention and Exhibition Center

图6-6 文化场所译名(部分)③

此外,一般来说,专名应按照中文拼音进行拼写,但翻译的目的在于交流,因

---

① 中华人民共和国国家质量监督检验检疫总局,中国国家标准化管理委员会:《公共服务领域英文译写规范(第1部分:通则)》,中国标准出版社2014年版,第3页。

② 中华人民共和国国家质量监督检验检疫总局,中国国家标准化管理委员会:《公共服务领域英文译写规范(第1部分:通则)》,中国标准出版社2014年版,第3页。

③ 中华人民共和国国家质量监督检验检疫总局,中国国家标准化管理委员会:《公共服务领域英文译写规范(第4部分:文化娱乐)》,中国标准出版社2017年版,第3页。

此有两种例外情况可不使用拼音翻译专名①:

(1) 现有英文译名已约定俗成的,可继续沿用原用译名,或者是原本中文名就是有英文音译而成的,可直接回译,如:故宫博物馆(The Palace Museum)、紫禁城(The Forbidden City)等。

(2) 专名有实际含义、并需要向服务对象特别说明其含义的,可使用英文翻译。

【例9】深圳广播电视大学:各省市的"广播电视大学"应区别于"广播大学",指的是运用广播、电视、文字教材、音像教材和计算机课件及网络等多媒体进行现代远程开放教育的新型高等学校,属于中国广播电视教育系统的一部分,是原"中央广播电视大学"的分部。现如今中央广播电视大学(China Central Radio and TV University)已改名为国家开放大学(The Open University of China),更符合此类院校性质,但各省分部多数依然保留"广播电视大学"这一说法。因此,"深圳广播电视大学"应按其服务性质,译为 Shenzhen Open University 或 The Open University of Shenzhen。同理,"福建广播电视大学"可译为 The Open University of Fujian。

(二) 公共服务信息

一般来说,各公共场所中设立的功能性信息,可具体划分为功能设施信息、警示警告信息、限令禁止信息、指示指令信息,应当使用英文翻译。

由于功能设施中不同标识的公示语有时设立在不同的位置,起不同的作用,因此应采取不同的译法。如《通则》中提供了"贵宾休息室"的两种译法:VIP Only 或 VIP Lounge②。前者省略了 Lounge 的说明,应用于标识设置于该设施所在的位置,提示该设施为贵宾专用(图6-7);而后者提示 Lounge 应用于标识指示设施名称所属位置,故还需加上箭头指示图表(图6-8)。

```
┌─────────────┐         ┌─────────────┐
│  贵宾休息室  │         │  贵宾休息室 →│
│  VIP Only   │         │  VIP Lounge │
└─────────────┘         └─────────────┘
```

图6-7    图6-8

此外,有阿拉伯数字的功能设施,采用"设施名+阿拉伯数字"的译写方法③。如:1号线(Line 1)。

---

① 中华人民共和国国家质量监督检验检疫总局,中国国家标准化管理委员会:《公共服务领域英文译写规范(第1部分:通则)》,中国标准出版社2014年版,第2页。

② 中华人民共和国国家质量监督检验检疫总局,中国国家标准化管理委员会:《公共服务领域英文译写规范(第1部分:通则)》,中国标准出版社2014年版,第10页。

③ 中华人民共和国国家质量监督检验检疫总局,中国国家标准化管理委员会:《公共服务领域英文译写规范(第1部分:通则)》,中国标准出版社2014年版,第4页。

对于警示警告信息，《通则》说明①：

（1）一般性警示事项译作 Mind…或 Watch…或 Beware of…。

（2）可能导致重大人身伤害、需要突出警示的警告事项使用大写 CAUTION 翻译。

（3）直接关系生命财产安全、需要引起高度注意的警告事项使用大写 WARNING 或 DANGER 翻译。

试举例如下：

当心台阶；注意脚下	Mind/Watch Your Step
当心碰撞	Beware of Collisions
当心辐射	CAUTION//Laser Radiation
当心//地面湿滑	CAUTION//Wet Floor
当心落水	WARNING//Deep Water
当心触电	DANGER//High Voltage

对于限令禁止信息，《通则》规定②：

（1）劝阻性事项译作 Please Do Not…或 Thank You for Not -ing。

（2）禁止性事项译作 Do Not…或 No -ing 或…Not Allowed。

（3）直接关系生命财产安全、需要严令禁止的事项可译作…Forbidden 或…Prohibited。

试举例如下：

请勿打扰	Please Do Not Disturb
禁止入内	No Entry
禁止冲浪	No Surfing
禁止携带危险品	Dangerous items prohibited
严禁通行	Access Prohibited

值得一提的是，禁止性事项和严禁性事项限制程度有所差异，因此在公示语汉语用词及对应英文的译写上相应有所不同，比如上表的"禁止入内"和"严禁通行"。再如，都是表达禁止吸烟，若是一般场所的限制性信息，使用"禁止吸烟

---

① 中华人民共和国国家质量监督检验检疫总局，中国国家标准化管理委员会：《公共服务领域英文译写规范（第 1 部分：通则）》，中国标准出版社 2014 年版，第 4 页。

② 中华人民共和国国家质量监督检验检疫总局，中国国家标准化管理委员会：《公共服务领域英文译写规范（第 1 部分：通则）》，中国标准出版社 2014 年版，第 4 页。

(No Smoking)"即可,但若是关系生命财产安全的场所,如危险物品管理区域、危险气体存储区域等,则使用"严禁烟火(Smoking or Open Flames Prohibited)"。

指示指令信息,《通则》规定①:

(1) 一般用祈使句或短语翻译。

(2) 非强制性指示题型事项,为使语气委婉,可以使用 Please 引导。

(3) 要求指令性事项以译出指令的内容为主。

(4) 直接关系生命财产安全、需要强令执行的事项可使用 Must 翻译。

举例如下:

请看管好您的小孩	Please Do Not Leave Your Child Unattended
请保持清洁	Please Keep Clean
请保持肃静	Silence Please
请脱鞋接受安检	All Shoes Must Be Removed

(三) 语法及格式

毋庸置疑,译文应正确使用人称、时态、单复数。单复数的问题需特别注意:可数名词明确指向单个对象时使用单数,指向一个以上对象或者对象不明确时使用复数②。例如宾馆的"请打扫房间"标识,常用于宾客指示酒店清洁人员整理房间,明确指向单个对象(本房间),因此使用单数"Please Clean the Room";但标识指向对象不明确,如"贵重物品请妥善保管"中,无法确定物品数量,使用复数,译为"Please Keep Your Valuables With You"。

此外,缩写形式应符合国际惯例,使用序数词的,可缩写作 1st、2nd 等③。

(四) 书写要求

首先,英文字体基本可分为两种:衬线体(serif)和无衬线体(sans serif)。衬线体指的是字的笔画开始、结束的地方的额外装饰,且笔画的粗细会有所不同,适合长篇书面阅读,如 Times New Roman。无衬线字体没有这些额外的装饰,而且笔画的粗细差不多,更为简洁。因此,《通则》规定④:

---

① 中华人民共和国国家质量监督检验检疫总局,中国国家标准化管理委员会:《公共服务领域英文译写规范(第1部分:通则)》,中国标准出版社2014年版,第4页。

② 中华人民共和国国家质量监督检验检疫总局,中国国家标准化管理委员会:《公共服务领域英文译写规范(第1部分:通则)》,中国标准出版社2014年版,第4页。

③ 中华人民共和国国家质量监督检验检疫总局,中国国家标准化管理委员会:《公共服务领域英文译写规范(第1部分:通则)》,中国标准出版社2014年版,第4页。

④ 中华人民共和国国家质量监督检验检疫总局,中国国家标准化管理委员会:《公共服务领域英文译写规范(第1部分:通则)》,中国标准出版社2014年版,第5-6页。

1. 公示语的翻译应使用相当于汉字黑体的没有衬线的等线字体，如 Arial 字体；

2. 其次，关于大小写问题，规定如下：

（1）短语或短句：一般情况下有两种选择，一是全部大写；二是所有单词的首字母大写。但特殊情况遇到需要特别强调的警示性、提示性的单个词句，字母全部大写，如：出口（EXIT）。

（2）长句：第一个单词、实义词、4个及4个以上字母组成的虚词、换行后行首词的首字母大写，如：遇有火灾不得使用电梯（Do Not Use Elevator in Case of Fire）。

（3）由警示语和警示内容两部分组成的语句，警示语字母全部大写，如：注意防火（CAUTION//Fire Risk 或 CAUTION//Fire Hazard）。

（4）使用连字符连接两个单词时，连字符后面如果是实词则首字母大写，虚词则首字母小写，且前后不空格。如：田径场（Track-and-Field Ground）。

3. 公示语书写一般不换行，但有两种例外：

（1）警示警告类公示语中警示语和警示内容应当分行书写（如图6-9）。

（2）公示语过长不得不换行，但断行时应保持单词以及意义单位的完整，并且长句排版时不得使用两端对齐（图6-10）。

```
锐器！请注意
CAUTION
Sharp Objects
```

图6-9

```
票款当面点清
Please Check Your Change
Before Leaving the Counter
```

图6-10

4. 最后，公示语译写一般不使用标点符号，但句号可用于长句结尾处，逗号应用于分句或平行短语之间，如：高血压、心脏病患者以及晕车、晕船、醉酒者请勿乘坐。（Visitors with hypertension, heart condition, motion sickness or excessive drinking are advised not to ride.）。

五、案例练习[①]

翻译下列公示语：

[①] 中华人民共和国国家质量监督检验检疫总局，中国国家标准化管理委员会：《公共服务领域英文译写规范（第1部分：通则）》，中国标准出版社2014年版。

(1) 疏散通道
(2) 消火栓箱
(3) 可回收垃圾箱
(4) 不可回收（垃圾箱）
(5) 服务热线
(6) 行李寄存处
(7) 东（南、西、北）入口
(8) 一/二/三层（地上）
(9) 一/二/三层（地下）
(10) 残疾人厕所
(11) 小心灼伤
(12) 当心剧毒
(13) 小心落水
(14) 请勿倚靠车门
(15) 禁止摄像
(16) 不得乱扔垃圾
(17) 请在黄线外等候
(18) 未成年人不得入内
(19) 不准停车或候客，只可上下旅客
(20) 请爱护公共设施

注：由于公示语一般用途面向英语使用者，因此这里仅有汉译英，包含功能设施信息、警示警告信息、限令禁止信息、指示指令信息，依照本小节所叙要求进行英译。

第二节 城市交通公示语

一、教学目标

培养能按照国家及地方制定的公共领域英文译写规范对道路交通和公共交通等场所中的公示语进行合理翻译的人才，要求积累城市道路交通及公共交通公示服务信息的基本知识，完成规范化的城市交通信息公示语译写。

二、城市交通公示语翻译宏观视角

（一）谁在对谁说话？

城市交通公示语是由交通服务管理部门发起的，面向机动车、非机动车驾驶人员以及行人，在城市交通各类场所内设置文字语言和图表信息。城市交通公示语的译写，也同样是由交通服务管理部门发起，面向以英语作为母语或第二语言的机动车、非机动车驾驶人员以及行人，起说明、指示、警告、限制等作用，帮助他们在城市交通领域获取正确的指引。

（二）说什么？

城市交通公示语包括城市道路交通信息和公共交通信息，信息内容包括[①]：

---

① 中华人民共和国国家质量监督检验检疫总局，中国国家标准化管理委员会：《公共服务领域英文译写规范（第2部分：交通）》，中国标准出版社2017年版，第1-2页。

（1）功能设施信息：指示交通设施、道路功能性区域的位置，常和地名的译写结合在一起，具体功能设施包括：道路设施信息，如"××公路""××支路"等；桥梁设施信息，如"××高架桥"等；交通信号设施信息，如"安全岛""人行横道"等；停车设施信息，如"临时停车""内部停车"等标识；收费设施信息，如"××收费站"等；

（2）警示警告信息：道路交通中的警示警告标识多是预告性的，提醒前方即将出现的状况、路段等，如"注意行人""事故易发路段""此道临时封闭"等；

（3）限令禁止信息：对道路交通路况向行人、车辆提出限制禁止要求，如"禁止驶入""禁止掉头""禁止行人进入"等；

（4）指示指令信息：表达直接性的指示，如"直行""保持车距""车辆慢行"等；

（5）说明提示信息：更多起提示作用，无警告意义，如"人行地下通道""休息区""往地铁站"等；

（三）何时？何地？

由国家标准委、教育部、国家语委在京联合发布《公共服务领域英文译写规范》系列国家标准于 2017 年 6 月 20 日发布，其中包括《公共服务领域英文译写规范 第 2 部分：交通》（以下简称《交通》），标准于 2017 年 12 月 1 日实施。

警示警告类公示语常出现在需要预警的路段之前，其他类型公示语一般出现在设施场所之中。

城市交通分为道路交通和公共交通，因此城市交通公示语的服务场所便在这两类服务场所内，其中公共交通涵盖：航空客运、铁路客运、轮船客运、轨道交通、公共汽车、出租车客运地等[①]。

（四）为什么？

城市交通公示语应用于交通管理领域的不同方面，面向机动车、非机动车驾驶人员以及行人，提供的是一种信息服务，起指示、提示、警示、说明的作用。目前，全国各城市道路交通公示语中地名、公共标示、指示标识等的英译依然存在着不规范、不统一的问题，给以英语作为母语或第二语言的公众群体的交通出行带来了不便。

如今，许多大城市的城市交通进入了网络化建设和运营时期，最大限度地尽早统一、规范道路交通公示语及公共交通公示语的译写，有助于英文使用人群，特别是外籍人士获得正确的道路交通信息，有助于构建一个完整的道路交通汉英双语环境和人文环境，有助于整体城市交通状况的稳定。

三、城市交通公示语翻译原则

城市交通分为道路交通和公共交通。道路交通连接城市的各地区，供城市内交

---

① 中华人民共和国国家质量监督检验检疫总局，中国国家标准化管理委员会：《公共服务领域英文译写规范（第 2 部分：交通）》，中国标准出版社 2017 年版，第 1 页。

通运输及行人使用,为居民生活、工作、文化、娱乐活动服务,并与市外道路连接,负担对外交通的道路。城市公共交通是在城市及其郊区范围内,为方便公众出行,用客运工具进行的旅客运输,包括公共汽车、航空客运、铁路客运(无轨电车、有轨电车、快速有轨电车)、轮船客运、轨道交通客运、公共汽车、出租车客运等交通运输系统。

(一)合法性

如上一章节所示,合法性是指公示语英文译写应符合我国语言文字法律法规的规定,并且地名的罗马字母拼写应符合我国语言文字和地名管理法律法规的规定。在城市交通领域,这一原则体现得尤为明显。

《交通》中约定,道路交通信息是设置在公路、城市道路以及虽在单位管辖范围但允许公众通行的地方,为机动车、非机动车驾驶人员以及行人提供的交通信息,包括道路交通功能设施信息、警示警告信息、限令禁止信息、指示指令信息、说明提示信息①。

在城市交通公示语的译写中,我们首先需要特别关注的是道路交通功能设施信息的译写。关于功能设施信息,《交通》中规定②:

1. 地名、交通标志中的道路交通设施名称的译写应符合 GB 17733 的规定。对外服务中需要用英文对道路设施的功能、性质等予以解释的,高速公路译作 Expressway,公路译作 Highway,道路译作 Road,高架道路译作 Elevated Road,环路译作 Ring Road。

2. 国道、省道、县道用英文解释时分别译作 National Highway, Provincial Highway, County Highway;但在指示具体道路时分别用"G + 阿拉伯数字编号""S + 阿拉伯数字编号""X + 阿拉伯数字编号"的方式标示。

在实际使用中,则有两种形式的道路标识需要我们加以区分,试举例:

【例1】**原文**:莱芜路/青岛路/济宁路/齐鲁大道

原译:LAI WU RD, QING DAO RD, JI NING RD, QI LU DA DAO(图6-11)

试译:Laiwu Road, Qingdao Road, Jining Road, Qilu Highway

分析:机动车、机动车驾驶人及行人在道路交通行驶过程中,有时需要指示牌,以了解交通设施、道路功能性区域的位置,这属于功能设施信息中的道路设施信息。这一类公示语信息的翻译,和地名译写结合在一起,地名以拼音翻译,道路

---

① 中华人民共和国国家质量监督检验检疫总局,中国国家标准化管理委员会:《公共服务领域英文译写规范(第2部分:交通)》,中国标准出版社2017年版,第1-2页。

② 中华人民共和国国家质量监督检验检疫总局,中国国家标准化管理委员会:《公共服务领域英文译写规范(第2部分:交通)》,中国标准出版社2017年版,第1-4页。

具体选择对应的英文表达，这里将"大道"和"路"区分开来。根据 Webster 在线字典解释，road 指"an open way for vehicles, persons, and animals; especially: one lying outside of an urban district"，highway 是"a public way; especially: a main direct road"[①]，因此"齐鲁大道"译作 Qilu Highway。

图 6-11　道路标识（需解释道路设施性质）

【例2】原文：雨花路

试译：YUHUA LU（图 6-12）

分析：该标识更多的是说明而非指示作用，属于地名标识，关于地名标识的译写，《交通》中未有明确说明，但除国家标准外，不少地方政府出版的地方标准中有更为详细的规定，如《广州市公共标识英文译法规范》中提及"道路街巷等地名除个别约定俗成用法外，其他均采用汉语拼音标注"[②]。根据国标 GB 17733 中的地名标识英文部分使用大写，故雨花路译为 YUHUA LU。

图 6-12　地名标识（不需解释道路设施性质）

【例3】原文：梅观高速

原译：Meiguan Expwy（图 6-13[③]）

---

① "road" merriam-webster, https://www.merriam-webster.com/dictionary/road.
② 广州市人民政府外事办公室：《广州市公共标识英文译法规范》2014 年版，第 3 页。
③ 图片来源 http://www.bi-xenon.cn/item/16082902095.html

试译：Meiguan Expressway

分析：在《指南》中特别注明，高速公路的 Expressway 不要缩写为 Expwy，不够规范。此外，以 G 或 S 开头的高速公路，路牌编号上方色块配色（图6-13 左侧"G94"上方）为红底白字，标识国家级高速，即国道，道路上有时可见色块为黄底黑字，表示是省级高速，为省道，下方相应标识为"S+阿拉伯数字编号"。

图6-13

这一原则也适用于公共交通领域中功能设施的译写规定。《交通》中说明，公共交通领域内的信息是对公众开放、提供客运服务的交通运输部门向乘客及接送客人员提供的信息服务，包括航空客运服务信息、铁路客运服务信息、轮船客运服务信息、轨道交通客运服务信息、公共汽车客运服务信息、出租车客运服务信息及其他通用服务信息（如设施、票务、安检、出入境、行李、安全警示、导向指示、接送、乘客服务等信息）①。

《通则》中明确，作为公共服务设施的台、站、港、场，以及名胜古迹、纪念地、游览地、企事业单位等名词，根据对外交流和服务的需要，可以用英文对其含义予以解释②。飞机场译作 Airport，火车站译作 Railway Station，大型港口译作 Port，客运码头、轮渡站译作 Ferry Terminal 或 Pier，货运码头译作 Wharf，装卸码头译作 Loading/Unloading Dock，轨道交通站点译作 Station，公共交通始发站和终点站译作 Terminal 或 Station，公共汽车沿途站点译作 Stop。飞机场内的航站楼译作 Terminal。同一机场内有多座航站楼的，"Terminal+阿拉伯数字"的方式译写，如：2号航站楼译作 Terminal 2（简作 T2）。试举例：

【例4】**原文**：上海南站（火车站）

试译：Shanghai South Railway Station

分析：该场所区划名称已省略"市"直接使用 Shanghai 即可，另包含方位词"南"，查找对应用词 south（表6-1），及通名"站（火车站）"，序列、方位、属性、特征等修饰限定成分使用英文翻译，译为 Shanghai South Railway Station。其他

---

① 中华人民共和国国家质量监督检验检疫总局，中国国家标准化管理委员会：《公共服务领域英文译写规范（第2部分：交通）》，中国标准出版社2017年版，第2页。

② 中华人民共和国国家质量监督检验检疫总局，中国国家标准化管理委员会：《公共服务领域英文译写规范（第1部分：通则）》，中国标准出版社2014年版，第2页。

方位词可参考下表6-1。

表6-1 方位词英译（部分）①

北	North/N	西南	Southwest/SW
南	South/S	东南	Southeast/SE
东	East/E	西北	Northwest/NW
西	West/W	东北	Northeast/NE

（二）规范性

规范性是指公共服务领域英文译写应符合英文使用规范。比如《交通》规定，飞机航班号、列车车次、轮船班次的译写，根据行业标准或惯例执行②。轨道交通线路译作 Line，具体线路用"Line + 阿拉伯数字"的方式译写。公共汽车线路译作 Bus Route，指称具体公交线路时 Route 可以省略，直接用阿拉伯数字表示，如：公交110路译作 Bus 110。规范性的公示语译写应当符合英文公示语的文体要求，并且应准确表达我国语言文字原文的含义。

【例5】原文：失物招领

原译：Lost Property（图6-14）

试译：Lost & Found

分析："失物招领"一词涵盖了"丢失物品""在某处招领"两层意思，原译的确译出了原文的部分含义，但招领的含义有所缺失。这一用语在英文中更常用的表达则是"Lost and Found"，根据公示语译写规则省略 and，使用符号 &，译为"Lost & Found"。

图6-14

（三）服务性

交通领域的服务性也体现在同一功能设施在不同场合应根据实际需要进行不同处理，并且使用通俗易懂的词语及表达。比如说，关于道路交通的限令禁止信息中，禁止停车的说法需要特别注意。英文中的"禁止停车"按照限令程度的不同，

---

① 吕和发，单丽平：《汉英公示语词典（第2版）》，商务印书馆2015年版，第9页。
② 中华人民共和国国家质量监督检验检疫总局，中国国家标准化管理委员会：《公共服务领域英文译写规范（第2部分：交通）》，中国标准出版社2017年版，第1-2页。

有三种译法，根据 New York Safety Council 的解释区别如下①：

（1）No Parking：禁止长时停车，在司机不离车情况下，允许短时停靠以让乘客上下车或装卸货物；

（2）No Standing：禁止停留，仅允许短暂停靠以让乘客上下车，不准装卸货物，国内较为少见；

（3）No Stopping：禁止停留，最为严格的禁止任何形式的停留译作。

（四）文明性

《通则》规定：公共服务领域英文译写应用语文明，不得出现有损我国和他国形象或有伤民族感情的词语，也不得使用带有歧视色彩或损害社会公共利益的译法②。

【例6】原文：爱心座椅

原译：Seat for the People Need Help（图 6-15）

试译：Courtesy Seats/Priority Seats

分析："老弱病残与专座"或者"爱心专座"都属于类似表述，原译其实已经比较委婉，但考虑到文明性及对象指征的确切性，用 Priority 或 Courtesy 更为合适。

图 6-15

四、平行文本

关于城市交通公示语的译写，原则上以国家标准为先，即发布的《公共服务领域英文译写规范 第 2 部分：交通》，本章节简称《交通》。但该标准中列举的译写原则多为纲领性表述，因此，其他地方政府出版的公示语译写标准也可作为参考，如《陕西省公共场所公示语英文译写规范》《上海公共场所英文译写规范》《广东省公共标志英文译法规范》，另外还有参考性标准 GB17733《中华人民共和国国家

---

① New York Safty Council, https://www.newyorksafetycouncil.com/articles/no-parking-vs-no-standing-vs-no-stopping-signs.aspx.

② 中华人民共和国国家质量监督检验检疫总局，中国国家标准化管理委员会：《公共服务领域英文译写规范（第1部分：通则）》，中国标准出版社 2014 年版，第 2 页。

标准——地名标志》、GBT 16159-2012《汉语拼音正词法基本规则》等。

（一）明确专用术语，规范译写

首先，关于道路交通中警示警告、说明提示信息，常是预告性的，提醒前方出现的状况，可以使用 Ahead 标明，如①：

陡坡	Steep Descent Ahead
路面高突	Bumpy Road Ahead
前方施工	Road Work Ahead
注意分离式道路	Split Road Ahead

另外，《标准》中提供了规范的道路交通乃至公共交通设施译文对照，但在具体使用中，我们需要按具体情况进行译写。上文中已提及道路交通设施中的部分术语，如高速公路、公路、道路、高架道路、环路、飞机场、火车站等，使用时需要我们明确专用术语，结合专名拼音译法将具体译名译出。此外，警示警告信息、限定禁止信息、指示指令信息、说明提示信息也存在专门术语，翻译中应结合专门术语及通用译法，根据具体公示信息类型进行译写。

以警示、警告信息为例。在上文通用公示语章节，我们知道一般性警示事项译作 Mind.../Watch.../Beware of...；严重警示信息的使用 CAUTION/WARNING/DANGER 翻译，参考《交通》，这一类表述部分公示语列表如下②：

注意行人	Watch for Pedestrians
注意落石	DANGER//Falling Rocks
注意非机动车	Watch for Non-Motor Vehicles
注意火车	Beware of Trains
注意障碍物	Watch Out for Obstacles 或 CAUTION//Obstacles Ahead

从上述表述中我们可以获知交通公示语的专用术语，将其进一步引申，便可运用通用原则对其他类型公示信息进行译写，如从上表得知"行人"译为 Pedestrian(s)。由此可进一步引申：

---

① 教育部语言文字信息管理司组编：《公共服务领域英文译写指南》，外语教学与研究出版社 2016 年版，第 10 – 13 页。

② 中华人民共和国国家质量监督检验检疫总局，中国国家标准化管理委员会：《公共服务领域英文译写规范（第 2 部分：交通）》，中国标准出版社 2017 年版，第 5 – 7 页。

限制信息	禁止行人进入	No Pedestrian（s）
指示指令信息	人行横道	Pedestrian Crossing
	行人绕行	Pedestrians Detour
	避让行人	Yield to Pedestrians
说明提示信息	人行天桥	Footbridge 或 Pedestrian Overpass

　　从《交通》附录列表中我们可发现，对于弯道的说法常用 Curve，而若是"转弯"，则使用 Turn，在警示警告性公示语中有如下翻译①：

急弯路	Sharp Curve
反向弯路	Reverse Curve
前方弯道	Curve Ahead
前方右急转弯	Sharp Right Turn Ahead
前方左急转弯	Sharp Left Turn Ahead
向右急转弯路	Sharp Curve to Right
向左急转弯路	Sharp Curve to Left

　　其中注意区分"前方左/右急转弯"和"向左/右急转弯路"，急转弯是车辆转弯的动态描述，因此用 Turn，而急转弯路则指弯道，因此用 Curve。由这两个常用术语，我们可以引申②：

限令禁止信息	禁止向左转弯	No Left Turn
	禁止向左向右转弯	No Left or Right Turn 或 No Turns
	禁止载货货车左转	No Left Turn for Trucks
指示指令信息	右转车道	Right-Turn（Lane）
	直行和左转合用车道	Straight and Left Turn（Lane）
	转弯慢行	Turn Ahead//Slow Down

（二）以读者为本，灵活表述

　　城市交通公示语受空间和时间限制，驾驶人员或行人需要在较短时间内获取信息，因此一味地直译或按照通用表述反而使译文佶屈聱牙，不能让读者迅速了解信

---

① 中华人民共和国国家质量监督检验检疫总局，中国国家标准化管理委员会：《公共服务领域英文译写规范（第2部分：交通）》，中国标准出版社2017年版，第5-24页。

② 教育部语言文字信息管理司组编：《公共服务领域英文译写指南》，外语教学与研究出版社2016年版，第10-13页。

息。这就要求我们在译写过程中，需在明确原文语用意义或功能的前提下，灵活表述，以更加有效地实现译文的功能。

试比较下列译文[①]：

原文	译文一	译文二
注意保持车距	Watch for Distance	Keep Distance
注意合流	Watch for Merged Roads	Roads Merge/Lanes Merge
注意雾天	Beware of Foggy Weather	Drive Carefully in Foggy Weather
注意前方人行横道	Beware of Pedestrian Crossing	Pedestrian Crossing Ahead
请勿阻止车门关闭	Please Do Not Stop Doors from Closing	Keep Clear of Closing Doors
勿放潮湿处	Do Not Store in Wet Place	Store in Dry Place
切勿倒置	Do Not Reverse the Goods	This Side Up

公共场所内的公示语更多地起"提供信息"的作用，因此能否直截了当地帮助受众迅速获取信息尤为关键。上文"译文一"列表中表述多依赖于原文字面意思，即以直译为主，原文信息的表述虽然完整，但受众信息的获取不够直接。相对而言，译文二如"注意合流"译为 Roads Merge/Lanes Merge，表述更为直截了当。限制性信息"请勿阻止车门关闭（Keep Clear of Closing Doors）""勿放潮湿处（Store in Dry Place）"中，译文一的 Please Do Not Stop Doors from Closing、Do Not Store in Wet Place 虽然意义正确，但信息的传达略显曲折，不够直接，译文二将反面说法正面表述，反而使译文更加简洁了当、言简意赅。因此，我们在对公示语的译写中，不应过分受到原文字面表达的限制，应在准确传达原文含义的基础上，打破原有的语言形式，灵活表达，做出合适的翻译调整。

五、案例练习

列表翻译：

（1）连续弯路	（6）人行地下通道
（2）车辆上下客区	（7）保持车距
（3）收费停车场	（8）右侧变窄
（4）停车港湾	（9）注意前方人行横道
（5）收费站	（10）禁止酒后开车

---

① 教育部语言文字信息管理司组编：《公共服务领域英文译写指南》，外语教学与研究出版社 2016 年版，第 10－13 页。

续上表

（11）禁止掉头	（16）第2航站楼
（12）禁止直行和向右转弯	（17）切勿倾倒
（13）单行道	（18）换乘4号线
（14）非机动车车道	（19）请您由此进入依次候检
（15）紧急停车带	（20）禁止携带托运易燃及易爆物品

第三节 景点名胜公示语

一、教学目标

培养能按照地方及国家制定的公共领域英文译写规范对旅游景观名称及景观内旅游服务信息进行合理翻译的人才，要求学生积累旅游景区景点名称、旅游服务信息译写的基本规则，完成规范化的景点名胜公示语译写。

二、景点名胜公示语翻译宏观视角

（一）谁在对谁说话？

景点名胜公示语是由旅游服务管理部门、旅游景点经营者发起的，面向游客，在旅游景点各类场所内设置的文字语言和图表信息，包括景点名称、旅游资源、旅游类设施功能信息、警示警告信息、限制禁止信息、指示指令信息、说明提示信息等。

景点名胜公示语的译写，也同样是由旅游服务管理部门或旅游景点管理者发起，面向以英语作为母语或第二语言的游客，起说明、指示、警告、限制等作用，帮助他们在景点名胜各类场所获取正确的指引。这一译写过程中，译者应综合考量景点经营者的意图，将源语言的语言文化特征与目的语游客的语言文化背景、认知水平及游览期待相结合，准确有效地传达游览信息。

（二）说什么？

景点名胜公示语的译写内容包括旅游景观名称及旅游景观内的各类型信息。景点名称是一个景点的称谓和标志，所指景观可分为自然景观、风景园林、寺庙观堂、文化景观等类别[①]。景观内的公示语根据信息功能的不同，则又可分为以下

[①] 教育部语言文字信息管理司组编：《公共服务领域英文译写指南》，外语教学与研究出版社2016年版，第29-32页。

几类①：

（1）功能设施信息：指示景观内设施、功能性区域的位置，具体功能设施包括但不限于：出入口、游步道、售检票服务、标志指引、游客中心、医疗点、购物中心、厕所、游览车上下站等。

（2）警示警告信息：提示游客注意安全、保护环境等警戒、警示信息。如：当心绊倒（Mind Your Step）、当心电缆（CAUTION//Cable Here）等。

（3）限令禁止信息：对游客提出限制约束要求，以维护景区安全卫生，不妨碍其他游客的游览，如"禁止攀爬（No Climbing）""请勿戏水（No Wading）""请勿嬉戏打闹（Do Not Disturb Other Visitors）"等。

（4）指示指令信息：如"请爱护古树（Please Show Respect for the Heritage Trees）""儿童必须由成人陪同（Children Must Be Accompanied by an Adult）""沿此路返回（This Way Back）"。

（5）说明提示信息：景区文字介绍、游客须知、景点相关信息、全景导游图等，说明旅游活动项目、旅游商品等。

（三）何时？何地？

国家标准委、教育部、国家语委在北京发布了《公共服务领域英文译写规范第 3 部分：旅游》（以下简称《旅游》），于 2017 年 12 月 1 日实施。

景点名胜公示语设置在旅游景区景点内。《旅游》中对旅游景区景点定义为：具有参观游览、休闲度假、康乐健身等功能，具备相应旅游服务设施并提供相应旅游服务，有统一的经营管理机构和明确的地域范围的独立管理区②。旅游景区景点包括风景区、旅游度假区、自然保护区、寺庙观堂、主题公园、森林公园、地质公园、游乐园、动物园、植物园、以及工业、农业、经贸、科教、军事、体育、文化艺术等各类旅游景区景点，但不包括文博物馆（院）、展览馆③。

（四）为什么？

旅游景点及其相关信息的翻译是为以英文为母语或交际语言的国际游客服务的，而不是为掌握英文的中国人进行参考的。对于这些游客而言，在未亲身体验到访旅游景点前，了解景点的内涵或信息只有通过景点名称及其介绍，因此旅游公示语的翻译还具有宣传性，吸引潜在的旅游者，推广中国特色文化，传播有效信息。这一特殊性要求译者应充分考虑目的语读者，即以英文为交际语言的游客的认知水平及游览期待，尽量选择游客容易理解的语言表现形式，必要时可相应地删减或补

---

① 中华人民共和国国家质量监督检验检疫总局，中国国家标准化管理委员会：《公共服务领域英文译写规范（第 3 部分：旅游）》，中国标准出版社 2017 年版。

② 中华人民共和国国家质量监督检验检疫总局，中国国家标准化管理委员会：《公共服务领域英文译写规范（第 3 部分：旅游）》，中国标准出版社 2017 年版，第 1 页。

③ 中华人民共和国国家质量监督检验检疫总局，中国国家标准化管理委员会：《公共服务领域英文译写规范（第 3 部分：旅游）》，中国标准出版社 2017 年版，第 1 页。

充信息，使译文契合游客的阅读水平和游览期待。

三、景点名胜公示语翻译原则

（一）合法性

旅游景点的合法性在译写旅游景点名称时体现尤为明显。《旅游》中规定①：

（1）山、河、湖等地名应当使用汉语拼音拼写。对外服务中需要用英文予以解释的，"山"一般用 Mountain 或 Hill 解释；已经习惯使用 Mount 的可沿用。

（2）寺、庙应区分不同的情况，采用不同的译法：佛教的寺，以及城隍庙、太庙等译作 Temple；清真寺译作 Mosque。

（3）道教的宫、观译作 Daoist Temple。在特指某一宫、观时，Daoist 也可以省略，如：永乐宫 Yongle Temple，玄妙观 Xuanmiao Temple。

（4）塔应区分不同的情况，采用不同的译法：佛塔译作 Pagoda；舍利塔译作 Stupa 或 Dagoba；其他的塔译作 Tower，如广播电视塔译作 Radio and TV Tower。

（5）亭、台、楼、阁、榭、阙等与专名一起使用汉语拼音拼写。根据对外服务的需要，可以后加英文予以解释。

按上文规定，可译出：小雁塔（Xiaoyan Pagoda）、周公庙（Zhougong Temple）、杜公祠（Dugong Memorial Temple）、乾陵（Qianling Mausoleum）等。这似乎暗示旅游景点名称中的专名使用汉语拼音，但旅游景点和常见的场所机构名称不同。旅游景点名称专名常有实际含义，需要向服务对象说明英文意思，才能起到正确到位的宣传作用。比如说"玉佛寺"若译为"Yufo Temple"，游客在不了解中文的前提下是无法获取正确的景点意义的，应译为"Jade Buddha Temple"，言简意赅，读者一目了然。

因此，旅游景区（点）的英文译写在尊重目的地文化内涵的情况下宜采用意译法或音译+意译法。

（二）规范性

规范性要求的公示语译写应当既符合英文使用规范和英文公示语文体要求，并且准确表达我国语言文字原文的含义②。

公示语作为一种特殊的展示性文字，由于公共场所的表达空间有限，要求文字简洁直接。但中文公示语有时偏重使用生动、具体形象的表达，而英文公示语措辞更加直截了当，如"Full（车位已满）"。又比如地铁上常见的"Mind the Gap"，意为"请当心脚下"，或者"请小心列车与站台之间的空隙。"因此，就要求公示语

---

① 中华人民共和国国家质量监督检验检疫总局，中国国家标准化管理委员会：《公共服务领域英文译写规范（第3部分：旅游）》，中国标准出版社2017年版，第1-2页。

② 中华人民共和国国家质量监督检验检疫总局，中国国家标准化管理委员会：《公共服务领域英文译写规范（第1部分：通则）》，中国标准出版社2014年版，第2页。

英文译写应当表达直白、措辞精确、注重语气、礼貌得体。试举例:

【例1】原文:古树好客,当心碰头。

原译:Ancient trees are hospital, watch your head. (图6-16)

试译:Mind Your Head

分析:中文公示语常运用拟人、比喻等修辞手法,弱化公示语语气,同时达到限制或警示的效果,比如"娇娇小草,请足下留情"。要正确翻译这一类公示语是一大难题,常常造成意义上的偏差。对这一类公示语的翻译,我们应当遵循英文公示语的表达习惯,应根据信息的内容和意图等意译,尽量使用英语国家同类信息的习惯用语,不应过于依赖原文的字面意思直译。故而"娇娇小草,请足下留情"可意译为"Please Do Not Step on the Grass"或更直接些的"Please Keep off the Grass"。此处原文公示语的主要功能是为了提醒游客头上的古树树枝较低,可能碰到头,因此译为"Mind Your Head"即可。

图6-16 古树好客,当心碰头

(三)服务性

服务性要求公共服务领域英文译写应根据对外服务的实际需要进行,并且用语应通俗易懂,便于理解,避免使用生僻的词语和表达[①]。这一方面意味着译者需要衡量原文意图,另一方面也需要译者站在目的语读者角度,尽量直截了当、通俗地表述出公示语原文的需要。试举例:

【例2】原文:向前一小步,文明一大步(图6-17)

原译:a small step forward//a step of civilization

---

① 中华人民共和国国家质量监督检验检疫总局、中国国家标准化管理委员会:《公共服务领域英文译写规范(第1部分:通则)》,中国标准出版社2014年版,第2页。

试译：We aim to please. //You aim too, please.

分析：这一标语设置在男厕小便池上，使用修辞手法隐晦地表达出文明如厕的提示需要。由于中英文语言习惯的差异，我们可以看到原译逐字逐句的翻译虽然表达了部分中文意图，但并不符合英文受众的语言习惯，且修辞手法的隐喻作用也因此缺失，在规范性原则中，我们了解到公示语译写应当尽量使用英语国家同类信息的习惯用语，但省略原文修辞手法的前提，是英文表达中无法找到对应且含有修辞手法的表述。这一表达则与上文例子不同，英文国家中存在"We aim to please. //You aim too, please."（图6-17①）这一表述用韵律的相似达到双关的效果，同样也使用修辞手法隐晦地表达出文明如厕的提示。因此，我们可以考虑使用这一公示语翻译原文。

图6-17

（四）文明性

公共服务领域英文译写应用语文明，这不仅意味着译写中不使用带有歧视色彩或损害社会公共利益的译法，在旅游服务领域，译者还应充分考虑到游客，对一些伤害游客感情的表述应当尽量避免。试举例：

【例3】**原文**：游人止步

原译：TOURIST STOPS（图6-18）②

试译：Staff Only

分析：文明性原则指导下的公示语翻译，不仅仅要求我们从宏观上不使用损害国家利益或民族情感的用语，不使用歧视性表述，同时，在不同的公示语领域，还应考虑到不同受众群体的特殊性。无论是"宾客止步""贵宾止步"还是"游客止步""游人止步"，受众群体是游客，而该公示语的主要目的是限制游客活动区域，一味地以强制性表述反而可能招致游客的反感，因此我们可以使用反译，将这一用语表述为Staff Only，可以委婉地达到标识的限制性目的，同时也避免伤害游客的感情。

---

① 谢侃：《首都国际机构某男厕所里的标语什么鬼？》，受思英语，http://www.24en.com/p/186067.html。

② 《如何发现日常生活中触手可及的英语》，百度经验，https://jingyan.baidu.com/article/647f0115a814f07f2048a87f.html。

图 6-18 游客止步

四、平行文本

关于景点名胜公示语的译写,原则上以国家标准为先,即发布的《公共服务领域英文译写规范 第 3 部分:旅游》,此外,翻译中可参考其他地方政府出版的公示语译写标准,如陕西省地方标准《公共场所公示语英文译写规范:旅游》《江苏省旅游景点景区名称英文译写规范》《广东省公共标志英文译法规范》等,两相结合,按照国家规范性要求进行地名、人名的拼写。

(一)明确专用术语,规范译写

从前文所述可看出,景点景区名称译写中,如山、河、湖、亭、台、楼、阁、榭、阙、道观、庙等有明确术语要求。《旅游》[①] 及《指南》[②] 中关于各类景观译法示例节选如下:

1.《旅游》中关于自然景观列举的相关译法

中文	英文
景观	Landscape/Scenery
溪	Creek/Stream
潭、池	Pond
湖	Lake
瀑布	Falls/Waterfall
冰川	Glacier
沼泽	Marsh/Moor
峡谷	Gorge/Canyon
山谷	Valley

---

① 中华人民共和国国家质量监督检验检疫总局,中国国家标准化管理委员会:《公共服务领域英文译写规范(第 3 部分:旅游)》,中国标准出版社 2017 年版,第 3-16 页。

② 教育部语言文字信息管理司组编:《公共服务领域英文译写指南》,外语教学与研究出版社 2016 年版,第 29-32 页。

续上表

中文	英文
山洞、(溶洞)	Cave/ (Karst Cave/Limestone Cave)
山	Mountain/Hill
峰	Peak/Mountain Peak
山脉	Mountains/Mountain Range

需要注意的是,若已有约定俗成的译法,且沿用多年,则不必按照上文译写,如峨眉山等已习惯使用 Mount 的可沿用;日月潭、天池等已习惯使用 Lake 也可沿用。

2. 风景园林列举的相关译法①

中文	英文
风景名胜、风景名胜区;旅游景区	Tourist Attraction
景区、景点	Scenic Area/Scenic Spot
自然保护区	Natural Reserve/Nature Reserve
水利风景区	Water Conservancy Scenic Area
国家级景区	National Tourist Attraction
国家森林公园	National Forest Park
园、圃、苑	Garden
公园、综合公园	Park
城市公园	City Park/Urban Park
民俗园	Folklore Park
民族风情园	Ethnic Culture Park
地质公园	Geopark
湿地公园	Wetland Park
雕塑公园	Sculpture Park
主题公园	Theme Park
森林公园	Forest Park
生态公园	Ecopark
植物园	Botanical Garden

---

① 教育部语言文字信息管理司组编:《公共服务领域英文译写指南》,外语教学与研究出版社 2016 年版,第 29-32 页。

其中，旅游景区特指时为单数，泛指多处景点时应用复数，译作 Tourist Attractions。

3. 寺庙观堂列举的相关译法①

中文	英文
宫（皇宫）、行宫	Palace
殿、堂	Hall
教堂	Church/Cathedral
廊（长廊）	Corridor
陵、墓	Tomb/Mausoleum
陵园、墓园	Cemetery
庙、寺（佛教）	Temple
宫、观（道教）	Daoist Temple
清真寺	Mosque
庵	Nunnery
祠（纪念性）	Memorial Temple
宗祠	Ancestral Temple/Clan Temple
牌坊、牌楼	Memorial Gate/Memorial Archway
楼、塔楼、阁	Tower
塔	Pagoda（佛塔）、Stupa/Dagoba（舍利塔）

4. 文化景观列举的相关译法②

中文	英文
世界文化遗产	World Cultural Heritage（泛指），World Cultural Heritage Site（特指）
中国优秀旅游城市	Top Tourist City of China
爱国主义教育基地	Patriotism Education Base
名胜古迹	Scenic Spots and Historical Sites（泛指多处景点）
国家级文物保护单位	National Cultural Heritage Site

---

① 中华人民共和国国家质量监督检验检疫总局，中国国家标准化管理委员会：《公共服务领域英文译写规范（第 3 部分：旅游）》，中国标准出版社 2017 年版，第 3-16 页。

② 中华人民共和国国家质量监督检验检疫总局，中国国家标准化管理委员会：《公共服务领域英文译写规范（第 3 部分：旅游）》，中国标准出版社 2017 年版，第 3-16 页。

续上表

中文	英文
省级文物保护单位	Provincial Cultural Heritage Site
市级文物保护单位	Municipal Cultural Heritage Site
区级文物保护单位	District Cultural Heritage Site
古建筑	Ancient Building/Heritage Building
院、大院	Courtyard/Compound
古城	Ancient City/Heritage City
古镇	Ancient Town/Old Town/Heritage Town
旧址	Site
会址	Site of __ Conference（"__"中填入具体会议名称）
故里	Hometown
故居	Former Residence
古桥	Ancient Bridge
古塔	Ancient Pagoda
古迹	Historical Site
遗址	Ruins
古墓	Ancient Tomb
石窟	Grottoes
石刻	Stone Inscription（文字）；Stone Carving（非文字）
碑记	Tablet Inscription
历史名园	Historical Garden

其中，古建筑、古城、古镇的对应译法 Heritage Building/Heritage City/Heritage Town 适用于该景点已列入保护项目的情况，而各级别"文物保护单位"的语义中包含该景点单位列入保护项目计划之意，因此直接使用×××Cultural Heritage Site 为对应译文。

（二）以读者为本，灵活表述

景点名胜公示语的译写内容除旅游景观名称外，还包括旅游景观内的各类型信息。对于旅游景观名称的译写，要特别关注规范术语，并考虑约定俗成的名词译写惯例，而对旅游景观内各类信息的译写同样也应规范、合理，此外，还需要考虑到读者的阅读习惯。因此，我们在译写过程中还需要以读者为本，灵活表达。《旅游》中，公示语功能设施信息、警示警告信息、限令禁止信息、指示指令信息等译法示例节选如下：

1. 公示语功能设施信息英文译法[①]

中文	英文
(停车场)	
旅游大巴停车场	Tour Bus Parking（Parking 可省略）
游客停车场	Visitor Parking（Parking 可省略）
(出入口)	
主入口	Main Entrance
团体入口	Group Entrance（Entrance 可省略）
临时出口	Temporary Exit
参观通道；游客通道	Visitors Passage（Passage 可省略）
贵宾通道	VIP Passage（Passage 可省略）
(游步道)	
无障碍坡道	Wheelchair Accessible Ramp（Ramp 可省略）
无障碍通道	Wheelchair Accessible Passage（Passage 可省略）
紧急呼叫点	Emergency Call
登山避险处	Mountain Refuge
观光廊	Sightseeing Corridor
观光线路	Sightseeing Route
观景台	Observation Deck/Observation Platform
(售检票)	
售票处；票务处	Ticket Office /Tickets（Office 可省略）
团体售票口	Group Tickets Office /Groups（Office 可省略）
无障碍售票口	Wheelchair Ticketing /Wheelchair Accessible
票务服务	Ticket Service
票价	Ticket Rates（Ticket 可省略）/Fares
优惠票	Concession Ticket
成人票	Adult Ticket（Ticket 可省略）

[①] 中华人民共和国国家质量监督检验检疫总局，中国国家标准化管理委员会：《公共服务领域英文译写规范（第 3 部分：旅游）》，中国标准出版社 2017 年版，第 3－16 页。

续上表

中文	英文
学生票	Student Ticket（Ticket 可省略）
老人票	Senior Ticket（Ticket 可省略）
儿童票	Child Ticket（Ticket 可省略）
团体票	Group Tickets（Tickets 可省略）
半票；半价	Half Rate Ticket（Ticket 可省略）
月票	Monthly Pass
年票	Annual Pass
赠票	Complimentary Ticket（Ticket 可省略）
套票；联票	Ticket Package
免票	Free Admission
旅游投诉	Complaints
收费项目	Pay Items（价格牌标题，后列多个收费项目及其价格）；Non-Complimentary（指本项目收费）
免费项目	Free Items（用于公示牌标题，后列免费项目）；Complimentary（指本项目免费）
凭票入场	Admission by Ticket/Ticket Holders Only
电子检票口	e-Ticket Check-in /e-Ticket Entrance
检票口	Check-in /Entrance
团体检票口	Group Check-in /Group Entrance
团体接待	Group Reception
票已售出，概不退换	No Refunds or Exchanges
当日使用，逾期作废	Valid on Day of Issue Only（购票当日有效）；Valid for the Date Displayed on the Ticket（票面印刷日期当日有效）
副券自行撕下作废	Invalid Without Stub
凭有效证件	Valid ID Required
残疾人证	Disability Certificate
全日制学生证	Fulltime Student ID
老年证	Senior Citizen ID
票已售完	Sold Out
(标志指引)	

续上表

中文	英文
游客服务中心；游客中心	Visitor Center/Tourist Center
咨询服务中心	Information Center（Center 可省略）
游客报警电话：__	Police：__（"__"填入电话号码）
游客投诉电话：__	Complaints：__（"__"填入电话号码）
游客须知	Rules and Regulations（适用于各类"须知"）
货币兑换	Currency Exchange
服装出租	Costumes Rental
景点管理处	Administration Office
广播室；广播站	Broadcasting Room（大）/Broadcast Room（小）
广播寻人寻物	Paging Service
轮椅租借	Wheelchair Rental
手杖租借	Walking Stick Rental
婴儿车租用	Stroller Rental
照相服务	Photo Service
免费饮水	Free Drinking Water
救生圈	Life Buoy/Life Ring
导游讲解；导游服务	Tour Guide Service
游览指南	Tour Information
游览图	Tourist Map
您所在的位置	You Are Here
导览册	Guides
导览机	Audio Guide
旅游行程表	Itinerary
景区简介；解说牌	Introduction
布告栏；公告栏	Bulletin Board/Notice Board
留言板	Message Board
（交通通信）	
旅游观光车车站	Sightseeing Bus Stop（沿途小站）；Sightseeing Bus Station（大站，起点或终点站）
旅游观光车发车时间	Departure Time for Sightseeing Buses

续上表

中文	英文
缆车；索道缆车；空中缆车	Cable Car /Telpher
缆车（滑考场专用）	Ski Lift
乘缆车人口	Cable Car Entrance
观光索道	Sightseeing Cableway
观光小火车	Sightseeing Train
过山车	Roller Coaster
卡丁车	Go-Kart /Go-Karting
游船	Rowboat（划奖）/Rowing Boat（划奖）；Pedal Boat（脚踏）；Electric Boat（电动）
游船码头	Pier
摩托艇	Motorboat
观光船	Sightseeing Boat /Sightseeing Ship
租船处	Boat Rental
退押金处	Deposit Refunding
（活动区指示）	
水果采摘区	Fruit-Picking Area
抚摸区（可抚摸动物）	Petting Area
触摸区（可触摸体验）	Hands-on Area
垂钓区	Angling Area
观赏区	Viewing Area
休闲区	Leisure Area
狩猎区	Hunting Area

可见公示语实际译写中，译者需要根据使用需求及读者习惯省略用语。如：参观通道或游客通道（Visitors Passage）以及贵宾通道（VIP Passage）中，Passage可根据实际场合省略；无障碍坡道（Wheelchair Accessible Ramp），Ramp也可根据情况省略。

此外，使用哪一个对应英文译法也要根据语境斟酌，如"游船"一词，分为：Rowboat（划桨）/Rowing Boat（划桨）、Pedal Boat（脚踏）、Electric Boat（电动）等不同情况。

2. 公示语警示警告信息中英文译法[1]

中文	英文
当心动物伤人	CAUTION//Animals May Attack
当心划船区域	CAUTION//Boating Area
当心落水	DANGER//Deep Water
当心火车	Beware of Trains

对于警示警告信息，公示语译写规范《通则》中，则按照警示信息程度进行区分：①一般性警示事项；②可能导致重大人身伤害、需要突出警示的警告事项；③直接关系生命财产安全、需要引起高度注意的警告事项。具体可见本章第一节相关说明。但译写过程中同样需要考虑到读者的阅读习惯，如"当心落水"便未直译为Beware of falling into water，而是根据文本目的，重点强调此处水深，译为"DANGER//Deep Water"，强调警示信息的重要性。

3. 公示语第三类限令禁止信息英文译法

中文	英文
请勿触摸	Do Not Touch/No Touching
请勿随意移动隔离墩	Do Not Move Any Barrier
请勿将头手伸出窗外	Keep Head and Hands Inside
请勿惊吓、戏弄动物	Do Not Disturb Animals
请勿留弃食品或食品包装	Do Not Leave Behind Food or Food Wrappings
请勿拍打玻璃	Do Not Tap on Glass
请勿使用扩音器	No Loudspeakers
请勿喂食；请勿投食	Do Not Feed Animals/No Feeding
请勿戏水	No Wading
请勿携带宠物	No Pets Allowed
请勿摇晃船只	Do Not Rock Boat
请勿乱扔垃圾	Do Not Litter/No Littering
禁止采摘	Do Not Pick Flowers or Fruits
禁止摆卖	No Vending Allowed

---

[1] 中华人民共和国国家质量监督检验检疫总局，中国国家标准化管理委员会：《公共服务领域英文译写规范（第3部分：旅游）》，中国标准出版社2017年版，第3－16页。

续上表

中文	英文
禁止垂钓	No Angling
禁止放风筝	Do Not Fly Kites
禁止机动车通行	No Motor Vehicles
禁止跨越护栏	Do Not Climb Over Fence/No Climbing Over Fence
禁止进入	No Admittance
禁坐栏杆	Do Not Sit on Handrail/No Sitting on Handrail (/Railing)
禁止滑冰	No Skating
禁止倚靠	No Leaning
禁止带火种；禁止放置易燃物	No Flammable Objects
禁止燃放烟花爆竹	No Fireworks/Fireworks Prohibited
禁止饮用	Not for Drinking
禁止开窗	Keep Windows Closed

一般情况下，限制性信息多使用"Do not do sth./No doing sth."的句型，但有时考虑到限制信息的文本目的和读者阅读习惯，也有使用反译法进行译写的情况，如：请勿将头手伸出窗外（Keep Head and Hands Inside）、禁止开窗（Keep Windows Closed）。

4. 公示语指示指令信息英文译法[①]

中文	英文
必须穿救生衣	Life Vest Required
儿童须由成人陪同	Children Must Be Accompanied by an Adult
步行游客请在此下车	Hikers Disembark Here
贵重物品请自行妥善保管	Keep Your Valuables with You
原路返回	Return by the Way You Came
沿此路返回	This Way Back
返回验印	Visitors Re-Entry Sticker Check
打开安全杆	Lift Safety Bar
宠物便后请打扫干净	Please Clean Up After Your Pet

---

① 中华人民共和国国家质量监督检验检疫总局，中国国家标准化管理委员会：《公共服务领域英文译写规范（第3部分：旅游）》，中国标准出版社2017年版，第3-16页。

续上表

中文	英文
防洪通道，请勿占用	Flood Control Channel//Keep Clear
请尊重少数民族习惯	Please Respect Ethnic Customs
有佛事活动，请绕行	Service in Progress//Please Take Another Route
别让您的烟头留下火患	Dispose of Cigarette Butts Properly

上表中例文同样体现了以读者文本的译写原则。如"必须穿救生衣"中，虽然"必须"一词体现了景点管理规范的强制性，但同样需表达出关切的提示形目的，因此译为"Life Vest Required"，而没有使用"Must"一词。

此外，"有佛事活动，请绕行"中涉及不同宗教信仰，译为"Service in Progress//Please Take Another Route"，即是充分考虑到西方读者的理解习惯。

5. 公示语说明提示信息英文译法

中文	英文
（旅游活动项目）	
滑道戏水	Water Sliding
野营；露营	Camping
民族歌舞	Folk Dancing
温泉浴	Hot Spring Bathing
滑冰	Skating
滑雪	Skiing
垂钓	Angling
登山	Mountain Climbing
攀岩	Rock Climbing
徒步旅行	Hiking
郊游野游；远足	Outing/Excursion
森林浴	Forest Bathing
帆板冲浪	Windsurfing
滑草	Grass Skiing
冲浪	Surfing
滑水	Water Skiing/Water Ski
划船	Rowing/Boating
探险	Expedition

续上表

中文	英文
泥沙浴	Mud and Sand Bathing
碰碰车	Bumper Car
骑马	Horseback Riding/Horse Riding
潜水	Scuba Diving
浮潜	Snorkeling
漂流	Drifting
水上运动	Aquatic Sports/Water Sports
射击	Shooting
日光浴	Sunbathing
滑雪区；滑雪场	Ski Resort
滑雪坡道	Ski Slope
（旅游商品）	
免税商店	Duty-Free Store
礼品店	Gift Store
纪念品店	Souvenir Store
字画店	Calligraphy and Paintings Store
棉麻制品	Cotton and Linen
青铜器	Bronze Ware
手工艺品	Handicrafts
陶器	Pottery
油画	Oil Paintings
泥塑	Clay Figurines
瓷器	Porcelain
剪纸	Paper Cuttings
景泰蓝	Cloisonné
皮影	Shadow Puppets
漆器	Lacquerware
丝毯	Silk Carpet
拓片	Rubbings
唐三彩	Tang Tri-Color Glazed Ceramics
玉器	Jade Ware
古旧图书	Antique Books

续上表

中文	英文
金属制品	Metalware
旅游纪念品	Souvenirs
手稿	Manuscripts
书画	Calligraphy and Paintings
艺术品	Artwork
丝织品	Silk Fabrics/Silks
中国画	Chinese Paintings
复制品；仿制品	Duplicate/Replica
模型	Models（商品类名时使用复数）
（其他）	
开放时间	Opening Hours
营业时间	Business Hours/Opening Hours
闭馆时间；闭园时间	Closing Time
表演时间	Show Time
淡季	Low Season/Slack Season
旺季	High Season/Peak Season
内部施工，暂停开放	Under Construction//Temporarily Closed
此处施工带来不便请谅解	Under Construction//Sorry for the Inconvenience

五、案例练习

请翻译下列公示语：

（1）洞庭湖	（11）当心高空坠物
（2）太湖	（12）请勿拍打玻璃
（3）邢台大峡谷	（13）禁止旅游车辆入内
（4）遵义会议会址	（14）风力较大，勿燃香，请敬香
（5）农家乐	（15）请爱护文物
（6）游客通道	（16）请扶稳坐好
（7）无障碍坡道	（17）请沿此路上山
（8）观光廊	（18）免税商店
（9）售票处	（19）淡季
（10）免票	（20）旺季

165

第七章　社交文书翻译

第一节　社交信函

一、教学目标

了解社交信函的种类、内容、语言风格、格式，了解中英文社交信函的差别，掌握社交信函汉译英的方法和技巧。

二、社交信函翻译宏观视角

社交信函，亦称礼节性书信，是指为了明确的社会交往目的而传递信息的一种书面语言形式。它是国家、单位、集体或个人在迎来送往、节日庆典、婚丧寿贺、致谢慰问等各种社交场合用来表示礼节、抒发感情、具有较规范固定格式的一种应用文。社交信函用书面的形式表达恭敬、礼貌等情意，能够密切人际关系、营造友好气氛、增进人与人之间的了解、理解、信任，加深感情、增进友谊，也有利于建立良好的工作关系。社交信函涉及范围较广，根据其内容和功能可分为邀请信、感谢信、祝贺信、慰问信、介绍信、道歉信、吊唁信、求助信等。

三、社交信函翻译原则

（一）措词讲究

社交信函是一种礼仪性的文书，在长期的社会交往和文化沉淀中，英汉语社交信函中都形成了一些常见的表示尊敬、礼貌等情意的正式措词。在社交信函汉译英时，要熟悉此类信函常见的英文措辞。比如，英文吊唁信中围绕"哀悼"这一主题，常用的词有 grief, anguish, sorrow, miss, loss, regret 等；祝贺信中围绕"祝贺/赞赏"这一主题，常有的词有 brilliant, excellent, talent, gift, success, achievement, win, reward, deserve, congratulations 等；道歉信中围绕"歉意"这一主题常用的词有 sorry, regret, apology, fault, offend, forgive, remedy, inconvenience 等。试举几例，请注意以下例子里的措辞及翻译。

【例1】原文：惊悉古巴革命领导人菲德尔·卡斯特罗同志不幸逝世，我谨代表中国共产党、政府、人民，并以我个人的名义，向你并通过你向古巴共产党、政府、人民，对菲德尔·卡斯特罗同志的逝世表示最沉痛的哀悼，向其家属致以最诚挚的慰问。

原译：Distressed to learn of the passing away of Cuban revolutionary leader Fidel Castro, I, in the name of the CPC, the Chinese government and people and in my own name, express my deepest condolences to you and through you to the Communist Party of Cuba, the Cuban government and people, and my sincerest sympathy to Fidel Castro's family.

【例2】**原文**：我们谨向您作为教育俱乐部的一名会员所做的杰出贡献表示感谢！

原译：We would like to express our appreciation for your remarkable service as a member of the Education Club.

（二）化曲折含蓄为简洁直接

汉语文化讲究说话委婉含蓄，经常"拐弯抹角"，比如在谈论令人不愉快的事件时，在直陈目的之前，有时会先提起一些让人愉快的事件或话题，形成缓冲，让人更容易接受。有时在切入正题前，会先发表一些个人感慨。这些看似与主题无关的话语，在汉语文化中通常能更好地达到交际效果。而英语文化则看重简洁直接、开门见山，尤其是在社交信函这种实用文体中。英文社交信函一般直奔主题，且始终围绕主题展开，很少有"拐弯抹角"的现象。社交信函注重交际效果，译文也应尊重信函接收者的文化心理，对于文化差异造成的文体差异，进行适当的简译和改译。请看以下例子：

【例3】**原文**：在这红梅绽放、雪花飘舞的时节，新的一年正欣然向我们走来，为感谢您在过去一年里对我们的支持与关怀，现诚邀您出席我们的新年晚会！

原译：It's our great honor to invite you to attend our New Year Party as we have always appreciated your great care and support.

分析：原文中的"在这红梅绽放、雪花飘舞的时节，新的一年正欣然向我们走来"，正体现了汉语讲究委婉曲折的说话艺术，它与"邀请"这一主题其实并不相关。译文直接删掉了这句话，同时，将体现"邀请"目的的 It's our great honor to invite you 调整到了最前面，正符合英语直奔主题的习惯。

【例4】**原文**：岁月长河奔流不息，无私大爱，铭记我心，三十几年来令堂对吾一家老小的关照从未间断。

试译：For over thirty years, your mother has shown her continuous concern to my family. I will never forget her selfless care for us.

分析：原文的"岁月长河奔流不息"也是与"哀悼"主题无关的感慨，译文删掉了这句话。"令堂"为汉语敬辞，译为"your mother"即可。

（三）语气恰当

由于英汉语交际文化的不同，英汉语社交信函的语气、词汇、句式都有明显的差异。比如,"受汉语'贬己尊人'以及'上下、贵贱、长幼'有别的礼貌规则的影响,汉语常使用'贵''尊''高'等词称呼对方公司,'敝''贱''鄙'等称呼自己公司,以表明语气的谦恭和用词的正式。而英语语言受传统的'平等'思想影响,常用坦率、直接的表达方式,称呼中不含有'谦恭'的语气和语调"(李文革,2013)。在汉译英时也要注意处理这种语气上的差别,对于汉语中"贬己尊人"的词语,一般可以删掉不译或改成英语中在类似情景中常用的词语。如:

【例5】原文:尊敬的宾客们,你们好!

原译:Dear guests, welcome!

【例6】原文:衷心感谢贵方专家对我们提供的支持和帮助!

原译:Thank you for the support and help of your experts!

(四)社交套语的"语用等值"原则

社交套语是在社交中遵循礼貌和文雅原则,经常使用的一些现成的、专为表达社交礼节用的公式化套式。社交套语的概念意义一般已经淡化,但是可以传递交际意义。英汉语社交信函里都存在一些社交套语,但形式上却不尽相同。汉语的社交套语主要通过词汇形式来表示礼貌,常用的如"此致敬礼""送呈……台启""承蒙""兹""恭""谨"等。而英语表达礼貌主要是借助语气系统和情态系统来实现,即使用疑问句、祈使句、虚拟语气和情态动词等。如用 I was wondering if you could…来表示礼貌地请求,用 I'm sorry to tell…委婉地表示遗憾,等等。为了实现社交信函的交际功能,在汉译英时,就应遵循"语用等值"的原则,从礼貌、语气、语体等方面,尽可能寻求人际意义的对等,而不是仅仅是词汇的概念意义对等(参见李文革,2013)。请看下例:

【例7】原文:附上薄礼一份,略表心意,敬请笑纳。

原译:Please accept the enclosed gift as a token of our best wishes.

请注意以下汉英介绍信里的套语:

介绍信(存根)

×××单位:

兹介绍我公司××同志(系我公司),前往贵处联系,请接洽。

  此致

   敬礼

××××公司(盖章)

×年 ×月 ×日

Dear Mr/Ms,

  This is to introduce ××, who will be in ×× from ×× (time) to ×× (time) on business. We shall appreciate any help you can give to ×× and will always be happy to reciprocate.

Yours faithfully,
signature

四、平行文本

（一）腾讯 CEO 马化腾致苹果公司唁电中英对照

致苹果首席执行官蒂姆·库克和在苹果的朋友们：

今天的新闻让我们陷入了悲痛之中。

史蒂夫是一位标志性的发明家和梦想家。他把"艺术和技术结合在一起"的产品制造理念，创造出了苹果的企业文化，获得全球千千万万人们的青睐。

史蒂夫同时也是一位具有超凡魅力的企业家。他不屈的战斗精神，使他能够不断地重新定义和改变游戏规则，从而保持领先，而他对完美和用户满意度孜孜不倦的追求，使苹果的产品广为流行，并革新了 PC、唱片音乐、动画电影和移动设备市场。

我们将缅怀史蒂夫，因为他是技术革新史上的杰出先驱。他的创新精神和激情，他致力于提高用户体验的精神，将促使未来更好的产品出现。

失去一位科技世界的传奇，我们与你们一样感到悲痛。在此，我谨对他的家人、同事以及所有被他的超凡天赋触动的人们聊表慰问。

史蒂夫，愿你安息！

腾讯公司总裁马化腾携全体员工敬上
2011 年 10 月 6 日

October 6, 2011.

To Apple CEO Tim Cook and our friends at Apple:

We are deeply saddened by the news today.

Steve is an iconic inventor and visionary. His philosophy of making products that are at "the intersection of art and technology" has created the Apple culture that captivates millions of people around the world.

Steve is also a charismatic entrepreneur. His unyielding fighting spirit has enabled him to constantly redefine and change the game to lead, while his uncompromising pursuit for perfection and user-friendliness has helped popularize Apple products and revolutionize the personal computer, recorded music, motion picture and mobile devices markets.

We will remember Steve as an exceptional pioneer in the history of the technology revolution. His creativity, passion and devotion to user experience will live on to contribute to better products for generations to come.

We shared your grief on the loss of a legend from the tech world. Our hearts go out to his family, his colleagues and to all who were touched by his extraordinary gifts.

RIP, Steve.

Yours truly,

MA Huateng, Pony

Chairman and CEO

and on behalf of my colleagues at Tencent

资料来源：腾讯网 http://hb.qq.com/a/20111007/000421.htm

（二）贺信英汉对照

亲爱的张博士：

  从今天的报纸上，我非常高兴地获悉，你最近被任命为《中国日报》的主编。你这次晋升想必收到许多的贺信，而我还是要给你添上一封，以表贺意。

  你年纪轻轻就迅速得到晋升，是极其难得的。这肯定是由于你工作勤奋、坚持不懈、才能非凡的缘故。

  凭你的坚强意志和所具备的种种好条件，你对这一职务肯定会愉快胜任的。

  衷心预祝你取得更大的成就。

丁燕

Dear Dr. Zhang,

  From today's paper I have learned with much delight that you were recently appointed editor-in-chief of *China Daily*. I would like to add my congratulations to the many you must be receiving on your promotion.

  Your speedy advancement at such a young age is quite rare. This is surely owing to your untiring industry, coupled with your extraordinary ability.

  With your qualifications and unyielding will, the position will surely prove to be a pleasant one.

  With my best wishes for your further success.

Cordially yours,

Ding Yan[①]

（三）习近平就菲德尔·卡斯特罗逝世致唁电汉英对照

  惊悉古巴革命领导人菲德尔·卡斯特罗同志不幸逝世，我谨代表中国共产党、政府、人民，并以我个人的名义，向你并通过你向古巴共产党、政府、人民，对菲德尔·卡斯特罗同志的逝世表示最沉痛的哀悼，向其家属致以最诚挚的慰问。

---

① 李文革：《应用文体翻译实践教程》，国防与工业出版社2013年版，第13页。

菲德尔·卡斯特罗同志是古巴共产党和古巴社会主义事业的缔造者，是古巴人民的伟大领袖。他把毕生精力献给了古巴人民争取民族解放、维护国家主权、建设社会主义的壮丽事业，为古巴人民建立了不朽的历史功勋，也为世界社会主义发展建立了不朽的历史功勋。菲德尔·卡斯特罗同志是我们这个时代的伟大人物，历史和人民将记住他。

我多次同菲德尔·卡斯特罗同志见面，促膝畅谈，他的真知灼见令我深受启发，他的音容笑貌犹在眼前。我深深怀念他，中国人民深深怀念他。

菲德尔·卡斯特罗同志生前致力于中古友好，密切关注和高度评价中国发展进程，在他亲自关心和支持下，古巴成为第一个同新中国建交的拉美国家。建交56年来，中古关系长足发展，各领域务实合作成果丰硕，两国人民友谊与日俱增，这都与菲德尔·卡斯特罗同志的关怀和心血密不可分。

菲德尔·卡斯特罗同志的逝世是古巴和拉美人民的重大损失，不仅使古巴和拉美人民失去了一位优秀儿子，也使中国人民失去了一位亲密的同志和真诚的朋友。他的光辉形象和伟大业绩将永载史册。

我相信，在主席同志坚强领导下，古巴党、政府、人民必将继承菲德尔·卡斯特罗同志的遗志，化悲痛为力量，在社会主义建设事业中不断取得新的成绩。中古两党、两国、两国人民友谊必将得到巩固和发展。

伟大的菲德尔·卡斯特罗同志永垂不朽！

Distressed to learn of the passing away of Cuban revolutionary leader Fidel Castro, I, in the name of the CPC, the Chinese government and people and in my own name, express my deepest condolences to you and through you to the Communist Party of Cuba, the Cuban government and people, and my sincerest sympathy to Fidel Castro's family.

Fidel Castro, founder of the Communist Party of Cuba and Cuba's socialist cause, is a great leader of the Cuban people. He has devoted all his life to Cuban people's great cause of struggling for national liberation, safeguarding state sovereignty and building socialism. He has made immortal historic contributions to the Cuban people and to the world socialism development. Comrade Fidel Castro is a great figure of our times and will be remembered by history and people.

I met with Comrade Fidel Castro many times and held in-depth conversations with him. His real knowledge and deep insight inspired me as his voice and expression live in my memory. Both I and the Chinese people miss him deeply.

Comrade Fidel Castro, who dedicated his life to the friendship between China and Cuba, paid close attention to and spoke highly of China's development. As a result of his care and support, Cuba became the first Latin American country to establish diplomatic ties with China in 1960. Since then, the two countries have witnessed profound development of bilateral ties, fruitful results of cooperation in a wide range of areas and deepening friendship between the two peoples, thanks to Comrade Fidel Castro's solicitude and painstaking efforts.

The death of Comrade Fidel Castro is a great loss to the Cuban and Latin American people. The Cuban and Latin American people lost an excellent son, and the Chinese people lost a close comrade and sincere friend. His glorious image and great achievements will go down in history.

I believe that under the strong leadership of Comrade Raul Castro, the Communist Party of Cuba, the Cuban government and its people will carry on the unfinished lifework of Comrade Fidel Castro, turn sorrow into strength and keep making new achievements in the cause of socialist construction. The friendship between two parties, the two countries and the two peoples will definitely be consolidated and further developed.

The great Comrade Fidel Castro will be forever remembered.

资料来源：搜狐网 https://m.sohu.com/n/474288293/?mv=3&partner=ucyingyong

（四）2015中国国际丝绸论坛邀请函中英对照

尊敬的女士/先生：

"中国国际丝绸论坛"自2006年创办以来，已成功举办了五届，成为国际丝绸界交流会的重要平台，在扩大合作、增进友谊、共谋世界丝绸业发展等方面发挥了积极的作用。

2015年，随着中国向欧亚各国提出的构建"丝绸之路经济带"和"海上丝绸之路"战略构想逐步深化落实，全球互联网经济迅猛发展，世界经济格局正悄然产生深刻变化，必将对传统丝绸产业带来新的机遇和挑战。如何发挥新的增长点、构建新的优势，更好地促进世界茧丝绸业持续健康发展，迫切需要国际有识之士共同探讨和交流。为此，中国丝绸协会和杭州市人民政府将于2015年10月23日在中国丝绸名城——浙江省杭州市举办"2015中国国际丝绸论坛"。

本届论坛以"丝绸与时尚"为主题，全新引入"互联网+丝绸"热点概念，通过主题演讲、论坛交流、跨界对话等形式，探讨行业未来发展新方向，共谋促进丝绸国际贸易发展、培育丝绸时尚品牌、引导丝绸消费等方面的对策。论坛拟邀国内外丝绸专业人士、时尚界知名人士、阿里巴巴集团高管等嘉宾分别就以上议题发表演讲。届时我们还将安排与会代表参观"2015中国国际丝绸博览会"，观摩"第四届中华嫁衣创意大赛"，并考察杭州市互联网及丝绸知名企业。

我们真诚地邀请您参加"2015中国国际丝绸论坛"，并就以上相关议题发表您的真知灼见，结识新的朋友和合作伙伴。

"2015中国国际丝绸论坛"组委会
二〇一五年四月

Dear Madam/Sir,

Since 2006, five China International Silk Forums have been successfully held. As an important platform for exchange and communication in the international silk industry, it plays a positive role in expanding cooperation, enhancing friendship, and seeking for silk development of the industry worldwide.

In 2015, with the further implementation of joint establishment of "Silk Road Economic Belt" and "Maritime Silk Road" by Asian and European countries, a strategic concept proposed by China, the world economy is under quiet yet profound change, which inevitably will bring new opportunities and challenges to the traditional silk industry. To discover new growth points and build new competitive edges and thus to better promote the sustainable development of world cocoon silk industry cries for discussion and exchange of far-sighted people from around the world. For this purpose, China Silk Association and the People's Government of Hangzhou will hold "2015 China International Silk Forum" in Hangzhou, Zhejiang Province, the renowned Silk City of China, on October 23, 2015.

Themed on "Silk and Fashion", the forum brings in the hot topic of "Internet + silk". Through speeches, communications, and trans-field dialogues and forums, it will discuss the new direction of the industry development, and jointly search for measures to promote the development of international silk trade, to cultivate silk fashion brand, and to guide silk consumption. Domestic and international silk experts, celebrities from the fashion world and guests from Alibaba Group will be invited to deliver speeches on the topics above mentioned. We will also arrange the representatives to visit "2015 China International Silk Expo", watch "The 4th Chinese Wedding Dress Creativity Competition", and inspect some famous Internet and silk enterprises in Hangzhou.

We sincerely invite you to join us in "2015 China International Silk Forum", present your insights on the aforesaid topics, and make new friends and seek partnership here.

Organizing Committee of "2015 China International Silk Forum"

April 2015

资料来源：世界丝绸网（译文有改动）http://sczf2015.worldsilk.com.cn/content/2015-05/26/content_5784392.htm

http://www.worldsilk.com.cn/english/sf/201508/t20150810_150022.htm

五、案例练习

（1）将下列文书翻译为中文。

Dear ×××,

The people of China have been very much in my thoughts over the past two weeks as I have watched, with mounting concern, the effects of the devastation caused by the terrible earthquake in Sichuan Province. It has been most impressive to see the marvelous way in which the Chinese humanitarian operations have brought swift and effective relief to those affected. I am particularly pleased that the Wenchuan Earthquake Orphan Fund has been established, to help the children who have lost their parents in the disaster.

I wanted to take this opportunity to send my deepest sympathy following this terrible tragedy to the people of China, and my most heartfelt condolence to all those who have lost loved ones.

My Prince's Charities are engaging ever more closely in China, including work to assist, in a small way, with the preservation of China's rich and diverse heritage. It would give me the greatest pleasure if we were able to develop these ties further with, in particular, practical assistance from my Prince's Foundation for the Built Environment in planning the reconstruction of parts of Sichuan Province.

Charles

The Prince of Wales[①]

(2) 将下列文书翻译为英语。

陈女士：

现推荐杨霖为贵公司生意代理。作为杨霖的同事和朋友，我与她已认识三年。她既是一位热情满满、有条有理的老师，也是一位可靠可信的朋友。

杨霖是一位商务英语教师，虽然教龄已超过五年，但从未失去对教学的激情。我现在与她在中山大学新华学院同一个系工作，我亲眼见她花时间备课、修改教案、改作业，我也听过她的课，对她课堂上的活跃气氛印象非常深刻。她教授的课程在我们系是最受欢迎的几门。

杨霖与很多同事和学生都是好朋友。她与人结交的能力非凡。我曾经与她一起出国旅游，看到她用不同的语言与人交流，有的甚至是她刚刚学会的，我感到叹服不已！此外，她为人真诚温暖，很多学生都喜欢与她在一起。有的毕业后仍然与她联系。

杨霖对待工作和生活都非常积极。她环游世界，见过很多美丽的事物，还会带回来一些给我们。待在她身边总是非常愉快，她见多识广，又能让你感觉到她对生活的热爱。

我毫无保留地向您推荐杨霖。如果对于她的资质还有任何问题，您都可以联系我。

李瑜

[①] 余潇，侯蓉英：《社交文书写作模版与范本》，中国纺织出版社2016年版。

第二节 请 柬

一、教学目标

了解中英文请柬的类型、内容、格式、语言特点,掌握请柬翻译的方法。

二、请柬翻译宏观视角

请柬又称为请帖、柬贴,是为专门邀请客人出席某项活动、仪式或典礼的礼节性的、言辞简短的书面信函,适用于节庆、奠基、落成、开业、典礼、仪式、展览等活动,属于公关交际文书。请柬发送的对象一般是上级领导、知名人士、兄弟单位代表、亲朋好友、国外友人等,与主人是宾主关系,而非上下级关系。请柬的内容一般比较简短,但行文要求达雅兼备,在款式上也要具有制作精美的特点,以体现出主人的热情与诚意。

请柬与上一节提到过的邀请信(函)都属于邀请客人参加活动的礼仪性文书,但两者又有区别:"一是适用场合不同。邀请函多用于以口头交流为主要方式的会议活动,如邀请专家出席咨询会、论证会、研讨会,邀请记者参加发布会、记者招待会等;而举行各类较为隆重的仪式和交际活动,如开幕式、闭幕式、签字仪式、开工典礼、宴会、舞会等,则应当用请柬,而不用邀请函。二是规格不同。有的会议活动可能同时使用邀请函和请柬,这时,一般的专家和客人发送邀请函,而作为特邀嘉宾的上级领导、兄弟单位代表、社会名流、外国友人等,则应当用请柬。"(余潇、侯蓉英,2016)

三、请柬翻译原则

(一)文体庄重、措辞正式

英汉语的请柬都是用在非常正式的场合,是一种庄重的书面文体,在措辞上要用正式的文字。在汉语中,这种文体的庄重主要体现在词汇上,比如通常有"谨订于""恭请光临""敬请赐复"这些字样。而在英文中,文体的庄重既体现在词汇上,比如通常使用"request the pleasure/honor of""presence""company"等词汇,也体现在人称的使用上,即邀请人用第三人称来自称,而不是第一人称。

【例1】原文:谨订于一九九一年六月七日上午十时半(夏令时),于广州国际展览馆前广场,举行第三届国际陶瓷工业展览会开幕典礼。敬请光临。

原译:The organizers of CERAMICS CHINA '91 request the honor of the presence of X X X to the opening ceremony of the exhibition to be held on June 7, 1991, Friday at 10:

30 a. m. (Local Time) in the front square of Guangzhou International Exhibition Centre.

分析：原文用"谨定于""敬请光临"这样的词汇体现文体的庄重，译文用"request the honor of the presence of"这个正式的词组。此外，译文不用第一人称 we 来自称，而用第三人称 the organizers，也体现了庄重的文体特点。

【例2】原文：兹订于六月九日（星期六）晚七时在威尔逊大街八十五号设宴庆贺我们结婚十周年（锡婚纪念），恭请光临。詹姆斯·波特和夫人同启。请赐回示。

原译：Mr. and Mrs. James Porter request the pleasure of your company at dinner on the Tenth Anniversary of their marriage on Saturday, the ninth of June at seven o'clock in 85 Wilson Avenue. R. S. V. P.

分析：原文用了"兹订于""设宴庆贺""恭请光临""请赐回示"等正式词汇，译文则使用了"request the pleasure of your company"这个正式词组。此外，译文将原文的第一人称"我们"改为了英文常用的第三人称"their"，符合正式请柬的文体要求。

（二）简洁准确

不同于邀请信，请柬作为一种礼节性文书，言辞一般非常简短，只提供最必要的信息，一般包括邀请人、被邀请人、活动目的、内容、形式、时间、地点等。请柬要求语言必须非常简洁，提供的信息要准确严谨，绝不多说一句话，且说的每句话都必要且准确。因此在翻译请柬时就必须非常仔细，要将所有信息全部译出，而且一定要准确，不能含糊或错误。请看以下记者招待会请柬：

兹定于2016年3月16日（星期三）10：30邀请国务院总理李克强在人民大会堂三楼金色大厅会见中外记者并回答记者提出的问题，诚邀出席。

十二届全国人大四次会议发言人

傅莹

2016年3月14日

每柬一人，与采访证合用有效。
现场提供无线网络。
联系电话：68522312（境内）
　　　　　68522332（港澳台）
（进人民大会堂东门）

> *Mme Fu Ying*, *Spokeswoman of the Fourth Session of the Twelfth National People's Congress*, *requests the pleasure of your attendance*
>
> at a Press Conference
> given by
> ***H. E. Mr. Li Keqiang***,
> Premier of the State Council
>
> *at* 10: 30 *a. m on Wednesday* 16 *March* 2016
> *at the Central Hall*, *on the third floor*, *GHP*
>
> Note:
> 1. This is valid for one person only.
> 2. Please present this invitation and your press accreditation badge on arrival.
> 3. Please call 68522278 for inquiry.
> 4. Please enter the GHP through its eastern entrance.
> 5. Wi-Fi is available at the Central Hall.

(三) 形式讲究

请柬的庄重感除了体现在语言上，也体现在形式上。除了款式和材料高档精美，排版一般也有固定的格式要求。中英文请柬都有各自常用的格式。中文请柬的排版顺序一般是"被邀请者（有时不需要）—活动时间—活动地点—活动内容—邀请之意—邀请者姓名"，邀请者的姓名写在右下角，与正文分开。

英文的正式请柬则有横式和竖式两种，两者的内容和语言及正式程度都没有差别，只是在排版上不同。竖式以装饰性不规则竖排的形式来安排文字，看起来有典雅美。英文竖式请柬的格式一般是：第一行是邀请者的姓名（全称）；第二行是 request the pleasure/honor of；第三行是被邀请者的姓名（全称）；第四行为 company at；第五行是日期；第六行是钟点；第七行是地点。如果要求复信，请柬左下方要用 R. S. V. P. 或 rsvp（是法语 Répondez s'il vous plaît 的缩写，相当于汉语的"敬请赐复"），右下方是邀请者的电话号码。根据内容多少，有时排版稍有不同[1]。请看下面两例：

---

[1] 李文革：《应用文体翻译实践教程》，国防与工业出版社2013年版，第19-20页。

请　柬

兹定于八月一日（星期二）下午六时于芙蓉宾馆敬治菲酌，恭请乔治·史密斯先生和夫人光临。

亨利·金夫妇 谨定

敬请赐复　　　　　　　　　　　　　　　　　电话：0731-888××××

Mr. and Mrs. George Smith
request the pleasure of
Mr. and Mrs. Henry King's
company at dinner
on Tuesday, August the first
at six o'clock p. m.
Lotus Hotel

R. S. V. P.　　　　　　　　　　　　　　　　　Tel：0731-888××××

敬　　请

光临一九九七年六月三十日（星期一）晚上十一时三十分
在香港会议展览中心大会堂
由中华人民共和国政府与大不列颠及北爱尔兰联合王国政府
举行的香港交接仪式

请着西服、制服或民族服装　　　　　能否出席请用所附回帖回复

The honour of the presence of

_____

is requested
at the Handover Ceremony of Hong Kong to be held by
the Government of the United Kingdom of Great Britain and Northern Ireland
and
the Government of the People's Republic of China
at the Grand Hall of
the Hong Kong Conventions and Exhibition Centre, Hong Kong
at11:30 pm
on Monday, 30th June 1997

Lounge suit, Uniform　　　　　　　　　　　　　　　　　　　　　*RSVP*
or National Dress　　　　　　　　　　　　　　　　　　By enclosed reply card

对于要求回复的请柬，被邀请人无论是否出席，都应该回帖告知邀请人。接受或婉谢邀请的回帖在形式上也与请柬本身同样庄重。请看下面的接受邀请的回帖：

中山大学新华学院英语系二零一三级级全体师生：
　　我愉快地接受你们的盛情邀请，将出席二零一六年十二月三十一日（周六）晚上七时在二号教学大楼二〇一室举行的元旦晚会。
　　保罗·史密斯 谨启

Mr. Paul Smith accepts with pleasure the kind invitation
of the faculty and the class of two thousand and thirteen
of the English Department
of Xinhua College of Sun Yat-sen University
to the New Year's Party
on Saturday, the thirty-first of December
two thousand and sixteen
at seven o'clock p. m.
in Room 201 of Teaching Building No. 2

四、平行文本

（一）外交部招待会请柬中英对照

　　为纪念中华人民共和国恢复在联合国合法席位三十五周年谨定于二〇〇六年十月二十五日（星期三）晚六时三十分在人民大会堂三楼金色大厅举行招待会
　　　敬　请
　　光　临

　　　　　　　　　　　　　　　　　　　　　中华人民共和国
　　　　　　　　　　　　　　　　　　　　　　　　　　　　　李肇星
　　　　　　　　　　　　　　　　　　　　　外　交　部　长

请由东门进
您的单位在第　　桌

*On the occasion of the thirty-fifth anniversary of
the restoration of the lawful rights of
the People's Republic of China in the United Nations
Li Zhaoxing
Minister of Foreign Affairs of
the People's Republic of China
requests the pleasure of your company
at a reception
at 18：30 on Wednesday, 25 October 2006
at Golden Hall on the Third Floor of the Great Hall of the People*

Through Eastern Entrance
Your Table No.

（二）国务院请柬中英对照

<table>
<tr><td>

请　　柬

　　谨定于一九九七年七月一日（星期二）凌晨一时三十分在香港会议展览中心三号大厅（新楼七层）举行中华人民共和国香港特别行政区成立暨特区政府宣誓就职仪式

　　　敬请
　　光临

　　　　　　　中华人民共和国国务院

（请着西服、制服或民族服装）

</td><td>

INVITATION

　　The State Council of the People's Republic of China requests the pleasure of your presence at the Ceremony for the Establishment of the Hong Kong Special Administration Region of the People's Republic of China and the Inauguration of the Government of the Hong Kong Special Administration Region at 01：30 a.m. on Tuesday 1 July 1997 at Hall 3, Level 7, the New Extension to the Hong Kong Convention and Exhibition Centre.

　　（*Lounge suit, uniform or national dress*）

</td></tr>
</table>

（三）宴会请柬[①]

请　柬

兹定于 7 月 8 日（星期六）下午七时敬备菲酌恭请希尔曼 先生/夫人 大驾光临

宋浩夫妇同订
2010 年 6 月 21 日

武珞路五号
请赐复

Mr. and Mrs. Song Hao
request the Honor of
Mr. and Mrs. Hillman's
company at
a dinner party
on Saturday July 8
at 7：00 p. m.
at No. 5 Wuluo Road
R. S. V. P.

五、案例练习

（1）将下列请柬翻译为英文。

请　柬

　　谨定于二零零九年九月一日（星期四）下午四时三十分在人民大会堂举行中华人民共和国成立六十周年纪念招待会。
　　敬请
光临

中华人民共和国国务院
二零零九年八月一日

[①] 李文革：《应用文体翻译实践教程》，国防与工业出版社 2013 年版，第 17 页。

（2）将下列请柬翻译为中文。

> **INVITATION**
>
> The Xiamen Municipal Government
> requests the pleasure of your company
> at a New Year Reception
> at the Multi-functional Hall of Lujiang Hotel
> on Saturday, 31st December, 2016
> from 7：00 p.m. to 9：00 p.m.
> Dress：Lounge Suit
>
> R. S. V. P.
> 5223×××

第三节　致　　辞

一、教学目标

了解致辞的常见种类和格式规范，熟悉致辞的常用词汇和句型，区分不同文体风格的致辞，掌握致辞汉译英的方法和技巧。

二、致辞翻译宏观视角

致辞，也称致词，是在举行会议、喜庆场合或某种仪式时，对人、事表示祝愿、感谢、欢迎、鼓励、祝贺等目的而发表的讲话。其主要作用是传递信息、了解情况；交流感情、增进友谊；营造环境、活跃气氛。常见的致辞种类有节日致辞、庆典活动致辞、欢迎词、欢送词、答谢词、祝酒词、祝寿词、婚礼祝词、文体活动祝词等。

致辞在人际交往中有十分重要的作用，在迎送宾客、重大节日、重要会议、庆典等活动仪式或典礼上都不可或缺。一般来说，致辞的语言风格多样，根据讲话人的个性和习惯，有不同的语气、口吻，翻译时要注意原文的语言风格；致辞中往往有一些固定的套语，翻译时也要注意合理运用；致辞兼具书面语和口语的特征，翻译时要准确把握文体风格。

三、致辞翻译原则

(一) 适当使用套语

致辞是礼仪性的文本,中西方社会,在不同的社交场合,致辞中都会有一些社交套语,恰当使用社交套语有助于营造环境、活跃气氛,帮助实现致辞人的交际目的。因此,在翻译这类套语时,要尽量遵循译入语文化的语言习惯,寻找类似场合下常用的表达。比如,表示欢迎时,汉语常用"表示热烈欢迎"等语,英语则常用"extend a warm welcome to";表示祝福时,汉语常用"祝""愿""衷心祝福"等词,英语则用"I wish you…""Best wishes to…"等语;在祝酒时,汉语常用"干杯""敬酒""为……干杯"之类的话,而英语则惯用"Here's to…""I propose a toast to…"等语。以下几例便包含致辞中一些典型的社交套语,注意中英的表达分别是怎样的。

【例1】原文:在此,我对出席招待会的各位嘉宾表示热烈欢迎!

原译:Let me start by extending a warm welcome to all the guests attending today's reception.

【例2】原文:在此,我谨代表中国政府,对大会的召开表示热烈祝贺,对远道而来的各位嘉宾表示诚挚欢迎,对长期致力于全球旅游事业发展的各界人士致以崇高敬意!

原译:On behalf of the Chinese government, let me offer warm congratulations on the opening of the conference. I also express sincere welcome to all guests coming from afar, and pay high tribute to those who have long been committed to the development of tourism in the world.

【例3】原文:感谢大家百忙之中抽空参加今天晚上的招待会,给我们带来了美好的回忆。

原译:I thank you all for being here tonight to make this reception such a memorable occasion.

【例4】原文:为我们的友谊干杯!

原译:Here's to our friendship!

【例5】原文:我提议,为我们的客人的身体健康,为我们不断发展的私人友谊以及商业合作,为我们两国人民的幸福,干杯!

原译:I'd like to propose a toast to the health of our host, to our growing personal as well as commercial ties, and to the happiness of the people of the two countries.

【例6】原文:祝愿各位朋友新年快乐、工作顺利、家庭幸福、万事如意!

原译:I wish you all a happy and successful New Year, a happy family, and a year of good luck.

(二) 风格对应

致辞种类繁多,致辞的社会活动的情景语境不同,致辞人的背景(职业、性别、文化程度)、性格不同,致辞的具体目的和对象不同,致辞者所使用的语言形式也就迥异。致辞的语言表达有时是庄重典雅,有时是慷慨激昂,有时是诙谐幽默,有时是谦和谨慎。在汉译英时,应该仔细分析和体会原文的语言风格,结合具体场合和致辞人的背景,灵活选用相应的语言风格。请看以下几例:

【例7】原文:我,一个来自遥远的中国山东高密东北乡的<u>农民的儿子</u>,站在这个<u>举世瞩目的殿堂</u>上,领取了诺贝尔文学奖,这很像一个童话,但却是不容置疑的现实。

原译:For me, a <u>farm boy</u> from Gaomi's Northeast Township in far-away China, standing here in <u>this world-famous hall</u> after having received the Nobel Prize in Literature feels like a fairy tale, but of course it is true.

分析:原文是2012年诺贝尔文学奖得主莫言在颁奖仪式上发表的获奖致辞中的一段。作为中国乡土作家,莫言为人低调,忠厚随和,在诺贝尔文学奖颁奖仪式这样举世瞩目的场合,面对瑞典国王和很多学术界、文艺界举足轻重的人物,他的致辞更显谦逊朴实。致辞开头便自称"农民的儿子",而自己所在的斯德哥尔摩音乐厅是"举世瞩目的殿堂",并说获得诺贝尔文学奖"像一个童话",措辞处处体现出莫言低调谦虚的语言风格。译文则选用了"farm boy""this world-famous hall"这样的词语来对应原文谦虚的语气,是比较合适的。

【例8】原文:去年,习近平主席在联合国庄严宣示:<u>中国永不称霸、永不扩张、永不谋求势力范围</u>。<u>我们说到做到</u>。

原译:This statement was again reaffirmed by President Xi Jinping last year who declared at the United Nations that <u>China will never seek hegemony, expansion or spheres of influence</u>. <u>Our words are always matched by our actions</u>.

分析:原文为中国国务委员杨洁篪在纪念中华人民共和国恢复在联合国合法席位45周年招待会上的致辞中的一段,他代表的是中国政府,致辞对象包括联合国秘书长和各国使节等,他的致辞既要体现国家的尊严、主人的姿态,又要体现对客人的尊重和礼貌,因此用词简洁大方,语气不卑不亢。原文并列的三个短语"永不称霸、永不扩张、永不谋求势力范围",用词简洁干脆,译文以同样的风格对应:"never seek hegemony, expansion or spheres of influence";原文"我们说到做到"这个短句简洁有力、不容置疑,译文也同样用一个陈述事实的简单句译出:"Our words are always marched by our actions."体现了同样的语言风格。

【例9】原文:<u>每年春秋两季,都有成群的大雁来到这里,雁栖湖因此得名</u>。亚太经合组织的21个成员,就好比21只大雁。"<u>风翻白浪花千片,雁点青天字一行。</u>"今天,我们聚首雁栖湖,目的就是<u>加强合作、展翅齐飞,书写亚太发展新愿景</u>。

原译:Each year, <u>flocks of swan geese fly here and stay at the lake in spring and autumn</u>, hence Yanqi Lake means the lake of swan geese. We 21 member economies of

APEC are just like 21 swan geese. A line from an ancient Chinese poem reads: "The wind breaks waves into thousands of flowers on the sea; flocks of swan geese fly across the blue sky with their wings spread." We are meeting here at Yanqi Lake to enhance cooperation and embark on a new flight to shape a new vision for the development of the Asia-Pacific region.

分析：原文是中国国家主席习近平在亚太经合组织第二十二次领导人非正式会议开幕式上的致辞中的一段。这段话典雅别致，既使用了"春秋两季""成群的大雁""21只大雁""展翅起飞""书写亚太新愿景"等优美的意象，又引用了"风翻白浪花千片，雁点青天字一行"这样优雅的古诗词，诗情画意地把开会的地点与会议主题联系在一起，给人非常愉悦的审美体验。译文则保留了优美的意象："flocks of swan geese fly here and stay at the lake in spring and autumn" "21 swan geese" "a new flight" "a new vision"等，同时也译出了诗词里的意境，很好地再现了原文典雅别致的语言风格。

（三）注重修辞

致辞的语言非常特殊，"不同于一般的谈话，它实际上是一种书面语言的口语化，或者说，它使用的是一种规范的口语"（李文革，2013）。因此，致辞不仅有书面语的特征，要求语言准确、规范，也有口语的特征，要生动形象，吸引听众的注意力，使他们受到感染。要达到这种目的，致辞通常会使用各种修辞手法，增强吸引力与感染力。在汉语中，最常用的修辞手法是排比，因为它能增加说话的气势，调动听众的情绪，增强感染力。汉译英时，应该注意传达同样的效果，请看下面三例：

【例10】原文：旅游业也打开了一扇通往外部世界的大门，人们的视野开阔了，思想观念更新了，精神状态改变了，促进了社会文明进步。

原译：Tourism opens a door to the outside world. It broadens people's horizon, improves their mindset, lifts their spirit and contributes to social progress.

【例11】原文：我也相信，只要我们继承并不断创新世博会给我们带来的宝贵文明成果和精神财富，我们生活的城市一定会更加美丽，我们共同拥有的地球家园一定会更加美好，我们的未来一定会更加光明。

原译：I am equally convinced that if we carry forward and build on the invaluable achievements of human civilization shown by the World Expo and its spiritual legacy, we will make our cities more beautiful, the Earth—our common home better and our future brighter.

【例12】原文："吃水不忘挖井人"。此时此刻，我们不会忘记为恢复新中国合法席位孜孜以求的前辈们，不会忘记将新中国"抬"进联合国的友好国家，不会忘记长期以来为中国和联合国合作不懈努力的各界朋友。

原译：As a Chinese saying goes, "when drinking water from the well, one should not forget who dug it". We will never forget the forerunners who worked tirelessly to restore the lawful seat of the New China, the friendly countries that "carried" the New China into the United Nations and the people from all quarters who have made unrelenting efforts to advance China-UN cooperation.

分析：以上三例的原文都使用了排比，用相同的词汇和句式叠用增强说话的气势，译文用相同的句式对应译出。值得注意的是，英语不像汉语那样用相同的词汇来构成排比，而且相同的句式连用时经常承前省略重复的词语，否则可能显得冗余累赘。比如第二例原文重复了三次"我们……的……一定会更加……"这个句式，而译文则只使用了一次"we will make our..."，后面则省略。同样，第三例原文重复了三次"不会忘记"，而译文只用了一次"We will never forget..."，后面的则省略。

除了排比外，汉语的致辞经常引用古诗词、俗语、谚语等，有的是为了增添语言的美感，有的是为了引发共鸣，但共同的目的都是增加听众的兴趣。这类引用通常不会像某些书面文本里出现的那样冗长或晦涩，而是通常比较简短且通俗，因此一般可以直译。

【例13】原文："长风破浪会有时，直挂云帆济沧海"。我们愿同联合国及各国携手努力，共同促进人类和平与发展的崇高事业！

原译：A line from a Chinese poem reads, "A time will come to ride the wind and cleave the waves, I'll set my cloud like sail to cross the sea which raves." Inspired by such a spirit, China will work with the United Nations and all other countries to advance the lofty cause of peace and development for mankind.

分析：原文引用的诗句"长风破浪会有时，直挂云帆济沧海"，增加了致辞的激情，有助于鼓舞听众情绪，直译可以达到同样的效果。值得注意的是，汉语的引用比较直接，几乎不需任何过渡和衔接，在英语中有时需要增加一些必要的过渡和衔接，以免引用文段在上下文中显得过于突兀。以上译文中就增加了"A line from a Chinese poem reads"这样的解释，以及"Inspired by such a spirit"这句衔接。

【例14】原文：一花不是春，孤雁难成行。让我们以北京雁栖湖为新的起点，引领世界经济的雁阵，飞向更加蔚蓝而辽阔的天空。

原译：A single flower does not herald spring; a lone goose cannot make a formation. Let us take Yanqi Lake as the new starting point, and lead the flying swan geese of the global economy in soaring higher in the vast and blue sky.

分析：原文节选引用了古诗句"一花独放不是春"，结合"雁栖湖"这个地名，创作出"一花不是春，孤雁难成行"这句楹联，引出后面的比喻"世界经济的雁阵"，给人耳目一新的感觉。这句楹联和比喻都很通俗且清新，直译出来也能达到同样的效果。

【例15】原文：中国有句俗话：远亲不如近邻。朋友可以选择，而邻居不能选择。亚太是我们安身立命的共同家园，要以面向未来的亚太伙伴关系为指引，珍惜呵护，努力经营。

原译：We have a saying in China, <u>a distant relative is not as helpful as a close neighbor</u>. You may choose your friends, but not your neighbors. The Asia-Pacific is our common homeland where we all belong and grow. We should cherish and take good care of it, focusing our efforts on shaping the future through partnership.

四、平行文本

（一）驻英国大使刘晓明在2016年华为冬季音乐会上的致辞

尊敬的布朗勋爵，女士们，先生们：

大家晚上好！

很高兴再一次出席华为冬季音乐会。这已经是华为连续第七年举办冬季慈善音乐会，也是华为成为英国王子基金会成员的第10个年头。

10年来，华为英国公司在践行企业社会责任、致力社会慈善事业的同时，更在英国高速宽带网络建设和研发领域取得了骄人的成绩，树立了在英中资企业的良好形象。

上个月，马凯副总理来英主持中英经济财金对话时又参观了华为公司与萨里大学合作的5G创新中心。

今年，在英国公投后五天，华为公司承诺在英投资13亿英镑的计划继续，这是中国企业对英国投下的信任票。

华为在英国的成功既是中英经贸合作的缩影，也预示着中英经贸关系的未来。

我希望华为继续秉承可持续发展理念，将业务做大做实，积极回馈当地社会，在英国取得更大发展，同时为构建更紧密的中英经贸关系做出更加积极的贡献！

我也希望更多的中国和英国企业加入到两国经贸合作的大潮，为中英关系黄金时代添砖加瓦，增光添彩！

谢谢大家！

Lord Browne, Ladies and Gentlemen,

Good evening!

It is a pleasure to join you again for the winter concert of Huawei Technologies UK. This is the seventh consecutive winter charity concert that Huawei has hosted in London. Ten years ago, Huawei UK became a member of the Prince's Trust.

Ten years on, Huawei UK is highly acclaimed for its devotion to charity and strong sense of corporate social responsibility.

But much more than that. Huawei UK is also a proud leader in the construction, research and development of high-speed broadband network in Britain.

In Huawei UK, we see a fine example of Chinese company doing business in this country.

Last month, when Vice Premier Ma Kai was in Britain for the China-UK Economic and Financial Dialogue, he visited the 5G Innovation Centre, a cooperation project between Huawei UK and the University of Surrey.

On 28 June this year, five days after Brexit Referendum, Huawei UK announced that it will go ahead with its planned 1.3 billion-pound investment. That was a clear vote of confidence for doing business in the UK.

Huawei's success in Britain is a microcosm of the overall China-UK business cooperation. It also heralds a future of even stronger business ties between our two countries.

I hope Huawei UK will continue to work for sustainable development. I hope your business will grow stronger and I hope you will continue to give back to the local community.

I am sure your continued success in this country will help build stronger business relationship between China and the UK.

I want to encourage more Chinese and British companies to sign up for China-UK business cooperation and contribute your part to the "Golden Era" of China-UK relations!

Thank you!

资料来源：中华人民共和国外交部

http://www.fmprc.gov.cn/web/dszlsjt_673036/t1422142.shtml

中华人民共和国住大不列颠及北爱尔兰联合王国大使馆

http://uk.chineseembassy.org/eng/ambassador/ds#cf/2016remarks/t1422139.htm

（二）2016年诺贝尔文学奖得主鲍勃·迪伦获奖致辞

Good evening, everyone. I extend my warmest greetings to the members of the Swedish Academy and to all of the other distinguished guests in attendance tonight.

I'm sorry I can't be with you in person, but please know that I am most definitely with you in spirit and honored to be receiving such a prestigious prize. Being awarded the Nobel Prize for Literature is something I never could have imagined or seen coming. From an early age, I've been familiar with and reading and absorbing the works of those who were deemed worthy of such a distinction: Kipling, Shaw, Thomas Mann, Pearl Buck, Albert Camus, Hemingway. These giants of literature whose works are taught in the schoolroom, housed in libraries around the world and spoken of in reverent tones have always made a deep impression. That I now join the names on such a list is truly beyond words.

I don't know if these men and women ever thought of the Nobel honor for themselves, but I suppose that anyone writing a book, or a poem, or a play anywhere in the world might harbor that secret dream deep down inside. It's probably buried so deep that they don't even know it's there.

If someone had ever told me that I had the slightest chance of winning the Nobel Prize, I would have to think that I'd have about the same odds as standing on the moon. In fact, during the year I was born and for a few years after, there wasn't anyone in the world who was considered good enough to win this Nobel Prize. So, I recognize that I am in very rare company, to say the least.

I was out on the road when I received this surprising news, and it took me more than a few minutes to properly process it. I began to think about William Shakespeare, the great literary figure. I would reckon he thought of himself as a dramatist. The thought that he was writing literature couldn't have entered his head. His words were written for the stage. Meant to be spoken not read. When he was writing *Hamlet*, I'm sure he was thinking about a lot of different things: "Who're the right actors for these roles?" "How should this be staged?" "Do I really want to set this in Denmark?" His creative vision and ambitions were no doubt at the forefront of his mind, but there were also more mundane matters to consider and deal with. "Is the financing in place?" "Are there enough good seats for my patrons?" "Where am I going to get a human skull?" I would bet that the farthest thing from Shakespeare's mind was the question "Is this literature?"

When I started writing songs as a teenager, and even as I started to achieve some renown for my abilities, my aspirations for these songs only went so far. I thought they could be heard in coffee houses or bars, maybe later in places like Carnegie Hall, the London Palladium. If I was really dreaming big, maybe I could imagine getting to make a record and then hearing my songs on the radio. That was really the big prize in my mind. Making records and hearing your songs on the radio meant that you were reaching a big audience and that you might get to keep doing what you had set out to do.

Well, I've been doing what I set out to do for a long time, now. I've made dozens of records and played thousands of concerts all around the world. But it's my songs that are at the vital center of almost everything I do. They seemed to have found a place in the lives of many people throughout many different cultures and I'm grateful for that.

But there's one thing I must say. As a performer I've played for 50,000 people and I've played for 50 people and I can tell you that it is harder to play for 50 people. 50,000 people have a singular persona, not so with 50. Each person has an individual, separate identity, a world unto themselves. They can perceive things more clearly. Your honesty and how it relates to the depth of your talent is tried. The fact that the Nobel committee is so small is not lost on me.

But, like Shakespeare, I too am often occupied with the pursuit of my creative endeavors and dealing with all aspects of life's mundane matters. "Who are the best musicians for these songs?" "Am I recording in the right studio?" "Is this song in the right key?" Some things never change, even in 400 years.

Not once have I ever had the time to ask myself, "Are my songs literature?"

So, I do thank the Swedish Academy, both for taking the time to consider that very question, and, ultimately, for providing such a wonderful answer.

My best wishes to you all,

大家晚上好！我谨向瑞典文学院的院士们和在座的嘉宾，致以最诚挚的问候！

抱歉我不能亲自与你们共度此刻，但请确信我绝对是在精神上与你们同在，我也为获得这样一个享有盛誉的奖项而感到荣耀。被授予诺贝尔文学奖是我未曾想到或者预见到的事情。从年少时起，我就熟知、阅读并吸收被认为有资格获得这份殊荣的那些人的作品，比如吉卜林、萧伯纳、托马斯·曼、赛珍珠、阿尔贝·加缪、海明威。这些文学巨匠一直给我留下了深刻的印象，他们的著作是课堂上的教材、世界各地图书馆的藏书、人们带着恭敬语气谈论的话题。如今我的名字也出现在这样一份名单上，我的心情无以言表。

我不知道这些获奖的男男女女是否想到过自己能荣获诺贝尔奖，但我猜想在世界上任何一个地方，任何一个写书、写诗或者写剧本的人或许内心深处都怀有这个隐秘的梦想。它可能深埋心底，以至于他们甚至不知道它的存在。

如果之前有人告诉我说我有一线希望获得诺贝尔奖，我会觉得那与我站上月球的几率一般大小。事实上，我出生的那年和之后的几年，世界上没有哪个人被认为优秀到足以获得诺贝尔文学奖。所以，我明白，至少可以说，我加入了一个极少数人群体。

我是在巡演途中接到这个出人意料的消息的，我好半天才回过神来。我开始想到文学界的伟大人物威廉·莎士比亚。我猜想他把自己视为剧作家。他不会产生他写的是文学作品的念头。他的文字为舞台而写，用来说而不是读。我敢肯定，他在写《哈姆雷特》时想的是许多别的事情："都有谁适合扮演这些角色？""这一段要怎么演？""真要把丹麦作为这个故事的背景吗？"创意和雄心无疑是他最先要想的东西，但还有一些比较琐碎的事情要考虑和处理。"资金到位了吗？""给资助人提供的好座位够多吗？""去哪里弄一颗颅骨？"我敢打赌莎士比亚最不可能想到的问题是："这算文学吗？"

我年少时开始写歌，在我开始因自己的才能小有名气时，我对这些歌抱有的期望也仅限于此。我想着也许能在咖啡馆或酒吧听到它们，或许日后还能在像卡内基音乐厅和伦敦守护神剧院这样的地方听到。如果我真的敢想的话，或许我会想象出唱片、然后在电台里听到我的歌。那的确是我心目中的大奖。出唱片并在电台听到自己的歌意味着会拥有众多听众，如此一来也许就可以将最初要做的事情继续下去。

是的，这么长时间以来，我一直在做着最初要做的事情。我出了几十张唱片，在世界各地举办了数千场演唱会。但我在做的几乎每件事的核心都是我的歌。它们似乎在众多不同文化背景的人的生命中占据了一席之地，对此我心存感激。

但是有一点我必须要讲。作为一个表演者，我为5万人演出过，也为50个人演出过，我可以告诉你们，为50个人表演的难度更大。5万人拥有的是一副面孔，50人却并非如此。每个人都拥有独特的、不同的身份，有着自己的世界。他们能更清楚地感知事物。你的真诚以及这份真诚与你全部才华的交融在接受着考验。我不是没注意到诺贝尔奖评审委员会的人数之少。

但是，和莎士比亚一样，我也经常忙于对创作的追求和对各种日常琐事的处理。"谁是最适合演绎这些歌曲的音乐人？""我应不应该在这个录音棚录歌？""这首歌的调子准吗？"即便在400年后的今天，有些事情依然从未改变。

我从来没有时间问自己："我的歌算是文学吗？"所以，我真的要感谢瑞典文学院，感谢它不仅花时间思考了这个问题，而且，最终给出了这么棒的答案。

资料来源：

Nobelprize. org https://www.nobelprize.org/nobel_prizes/literature/laureates/2016/dylan-speech_en.html

观察者

http://www.guancha.cn/BobDylan/2016_12_21_385368.shtml

（三）2012年诺贝尔文学奖得主莫言的颁奖晚宴致辞汉英对照

尊敬的国王陛下、王后陛下，女士们，先生们：

我，一个来自遥远的中国山东高密东北乡的农民的儿子，站在这个举世瞩目的殿堂上，领取了诺贝尔文学奖，这很像一个童话，但却是不容置疑的现实。

获奖后一个多月的经历，使我认识到了诺贝尔文学奖巨大的影响和不可撼动的尊严。我一直在冷眼旁观着这段时间里发生的一切，这是千载难逢的认识人世的机会，更是一个认清自我的机会。

我深知世界上有许多作家有资格甚至比我更有资格获得这个奖项；我相信，只要他们坚持写下去，只要他们相信文学是人的光荣也是上帝赋予人的权利，那么，"他必将华冠加在你头上，把荣冕交给你。"(《圣经·箴言·第四章》)

我深知，文学对世界上的政治纷争、经济危机影响甚微，但文学对人的影响却是源远流长。有文学时也许我们认识不到它的重要，但如果没有文学，人的生活便会粗鄙野蛮。因此，我为自己的职业感到光荣也感到沉重。

借此机会，我要向坚定地坚持自己信念的瑞典学院院士们表示崇高的敬意，我相信，除了文学，没有任何能够打动你们的理由。

我还要向翻译我作品的各国翻译家表示崇高的敬意，没有你们，世界文学这个概念就不能成立。你们的工作，是人类彼此了解、互相尊重的桥梁。当然，在这样的时刻，我不会忘记我的家人、朋友对我的支持和帮助，他们的智慧和友谊在我的作品里闪耀光芒。

　　最后，我要特别地感谢我的故乡中国山东高密的父老乡亲，我过去是，现在是，将来也是你们中的一员；我还要特别地感谢那片生我养我的厚重大地，俗话说，"一方水土养一方人"，我便是这片水土养育出来的一个说书人，我的一切工作，都是为了报答你的恩情。

　　谢谢大家！

Your Majesties, Your Royal Highnesses, Ladies and Gentlemen,

　　For me, a farm boy from Gaomi's Northeast Township in far-away China, standing here in this world-famous hall after having received the Nobel Prize in Literature feels like a fairy tale, but of course it is true.

　　My experiences during the months since the announcement have made me aware of the enormous impact of the Nobel Prize and the unquestionable respect it enjoys. I have tried to view what has happened during this period in a cool, detached way. It has been a golden opportunity for me to learn about the world and, even more so, an opportunity for me to learn about myself.

　　I am well aware that there are many writers in the world who would be more worthy Laureates than I. I am convinced that if they only continue to write, if they only believe that literature is the ornament of humanity and a God-given right, "She will give you a garland to grace your head and present you with a glorious crown." (Proverbs 4:9)

　　I am also well aware that literature only has a minimal influence on political disputes or economic crises in the world, but its significance to human beings is ancient. When literature exists, perhaps we do not notice how important it is, but when it does not exist, our lives become coarsened and brutal. For this reason, I am proud of my profession, but also aware of its importance.

　　I want to take this opportunity to express my admiration for the members of the Swedish Academy, who stick firmly to their own convictions. I am confident that you will not let yourselves be affected by anything other than literature.

　　I also want to express my respect for the translators from various countries who have translated my work. Without you, there would be no world literature. Your work is a bridge that helps people to understand and respect each other. Nor, at this moment, can I forget my family and friends, who have given me their support and help. Their wisdom and friendship shines through my works.

Finally, I wish to extend special thanks to my older relatives and compatriots at home in Gaomi, Shandong, China. I was, am and always will be one of you. I also thank the fertile soil that gave birth to me and nurtured me. It is often said that a person is shaped by the place where he grows up. I am a storyteller, who has found nourishment in your humid soil. Everything that I have done, I have done to thank you!

My sincere thanks to all of you!

资料来源：Nobelprize. org

http://www. nobelprize. org/nobel_prizes/literature/laureates/2012/yan-speech_en. html

人民网 http://culture. people. com. cn/n/2012/1212/c22219-19867673. html

五、案例练习

（1）翻译中国教育部副部长郝平在第四届孔子学院大会晚宴上的致辞。

女士们，先生们，朋友们：

晚上好！

第四届全球孔子学院大会开幕已经两天了。各位代表不辞劳苦，以满腔的热诚投入工作，积极建言献策，广泛深入讨论，使大会各项议程进展非常顺利。在此，我谨代表中华人民共和国教育部和孔子学院总部，向你们表示诚挚的感谢！

明天上午，我们将举行大会闭幕式，校长和院长分论坛的召集人将与大家交流和分享大会的成果。之后，中国教育部部长袁贵仁先生将作总结讲话。总部将认真吸取各位代表的意见和建议，把明年的工作做得更好。

经过5年的努力，孔子学院从无到有，从小到大，不断发展，至今，已在88个国家和地区建立了280多所孔子学院和270多个中学孔子课堂。各国朋友都说，孔子学院是一个大家庭，在世界各地有我们的兄弟姐妹。今天晚上，我代表中国教育部和孔子学院总部，在这里设家宴，款待出席大会的中外朋友！希望大家这次中国之行，心情愉快，身体健康！

再过20天就是新年了。在此，让我们共同祝愿孔子学院在新的一年里，蓬勃发展，取得更大成功！祝愿各位朋友新年快乐、工作顺利、家庭幸福、万事如意！

资料来源：孔子学院总部/国家汉办官网

http://college. chinese. cn/conference09/article/2009-12/28/content_97511. htm

（2）翻译国际奥委会主席在2008年北京奥运会圣火欢迎仪式上的致辞。

The Olympic Flame has arrived in Beijing, announcing that the first ever Olympic Games in China will soon begin.

The combination of the Olympic flame and torch is one of the most well-known and strongest symbols of the Olympic movement, heralding not just the arrival of the Games but also spreading a message of peace or "Ekecheiria", as the Greeks call it, to the world.

From today, the torch will carry the flame across the globe, creating anticipation and excitement for the Beijing Games wherever the relay passes.

Crossing five continents, 21 cities around the globe, and more than 113 cities and prefectures on mainland China, wherever it passes the Olympic torch relay will cause everyone, whatever their nationality, culture or belief, to pause for a few moments to reflect on its message of peace and the Olympic values of excellence, friendship and respect.

All along the relay route people will be touched by the magic of the Olympic Games and what it represents.

Indeed, many people, especially young people, will find that the Olympic torch relay ignites a passion and inspires them to participate in sport, to give their very best in all they do, and emulate their heroes.

It is the torch's ability to touch us that allows it to reach out to the world, beyond the host city, to bring the Olympic values closer to society and call the people of the world to the Games.

I am certain that the Games themselves, will not only be a moment of sporting excellence, but also an opportunity for the people of China and the world to learn, discover and respect each other.

Allow me to conclude by thanking you, President Hu Jintao, and the Chinese people, for your continued support for the Beijing Games and for the Olympic torch relay. Your passion and enthusiasm will allow these Games to fulfill their full potential.

I would also like to thank our Chinese friends from the Beijing Olympic Organizing Committee, and in particular its president Mr. Liu Qi, for their strong and continuous focus on making the Beijing Games a unique and exceptional celebration of humanity.

Now, let's all celebrate together the arrival of the Olympic flame in Beijing before the real party in 130 days—the opening of the Games of the XXIX Olympic in Beijing.

资料来源：http://tr.hjenglish.com/page/35111/

第八章　留学与职场翻译

第一节　求职信/推荐信翻译

一、教学目标

培养能对信息型文本进行交际翻译的人才，掌握中英文求职/推荐信函的基本知识，包括其内容、特点及规范，熟悉中英信函的文体、语言以及文化差异，训练职场与留学中跨文化翻译的能力。

二、求职信/推荐信翻译宏观视角

求职信/推荐信为求职与求学时必不可少的。目标上以说服收读者为目的，突出自身优势以与用人单位或招生机构进一步接洽；行文上讲究准确性和客观可验证性，给用人单位或招生机构提供了解申请人的渠道。在总体语篇上属于表达型语篇，具备一般信函的所有特征，遵守"7C原则"，即完整原则（Completeness）、清晰原则（Clearness）、具体原则（Concreteness）、简洁原则（Conciseness）、准确原则（Correctness）、礼貌原则（Courtesy）、体谅原则（Consideration）[①]，强调文类规约，以交际为目的。

（一）谁在对谁说话？

求职信为求职者根据企事业单位招聘标准，发出的求职申请，随信附上个人简历。求职信的收读者多为中外企事业人力资源负责人。

推荐信中推荐人受申请人委托，以信函为形式，向企事业单位或教育招生机构提供申请人的评价信息，推荐信的收读者为教育机构的招生评审人或中外企事业人力资源负责人。

（二）说什么？

求职信和推荐信具备一般信函的所有特征，信函的语言形式介于书面语和口头语之间，它要求用语通俗质朴、简洁流畅，同时还要求文雅礼貌，不卑不亢。在表达上一般都比较婉转、含蓄，常使用情态动词，且尽量保持"公事公办的持重感

[①] 易露霞，刘洁，尤或：《外贸英语函电》，清华大学出版社2008年版，第16-20页。

(business poise)①"。两者主要区别在于申请人使用的场合以及目标不同。

（1）求职信：求职信是社交信函中比较正式的一种，是求职者在职场上的敲门砖。在向用人单位递交个人简历时，一般也要附上一封求职信，或者直接将简历加入信中。求职信可以是针对广告的应聘信，也可以是自荐信，常按固定程式行文使用套语，讲求规范②。目的在于表达应聘意愿，希望获得进一步笔试或面试的机会。语言上正式简洁，用词准确庄重，表达婉转含蓄，避免空泛，讲求实效。求职信一般结构如下：

- 起始段：表明写信事由，包括写信目的、获得岗位信息的渠道和满足岗位要求的自身优势；
- 正文：介绍自身教育背景、与岗位相关的工作经历与成果/业绩（在校生或刚毕业申请者可以强调实习经历，所学专业知识或课程，取得的专业资格证书或掌握的实用技能与所申请岗位的关联性）。
- 结尾：强调自身优势，提出面试要求，说明联系方式和联系时间。

（2）推荐信：在留学申请中，推荐信是申请境外院校的必要材料之一，是申请人获得录取的重要保障。在职场中，特别是在外企中，也存在需举荐人推荐的情况。大多数境外院校都要求申请者提供两至三封推荐信。推荐信要求格式庄重严格、信息充分，语言简明。推荐人一般是申请者的老师或是学校的领导，对申请者有一定的了解，从多角度证明申请者的优秀能力，并且适合其拟申请的专业或研究领域，给对方以可靠的信息。在推荐信中，推荐人一般会在信中提及：

- 推荐人的举荐意愿；
- 申请者的学识信息，包括在校期间的表现以及学业成绩等；
- 申请者的能力信息，包括工作能力，学习能力及研究能力；
- 申请者的品质信息，如性格品质等。
- 对申请者的发展预测等。③

（三）何时？何地？

求职信一般需在企事业单位招聘告示所规定的招聘截止日期内，向指定邮箱或地址发出或寄出。

推荐信一般印在举荐人单位或公司抬头的信笺上，随其他证明材料一同提交至用人单位或教育机构。

（四）为什么？

申请人以求职信吸引用人单位的注意，表达自己求职以及获得面试的愿望；推荐信由举荐人写信至用人单位或教育机构，以第三方的证言证明申请人的能力及品

---

① 刘宓庆：《文体与翻译》，中国对外翻译出版公司2012年版，第358页。
② 梁为祥，李刚：《新理念商务英语专业翻译教程》，复旦大学出版社2008年版，第76页。
③ 李建军：《英汉应用文互译》，上海交通大学出版社2008年版，第60–70页。

质,帮助申请人获得求职或求学的机会。

三、求职信/推荐信翻译原则

(一)体谅读者 适当改译

求职信/推荐信翻译时需考虑到信函的收读者需基于自身的文化知识与认知,以自身招聘/招生要求为出发点,展开阅信工作,来寻得合适的人选。因此,在译写时,为再现原文的风格和语体,必须进行适当的改译,那么就需要将中文的内容套用到英文信函的格式中,使得译文合乎英文信函特征与规范。由此,在求职信/推荐信汉译英译写的过程中,需要小心处理中英文信函在格式、文化与表达方式上的差异。

首先,中英文信函在格式上有显著的异同。试举一例,请注意以下例子在日期、篇章结构、行文格式、称呼、信尾的礼辞形式等方面的改译。

【例1】原文:

敬启者:

顷阅今日××报,得悉贵公司招聘职员,本人符合报载所列条件,拟参加应征。

我于三年前,毕业于某大学外文系,自信能符合贵公司征求精通英文之要求。本人除在大学主修英文外,并在ABC贸易公司担任秘书工作历三年之久。另谋他职的主要原因,是希望从较大的贸易公司如贵公司工作中,能获得更多的工作经验,就以我所受的教育与经验,将来在贵公司工作会有助益。

兹随函附履历表、毕业证书及大学校长推荐函各一件,倘蒙阁下接见,将不胜感激。

×××
2017年7月6日

原译:

July 6, 2017

To whom it may concern,

In reply to your advertisement in today's newspaper regarding a vacancy in your office, I wish to apply for the position of senior clerk, which you have specified.

I feel confident that I can meet your special requirements indicating that the candidate must have a high command of English, for I graduated from the English Language Department of ××× University three years ago.

In addition to my study of English while in the University, I have worked for three years as secretary in the firm of ABC Trading Co. Ltd.

The main reason for changing my employment is to gain more experience with a superior trading company like yours. I believe that my education and experience will prove useful for the work in your office.

I am enclosing my resume, certificate of graduation and a letter of recommendation from the president of the University, I shall be obliged if you will give me a personal interview at your convenience.

Truly yours,
×××

分析：需要对中文求职信的格式进行调整改译。首先将日期按照英文的习惯置于称呼的上一行，并按照英文段落习惯，将原文的信件正文部分，按照不同的话题进一步划分成三个自然段，最后增译信尾套语，以符合英文信函的格式规范。其中，需注意的是汉语信尾的礼辞是可有可无的，但英文信尾的礼辞是信件不可或缺的部分，且英文的礼辞通常还与称呼相搭配使用，此例中与称呼相搭配应使用"Truly yours, /Faithfully yours,"。需要注意的是，就算原文没有礼辞的部分，在翻译时也需要增译上去。

此外，还需要兼顾英语的文化。英美文化注重性别、地位等方面的平等，因此，在译写时需特别注意。如下例：

【例2】**原文**：敬启者

试译：Dear Sirs/Gentlemen

分析：此为求职信或推荐信的称呼部分。在翻译时需考虑读者是谁，根据读者的需要，采用适合读者需求的方法写作或翻译。若用"Dear Sir"或"Gentlemen"指代"敬启者"，会让女性读者感到不舒服，应当改为无歧视的说法。

原译：To whom it may concern/Dear Sir or Madam

再者，礼貌原则（Courtesy）是信函译写需要遵循的重要原则，但却需要特别小心处理中英文敬谦词的文化差异。受到传统文化和习惯的影响，中英语言风格差异显著。汉语受儒家传统文化的习惯和影响，以恭谦为美德，因而在中文信函表达中常以谦虚来表达礼貌；而英语语言在西方平等主义的影响下，常采用坦率、直接而自信的表达方式。具体可参看此例。

【例3】**原文**：倘蒙阁下接见，将不胜感激。

原译：I shall be obliged if you will give me a personal interview at your convenience.

分析：需要注意中英文敬谦词的文化差异，汉译英时需要做到自谦而不自卑，自信而不自傲①。此句一般在信函中常用作结束语，用于表达写信人的希望。通常是写信人出于对用人单位尊重，以谦虚的口吻来表达自己的希望，有效的区分写信人与收读者的文化权利距离，但若将其生搬至英文信函中，在英文的语境下，反而起反作用，变成过分自谦，收读者可能会误以为写信人不自信而拒绝写信人。因此，在求职信译写时，注意用词的礼貌性的同时还需兼顾措辞的得体性，表现出写信人的自信。此处译文中将"倘蒙"译为"if"，"阁下"译为"you"，以减弱中英文权利距离上的文化差异。此外，在中英两种语言敬谦词语不对应的情况下，翻译中最好使用错位补偿的方式，采取"译语气"，尝试去复制原文语气。②即在处理中文的敬谦词语时，可尝试增译模糊语（hedging languages）或情态动词（modal verbs）来营造语气，而非生硬地去直译敬谦词语。此技巧可普遍用于套句的翻译。

（二）活用主动 语言简洁

英文信函以简洁（Conciseness）为特征，因此，在求职信/推荐信译写中，活用主动性动词能让表达变得更简洁，更符合英文的表达习惯，如下例。

【例4】**原文**：该生会计基础牢固，核心课程平均成绩85分，加之学习能力较强，因此实习期间她已能较好地掌握评估的一些基本业务，而这又进一步使她对会计有了更深的领悟。

原译：As she had done well in her accounting major, with an average score of 85 for the core courses, in addition to her remarkable learning ability, ××× was capable of doing some of the basic businesses in the company, and thus understanding the know-how of accounting more profoundly.

分析：此例为推荐信中的一句话。"基础牢固"在信函翻译中如果直译会不利于表达的简洁性，此处译为"do well"恰恰展现了交际翻译的目标性与简洁性，虽语义上有出入，但却与原文在信息上一致，产生同样的翻译效果。"更深的领悟"为形容词名词短语结构，属于含有动词意思的名词，直译不利于与上下文的衔接，因此，宜将"领悟"一词用动词处理，使用"understand"一词与上文动词"doing"平行排比，如此一来句式更为整齐，而原文中的形容词"更深的"便随之译为副词即可。

如上所述，英文追求简洁，相比之下，中文多使用人作主语，因此，在英译时更宜化被动为主动，意思更为清晰，以符合信函的简洁原则。还要注意，避免在同一句话中混用主动和被动语态。在消除被动语态时，可考虑使用无生命事物作主语或使用 I/we 作主语。

---

① 李建军：《英汉应用文互译》，上海交通大学出版社2008年版，第60–70页。
② 刘季春：《实用翻译教程》，中山大学出版社1996年版，第170页。

【例5】原文：就以我所受的教育与经验，将来在贵公司工作会有助益。

原译：My education and experience will prove useful for the work in your office.

分析："我所受的教育与经验"在原文中为被动，与后文相搭配，为典型的主动与被动语态混用，但英语强调少用被动语态，且忌混用主动与被动语态。因此，汉译英时宜消除被动，直接使用主动语态，在此可使用所有格，使用无生命事物作主语，然后使用主动语态顺译即可。

【例6】原文：我相信××同学身上所具备的勤奋、热情以及奉献精神正是贵校所需求的。

原译：I believe her industriousness, passion and dedication will make her an ideal candidate you are seeking for your program.

分析："所具备的"与"所需求的"二者在中文中皆为被动语态，但过度使用被动语态不符合英文的语言习惯，因此，此句译文先使用所有格，再用无生命事物作为宾语从句的主语，而后使用表主动的动词结构"make + sb + n."，从而顺利地将译文梳理出来了。

（三）用词具体 避免空泛

中文用词偏向于抽象，而英语强调用词具体。因此，若在译写过程中，遵循中文的表达习惯，用大词，抽象词来表达内容，英文信函的收读者可能会怀疑作者在说谎或试图隐瞒真相，因为英文信函信奉具体原则（concreteness），多使用细节来展现说服力。因此，在求职信或推荐信译写中，常需处理中文中过大或是抽象的词。推荐信对此点更为讲究，因为在本质上来说，推荐信就是要向收读者提供充分、可信、可靠的评价信息。因此，推荐信在展示推荐人学识的同时又需要最大限度展现推荐人可信度，常需将中文的表达尽可能具体化，追求用词准确，用细节营造画面感，切忌泛泛而谈。

【例7】原文：在独立完成一部分工作的同时，该生能较好地与老师沟通、合作。

原译：She could complete assignedfasks independently while at the same time communicating smoothly and cooperating excellently with the teachers who had given her some instructions during the internship.

分析：此例为推荐信中的一句话。推荐信汉译英时需在语言上展示证明人的学识与权威，内容上需令人信服。因此，翻译时需要用词具体，如此例原文中"较好地"一词，在英文翻译时，在句式上使用了英文的"动词+副词"的平行结构的同时，使用具体的副词来分别搭配"communicate"和"cooperate"，这个细节使得译文在展现推荐人文采的同时又大大的增强了可信度，细节就是说服力。

（四）信息重组 重点清晰

因英汉逻辑思维方式和表达形式不同，如中文习惯按时间顺序来叙事，常混用第一和第二人称，但这个特征放到在英文中，却明显与英语收读者的习惯相悖。英文通常采用第一人称行文，采取高度结构化的句式结构以事为主线。如此，在信函翻译中，就需要译者对原文进行信息拆分，分清主次，在目的语中实施结构重组，以便到达文体等效作用。

【例8】原文：我于三年前，毕业于某大学外文系，自信能符合贵公司征求精通英文之要求。

原译：I feel confident that I can meet your special requirements indicating that the candidate must have a high command of English, for I graduated from the English Language Department of ×××× University three years ago.

分析：原文按汉语习惯以时间顺序铺陈信息来讲写信人的学历资质，但若直接按此顺序译入为英文，则失去重点，不符合英语读者的习惯，因此汉英译时需先对原文信息进行拆分，分清主次，突出重要的信息，由此使得表意更加符合信函的清晰原则。

四、平行文本

（一）求职信汉英对比

尊敬的领导：

　　您好！

　　谢谢您在百忙中审阅我的求职信。

　　我是××大学服装系2009年应届毕业生，面临择业，我满怀憧憬和期待，愿坦诚地向贵单位自荐，并将我的材料函呈上，敬请审阅。我毕业于一所年轻的学校，十六年的寒窗苦读造就了自强不息的我。大学三年生活短暂而充实，一千个日日夜夜，我荡起智慧之舟，迎朝阳，送落霞，遨游于知识的海洋。我明白：现代社会，机遇与挑战并存；我懂得：只有不懈的努力才会有好的收获。正是凭着这种信念，我以乐观向上的进取精神，勤奋刻苦的学习态度，踏实肯干的工作作风，团队合作的处事原则，开拓进取，超越自我，力争成为一名有创新精神，积极开放的复合型人才。

　　大学生活是我人生中最重要的一个阶段，是我探索人生，实践真知，超然智慧，走向更加成熟的过程。几年来，我立志做一个学好自己专业的优秀大学生，我不仅有扎实的理论基础，而且有一定的实际操作能力以及吃苦耐劳的团队合作精神。出生于农村家庭使我具备了勤奋、诚实、善良的性格，培养了我们不怕困难挫折，不服输的奋斗精神。

　　自信和执着是我的原则，沉着和乐观是我处事的态度，爱好广泛使我更加充实。面临择业，我对社会和自己都充满信心，渴望得到社会的认可，能有机会发挥自己的聪明才智，对社会有所贡献。

　　尊敬的领导，雄鹰展翅急需一方天空，良马驰骋尚待一方路径。我真心希望成为贵公司一员。

相信您的信任和我的实力的结合将会为我们带来共同的成功。蒙阁下抽暇一顾此函,不胜感激!

此致

敬礼!

×××

×年×月×日

资料来源:智联招聘大学生求职信范文
http://www.zhaopin.com/jianli/qzx_fw/135706.html

P. O. Box 000033
Stanford, CA 94000
October 19, 20××

Ms. Marian Armstone
Human Resources Manager
LEK Consulting
9999 Oak Street
Palo Alto, CA 9003

Dear Ms. Armstone:

This letter and the attached resume serve as my application for the Associate position at LEK Consulting. After speaking with Jo Kimmer at Stanford's Career Fair on October 9, I believe my skills, academic training, and work experience are a good fit for this position.

I will complete a Master of Science degree in Mechanical Engineering in June 2014. I have developed strong analytical and quantitative skills through coursework in technical, computer science, and economics courses. In addition, my hands-on experience in various internships and student leadership positions supports my qualifications as an Associate.

As an intern at General Motors this past summer, I developed analytical skills by taking measurements on a development vehicle identifying design problems, offering solutions for improvement, and making recommendations in a written report. I was awarded a General Motors scholarship for my exceptional contributions as a member of the S-10 Crew Cab launch team.

At Stanford, I demonstrated leadership ability by serving as the elected president for a service organization with over one hundred active members. In this effort, I honed my ability to make good decisions, plan and organize my time, work well on a team, and have developed sound interpersonal, oral, and written communications skills. Finally, I bring an entrepreneurial spirit and creativity to this position, as evidenced by my experience designing, patenting, and marketing my own product.

I would enjoy speaking with you further to discuss, in detail, how I am a match for the Associate position. I will follow up in two weeks to see if there is additional information you would like me to provide or answer questions you may have (another option: I am eager to apply my energy, experience, and enthusiasm to the work of LEK and look forward to hearing from you soon.).

Sincerely,
John Duncan

资料来源：浙江大学就业指导与服务中心求职信模板
http://www.career.zju.edu.cn//news/138129229390348004.html

(二) 推荐信汉英对照

尊敬的×××教授：

作为××大学这一中国知名学府的生物学院老师，我很高兴能有机会把我最喜欢的学生——张笑寒，推荐给你们的 PhD 项目。

2004 年 9 月，我给张笑寒所在的班级上普通生物学，这是该班学生上的第一门专业课程。张笑寒表现出了非常浓厚的兴趣。我上课的方式比较开放，互动性较强，她是最喜欢在我课上提出问题进行回答的学生之一。她从不害怕说出自己的看法，就算是和我的观点不一致。除此之外，她经常在下课后单独找我交流一些对问题的看法，甚至直接到我的办公室找我。

普通生物学结课的时候，我让学生们就对生物学的认识写一篇论文。张笑寒的同学的论文给了我很深的印象，她自主的查阅了几十篇文献，对生物学的研究现状以及一些分支做了独特的富有创造性的思考，体现出了她所具有的创新性和逻辑性科学思维的良好品质。从她的这篇论文中可以看出她对普通生物学这门课程已经有了一个比较清晰的结构认识。所以她的论文我给了全班最高分，并作为范文让其他学生学习其中的优点。

我相信××同学身上所具备的勤奋、热情以及奉献精神正是贵校所需求的，所以我毫不犹豫的推荐了她，也真诚的希望贵校能够给予其参与你们的 PhD 项目的资格。

××大学生物系教授×××
2015 年 12 月 12 日

December 12, 2015
Dear Prof. ×××,

As a teacher in Department of Biology, XX University, a leading university in China,

I am very pleased to take this opportunity to recommend one of my favourite students, Zhang Xiaohan, to your PhD program.

In September 2004, Miss Zhang was one of my students in General Biology, the first professional course they take in the field. She likes it very much. I teach her in an open and interactive manner, she is active and passionate about answering class questions. Miss Zhang is a bright, energetic and enthusiastic girl who loves speaking out her own ideas. She never escapes from those points of which she is skeptical. Apart from that, she often puts forward her ideas upon questions and exchanges all of her innovative ideas with me after class.

Upon ending of General Biology course, I asked my students to write an essay upon their understanding of biology. I discovered Miss Zhang's essay was so impressive and persuasive; her careful essay comes from dozens of references to literatures in biology. In essay Miss Zhang stretched out her creative thinking upon status quo of biological research and branches in the field of biology. All of this speaks to her creative and logical and scientific thinking capability. I am glad to say that Miss Zhang has a clear understanding about General Biology, that comprehension has been reflected fully in her essay. Therefore, Miss Zhang got a full point for her essay in her class, and other students took it as model essay.

I believe Miss Zhang's industriousness, passion and dedication will make her an ideal candidate you are seeking for your program, so I highly recommend her without any hesitation to you. And I will greatly appreciate it if you could accept her into your program.

Sincerely yours,

[Signature]
× × ×
Department of Biology
× × University
资料来源：出国留学推荐信中英文模板
http://graduate.tiandaoedu.com/wenshu/21917.html

五、案例练习

(1) 求职信翻译。

敬启者:

贵公司十二月二十五日在《北京青年报》刊登招聘广告,本人特备此函应征该职位。

我今年32岁,毕业于北京外国语大学,曾在NCC公司担任推销员历五年之久。由于任职的公司宣布解散,只好离职。

兹随函附履历表及照片一份,希望阁下能够满意。至于月薪一事,希望能从五千港币起薪,加上佣金。倘若阁下愿意接见本人以了解我的能力,我将随时候教。

此致

敬礼!

×××

(2) 推荐信翻译。

尊敬的×××教授:

我是上海财经大学会计学院的博士生导师,×××是我校会计专业辅修课学生,我曾担任该学生的审计学老师和实习指导老师。她上课很用心,我讲过的很多案例,在她参与资信评估的实习时,能得到运用。

实习期间,×××给我留下了非常好的印象。为了能学习更多的评估专业知识,她主动承担了更多的工作,像正式员工一样主动留下来加班。并且不论工作难度高低,她都能尽心尽力地做好,这样的敬业精神实属难得。她会计基础牢固,核心课程平均成绩85分,加之学习能力较强,因此实习期间她已能较好地掌握评估的一些基本业务,而这又进一步使她对会计有了更深的领悟。25天工作日,她共参与调研了包括上海建桥学院、海航酒店集团等15家公司。在参与撰写评估报告时,她思路清晰、有较强的逻辑性;在独立完成一部分工作的同时,能较好地与老师沟通、合作,并能提一些有深度的问题,得到了大家的一致好评。

我相信××同学身上所具备的勤奋、热情以及奉献精神正是贵校所需求的,所以我毫不犹豫的推荐了她,也真诚的希望贵校能够给予其参与你们的PhD项目的资格。

上海财经大学会计学院教授 ×××
2015年12月12日

第二节 简历翻译

一、教学目标

培养对信息型文本进行交际翻译的人才,掌握中英文简历的基本知识,包括基本内容、特点及规范,熟悉中英简历的文体、语言以及文化差异,训练职场与留学中跨文化翻译能力。

二、简历翻译宏观视角

(一) 谁在对谁说话?

在求职或求学申请的过程中,大部分的用人单位都会要求职者提交中英文简历,简历的原文作者为求职者/求学者本人,简历多根据企事业单位招聘标准或海外院校招生要求而撰写,其译文受众为中外企事业人力资源负责人或海外院校的招生评审人。

部分需对外交流的企事业单位也会提供在职人员的中英文简历,来公开其在职人员工作的情况,以满足其涉外业务的需要。

(二) 说什么?

在应用类语篇中,简历为申请人自我介绍的一种信息类语篇[1],为申请人求职或求学的目的服务,或是作为媒介,对外公开在职人员资质。美国多用"resume"一词,此词源于法语,意为 summary,而英国多用 CV(curriculum vitae),此词源自拉丁语,意为"course of life"[2]。

简历内容一般会根据用人单位或海外院校的要求或根据涉外工作单位的需要有选择性地包括以下内容:

- 本人情况:姓名、出生年月、国籍、婚姻状况、居住地址、电话号码、传真号码等;
- 学历:就读学校(一般写高中至大学),哪一年得过什么学位等;
- 工作经历:从哪年到哪年在哪里工作,担任什么职务等。在排列顺序上,既可以按时间先后为序,也可以将最近的经历放在前面,最早的经历放在后面;
- 所获证书:曾获得何种能力证书或资格证书;
- 有何专著、论文和文章,在专著下有时还注明在哪些刊物上对该专著曾有

---

[1] 方梦之,毛忠明:《英汉-汉英应用翻译教程》,上海外语教育出版社2004年版,第322页。
[2] 刘著妍:《大学英语英汉互译教程》,天津大学出版社2007年版,第230页。

过评价。
- 曾获得何种奖学金、资助、奖励等；
- 参与过何种学术团体、委员会、基金组织等；
- 推荐人或证明人的姓名地址；
- 兴趣爱好特长等。[1]

汉语与英语简历在目标上都是为了吸引用人单位或招生院校的注意，因此，二者在内容上相似，但在结构上各有其认可的模式。汉语简历对格式的要求不是很严格，常见的有表格式和提要式，前者多见用于毕业生求学或求职简历，后者多见用于在职人员介绍，语言上汉语简历可以用完整的段落和句子；但英语简历为方便读者一目了然，往往格式相对固定，多使用表格式的行文方式，多用短语，而不使用完整的句子，常省去主语"I"，只有在解释某些情况时才使用完整的句子结构。

（三）何时？何地？

用于求职或求学的中英文简历一般随求职信或留学申请书向指定邮箱或地址发出或寄出。用于在职人员介绍的中英文简历多公示于企事业单位的门户网站以作人事介绍，有时会将中英文简历发布于新闻以作对外公示。

（四）为什么？

求学/求职申请人以个人简历来吸引用人单位或招生院校的注意，表达自己求职/求学以及获得面试的愿望。在职人员公布中英文简历的情况多用于对外的信息公布或是单位组织人事人员资质介绍。

三、简历翻译原则

（一）明确目的 选译内容

英文简历可以按照地域的文化与读者的性质来划分。

首先，英文简历可大致以国内与国外区分，即以中外文化为区分，中国文化中的英文简历与外国文化的英文简历都会根据不同的文化特征有各自的偏好[2]。因此，在译写前，首先需要考虑读者是谁，在保留重点信息的基础上，按照地域文化习惯来选择翻译的内容，适当的进行增译和简译，使得中英文简历在功能上达到归真。

用于国外求职/求学的英文简历，在个人信息部分，除非另有要求，一般会尽量避免提及政治面貌、身高、体重等涉及个人隐私的信息，在英文的求职简历中，甚至会避免提及性别、年龄、种族方面的个人背景。前者主要为保护个人隐私，后

---

[1] 胡文仲，吴祯福：《实用英语写作》，外语教学与研究出版社1995年版，第170页。
[2] 《许国庆：英文简历写作技巧（转载）》，清华大学学生职业发展指导中心，http://www.tsinghua.edu.cn/publish/career/8144/2013/20130326101535650921341/20130326101535650921341_.html。

者多为规避性别歧视、年龄歧视或种族歧视所带来的法律风险。在某些国家地区,一旦涉及用工歧视被控诉,招聘企业需要按律付出巨额赔偿。另一方面,在经历描述中,一般多强调职责,不写业绩。而用于国内的求学/求职的英文简历则没有如此严格的法律限制,还是会按照中国文化的习惯,适当留下年龄、国籍、民族、户口所在地、婚姻状态等个人信息。但如目标读者的涉外文化更为浓厚的情况下,如在华的外企,还是会避免提及政治性或是个人隐私性的内容,如政治面貌、身高、体重等,在经历描述中,重点也多倾向于描述业绩。

而国内用于在职人员公示的英文简历则偏向于按着中文原文的格式或样式,沿用原文的表格式或摘要式,且多会保留中文简历中的所有信息。

因此,在汉译英翻译写作中,译者需要根据简历的用途以及考虑目标读者的地域文化或社会现状,在简历译写中对原文信息适当地进行不译、增译或对等翻译。

同时翻译的时候要注意中英文简历的不同习惯,如,注意英文履历多是从最近到过去的,而中文简历是从最早到最近的。其次是地名的翻译,英文的习惯是从房间号到门牌号到大街再到区最后城市名,即由小到大,而中文习惯正好相反,即由大到小。

此例为美国留学生王丽丽同学(匿名)递交至美国某企业的个人简历的个人信息部分。

【例1】原文:

个人信息

姓名:王丽丽　　　　　　　　出生年月:1993.3
性别:女　　　　　　　　　　籍贯:广东广州
政治面貌:党员　　　　　　　联系电话:
学历:硕士研究生　　　　　　86+135456789×××/××××××××
身高:160 cm　　　　　　　　民族:汉族
体重:52 kg　　　　　　　　　电子邮箱:×××××××@gmail.com

试译:

Personal Information

Name: Lili Wang　　　　　　　Date of Birth: March of 1993
Gender: Female　　　　　　　Native place: Guangzhou, Guangdong
Political status:　　　　　　　Tel: 86+135456789×××/××××××××
Member of the communist party　Ethnicity: Han
Degree: Master degree　　　　Email: ×××××××@gmail.com
Height: 160 cm
Weight: 52 kg

分析：这份试译中照搬中文简历信息来直译，在英文简历中可能会体现强大的文化冲击。所以，翻译写作前需先充分了解简历的目标读者的文化与社会需求，有选择地进行译写。首先针对美国文化中的个人隐私观，需过滤掉过于政治性和过于个人隐私的信息，可选择不译政治面貌、身高、体重等信息；再考虑到美国社会反就业歧视方面的律例，则进一步略去性别、种族、年龄相关的信息；而学历部分因英文简历中一般会在教育背景有详细介绍，可考虑进一步删去以示简洁。如此，在翻译个人信息的这一部分便可只留下姓名、电话与电邮即可，这样才符合美国的招聘工作人员的文化习惯。而在实际的英文译文中，多有将姓名与联系方式移至简历的页眉部分或标题部分的做法，来充分强调自身的工作或教育经历等优势，以迎合招聘单位的 HR 在工作中的阅读习惯。

原译：

Lili Wang

Tel：86＋135456789×××/××××××××

Email：×××××××＠gmail.com

但若王丽丽同学需要再把简历投至国内某外企时，在对简历进行汉英译写时，则不需要减掉这么多内容，一般只需删减去过于政治性和过于涉及个人隐私的信息便可。

下例为中宣部对外公示其工作人员资质的例子。①

【例2】原文：

胡××同志简历

胡××，男，1961年生于湖北省潜江县。1979年考入武汉大学中文系学习，1983年6月加入中国共产党，大学毕业后到新华社国内新闻编辑部工作，历任编辑、副主编、编辑室副主任、室主任、高级编辑，1997年任新华社国内新闻部副主任；2004年1月任中宣部新闻局局长，2006年当选为中国记协副主席；2009年10月任中宣部政策法规研究室主任。2010年2月任中宣部新闻发言人。

分析：此例为政府部门以摘要式简历为形式，对外公开新闻发言人的资质。在此，简历就起到了信息公开的作用，因此，在翻译时就会追求意义上的等效，不需要再去对内容再行选择了。

原译：

Curriculum Vitae of Mr. Hu × ×

Hu × ×, spokesman of the Publicity Department of the Central Committee of the

---

① 《中央部门发言人简历（中英文）》，中华人民共和国国务院办公室门户网站，http://www.scio.gov.cn/ztk/dtzt/30/4/Document/685845/685845.htm，访问日期：2018年12月7日。

Communist Party of China.

Hu × × was born in 1961 in Qianjiang County, Hubei Province. He studied in the Chinese Department of Wuhan University in 1979. Hu joined the CPC in June 1983. After graduating, he worked in the Domestic News Department of Xinhua News Agency. He worked successively as editor, deputy editor-in-chief, deputy director, office director, and senior editor. In 1997, Hu assumed the post of deputy director of Xinhua's Domestic News Department. In 2004, Hu served as director of the press bureau of the Publicity Department of the CPC Central Committee. In 2006, he was elected vice president of the All-China Journalists Association. Since October 2009, he has been director of the Department of Policy and Legislation Studies of the Publicity Department of the CPC Central Committee. In February 2010, Hu assumed the post of spokesman of the Publicity Department of the CPC Central Committee.

如此可见，简历汉英译写的首要关键就是要判断简历的目的，以目标读者的文化及简历目的为导向，去决定具体的翻译策略以及该译何种内容。

（二）结构一致 注意时态

译写时，需要特别注意英语简历常省去主语，多使用表格式的行文方式①，灵活多用动态动词短语，而不使用完整的句子，这就是为什么全球各大高校在英文简历写作指导中会提供系统而完整的个人简历常用动词表。此外，英文简历还讲究动词短语结构的一致性，注重句式上的平行，也就是英文中的排比，这是表格式行文的语言重要特征。特别需要注意的是，简历多为描述过去或现在的经历，所以要注意时态的使用。

以下例子为某大学生个人简历中实习经历的其中一部分。

【例3】原文：

2010/07 ~ 2010/09　　　　成都龙涵商贸有限公司　　　　市场分析

- 参与市场问卷调查的设计以及市场调研活动；
- 利用 SPSS 软件对调研数据进行统计分析，及市场预测；
- 管理销售合同等各类文件。

试译：

July 2010-September 2010　　Chengdu Longhan Trade Co., Ltd.　　×Market Analyst

- Design questionnaires and conduct market research
- Statistical analysis using SPSS, make market prediction
- Manage files such as sales contracts

---

① 方梦之，毛忠明：《英汉—汉英应用翻译教程》，上海外语教育出版社 2004 年版，第 322 页。

分析：首先，在职责描述中需要使用一致的动词短语结构，才能符合英文简历的表格式行文习惯。试译中，第一和第三个分点使用了动词加名词的短语结构，第二个分点却开头使用了形容词加名词结构，而后又变成动词加名词，如此就无法维持三个分点在句式上的平行与一致，在整体看来，语言就显得凌乱，破坏了表格式行文特征。因此，第二个点需要进行修改，将其排工整，改为与其他的两个点一致的动词加名词的结构。其次，若是某年某月至今，则为到现在还在进行的动作，就需要使用现在时。但从某年某月到某年某月，证明这个动作已经完成，为过去的事件，因此需使用过去时。

原译：

July 2010-September 2010　　Chengdu Longhan Trade Co., Ltd.　　×Market Analyst

- <u>Designed</u> questionnaires and <u>conducted</u> market research
- <u>Used</u> SPSS for statistical analysis and <u>made</u> market prediction
- <u>Managed</u> files such as sales contracts

（三）用词具体　信息归真

中文简历用词偏于抽象，而英语强调用词具体，因而很多时候若直接将中文译至英文时，时有出现在英文中使用过大，或过于抽象的词语或表达。如此，在语言上译文给不出细节性的描述，英文简历的受众会怀疑简历的真实性。因此，在英译汉时，一定要记得"细节决定说服力"这一原则。

在中文简历中，在职责描述或自我评价部分的语言和表达常出现较为抽象的语言，下面某毕业生简历里的自我评价部分就是一个典型例子。

【例4】原文：<u>性格温和、处事细腻，给人一种沉稳持重的感觉；具有良好的身体和心理素质，能够很快适应不同的环境，并承受较大强度的工作量和工作压力</u>；为人随和，易于他人相处，有很强的集体团队意识和责任心；有较强的分析解决问题的能力。

试译：

- Have <u>great personality</u>
- <u>Methodical and conscientious</u>
- Mature and professional
- Capable to adjust to different circumstances
- Good team player, able to work under pressure
- Responsible and easy-going

分析：很多人在译写自我评价部分时经常草率掠过要点了事，但在翻译时需要注意细节性，避免概念抽象化，若用词过于抽象容易让简历"失真"或甚至"失诚"，所以，需要注意用词具体化。第一，"great personality"去描述自身性格的话其语义范围会被扩大，其含义并不仅限于"温和的性格"；"处事细腻，给人一种沉稳持重的感觉"直接用"Methodical and conscientious"两个词来包含所有的话就会漏译"细"这一含义，这时增加"prudent"一词为佳。第二，原文中"具有良好的身体和心理素质，能够很快适应不同的环境，并承受较大强度的工作量和工作压力"，第一点是为后面的两句话提供支持，而这里的试译中却生生的把它们分开了，由此也直接导致后面很多地方出现漏译的现象，注意具体化还应当包括去琢磨原文的信息间的逻辑，因此，宜将错位的意群摆回到一块儿去，乖乖的按着原文的逻辑把语义表达出来。当然，我们在译写中还常遇到原文逻辑混乱的情况，那么就更需要先把原文逻辑整理好，然后在英文中按照一定的逻辑顺序表达出来。第三，注意前后词组的结构一致性，有助于凸显自己的表达重点，如其原译中，其重点为开头的那一组意群，而后跟随着的信息皆为解释说明，如此而得的译文更容易让英文读者一目了然。

原译：
- Stable personality, methodical, prudent and conscientious;
- Good health with a mature mind, capable of quickly adapting to different situations, able to work with heavy workload and under high pressure;
- Good team player with a high sense of responsibility, easy-going, cooperative and capable to work well with others;
- Strong analytical and problem-solving skills.

【例5】原文： ×××，1974年生于安徽萧县。幼习书法，志学而画。[①]

试译： ××× was born in Xiaoxian County of Anhui Province in 1974, Dr. ××× began practicing Chinese calligraphy and painting when he was young.

分析： 此为某艺术机构对外交流的艺术家摘要式简历中的两句话。旨于对外艺术交流的目的，吸引国外的艺术家及鉴赏家。中文中为凸显书香气质，将信息抽象化，连续使用四字成语，以达到语言上的工整，增加文艺感，但在英译写作中将其直译的话，所得英文的内容就会显得空洞而无生气。此时，若条件允许，可与简历的本人多沟通了解细节，将抽象的中文具体化，更能在对外交流中体现艺术家资历，吸引目标读者的眼光。

原译： ××× was born in Xiaoxian County of Anhui Province in 1974, Dr. X's art study began as early as the age of 8, when he began practicing Chinese calligraphy, and as a teenager he took on the specialized study of painting.

在用词具体化上，选词的上策为直指原文信息背后真正的含义，使得译文与原文在功能上达到一致。

[①] 《颛孙恩扬艺术简历（中英文）》，人民网，http://art.people.com.cn/n/2014/1024/c390113-25903088.html，访问日期：2018年12月7日。

（四）语态主动 表达自然

用主动句，意思更清楚，表达更为自然。因为主动句迫使作者说出动作的执行者。有时，动作的执行者比较容易识别。试举一例。

【例6】原文： 邓××，1957年生，江西上饶人。1978年考入浙江大学化工系学习。1982年毕业后到江西省科学院工作。[①]

试译： Deng ××, born in Shangrao City, Jiangxi Province in 1957, went to study at the Chemical Engineering Department of Zhejiang University in 1978 and began to work at the Jiangxi Provincial Academy of Sciences in 1982.

分析： 此部分为摘要式简历中的一句话，如此翻译固然能传递语义，但若要语义更为清晰，则可适当增译主语。

原译： Deng ×× was born in Shangrao City, Jiangxi Province in 1957. In 1978, he went to study at the Chemical Engineering Department of Zhejiang University. In 1982, he began to work at the Jiangxi Provincial Academy of Sciences.

四、平行文本

（一）清华大学学生与哈佛大学学生个人简历对比

姓名
电邮
电话

教育背景

保送进入清华大学公共管理学院，主修国际经济与战略合作，2013年毕业
2010.9 至今

- 研究生学分积 91.90，名次 1/42
- 获得清华大学-AEON 基金会特等奖学金（公管学院最高奖学金）
- 获得社会工作奖学金——同级中第一位获得此奖学金的研究生

保送进入清华大学化学系　　　　　　　　　　　　　　　　2006—2010

- 保送进入清华大学化学系，本科四年学分积 88.06/100，GPA3.72，名次 4/60
- 连续三年获得清华之友-周惠琪奖学金——学业一等奖学金（每学院仅一名同学获得）

项目经历

国家开发银行，研究助理，国家开发银行-清华大学　　　　　　2011.9

[①] 《中央部门发言人简历（中英文）》，中华人民共和国国务院办公室门户网站，http://www.scio.gov.cn/ztk/dtzt/30/4/Document/685845/685845.htm，访问日期：2018年12月7日。

- 境内银行对集团客户管理比较研究项目
- 对国家开发银行、商业银行和农业发展银行对集团客户管理业务进行比较
- 从国家开发银行的角度对该行集团客户管理业务提出政策建议

基于集聚优势理论的我国投资基金发展战略研究，清华大学　　　　2011.9 至今
- 通过对各国基金发展的比较，对中国基金业发展现状进行研究
- 分析基金发展的内在因素和外在因素，利用因素体系建立基金产业战略模型
- 利用模型对中国基金产业发展提出政策和发展战略建议

实习经历

美中贸易全国委员会（USCBC），北京　　　　　　　　　　2011.5—2011.6
- 参与区域经济发展、企业社会责任等项目，通过构建指标体系模型进行区域发展规划建议
- 对中国政府与美中贸易有关的各主要部委如商务部、发改委、证监会等机构进行联系和信息收集
- 即时整理对美中贸易有关的政策法规，相关信息发表于 USCBC 会刊《中国商业观察》
- 参与组织 2007 年年会，使来自北京、上海、香港的美国企业代表与中国政府官员进行会议座谈

麦肯锡（Mckinsey & Company），项目研究助理，北京　　　2011.1—2011.3
- 访谈国内和国外电子元件的生产厂商（家电、通信、能源、汽车等行业），了解生产能力及其客户的意见
- 研究行业分析报告，分析本土和外资生产厂商各自的核心竞争力以及缺陷所在
- 从发展模式、生产成本与研发、市场营销等方面对中国比亚迪股份有限公司的发展模式及关键成功因素进行详细案例分析

活动经历

第八届"Time to think"Ilmenau 全球学生论坛，德国　　　　　　2011.6
- 全球仅 300 名学生参加。从 1471 名竞争者中成为 10 名中国代表中的一员
- 唯一一名获得"经济"和"政治"两个讨论团队双重认证的代表
- 代表中国在最终演讲中发言

清华大学团委青年工作研究中心副主任　　　　　　　　　2009.10—2011.7
- 领导项目组合信息组进行项目筹划与运行，通过访谈与问卷调查，分析数据，并给出政策性建议
- 针对各项目组负责人举办专题讲座，内容为进行调研和分析的理论知识

- 负责《研究参考》的出版，为校领导提供客观的调研结果和可行的政策建议

第 17 届"公益事业与和谐社会国际研讨会"翻译服务与会务志愿者　　2009.7

英语与计算机能力
- 通过 CET4、CET6 考试；通过清华水平一、水平二考试
- ETS 的 SET 标准化口语考试 55 分
- 熟练使用普通话和英语进行沟通
- 熟练使用 Excel/Word/PPT 等进行数据处理和展示

资料来源：清华大学学生职业发展指导中心

http://career.tsinghua.edu.cn/publish/career/8156/20140603180432456271194/1483078388881.pdf

Resume

Name

---

17 Rodeo Road * Irvine, CA 92720-Email address-Phone number

Education

HARVARD UNIVERSITY　　　　　　　　　　　　　　　　　Cambridge M.A.
A.B. Honors degree in History. GPA 3.73.　　　　　　　　　　May 2018
Relevant Coursework: International Political Economics and the European Community.
Commit 25 hours per week to Harvard Varsity Field Hockey Program.

UNIVERSITY OF LONDON　　　　　　　　　　　　　　　　　London, UK
Study abroad coursework in European History and Econometrics.　　May-August 2016

IRVINE HIGH SCHOOL　　　　　　　　　　　　　　　　　　　Irvine, CA
Graduated with high honors: SAT I: M: 780 V: 760.　　　　　　　June 2014

Experience

PEPSI-COLA NORTH AMERICA BEVERAGES　　　　　　　　　New York, NY
Marketing Analyst Intern　　　　　　　　　　　　　　　　May-August 2017
Examined profitability of foreign market for new fruit drink using analysis of comparable brands. Managed focus groups and consumer surveys gathering over 500 data points. Created ideas for niche marketing campaigns including use of social networks and viral

marketing. Presented findings to senior managers using quantitative analysis and creative visuals in combined PowerPoint presentation.

THOMAS WILCK ASSOCIATES London, UK
Assistant Account Executive May-August 2016
Researched and assembled requests for medium-sized public relations and communication firm. Actively participated in staff meetings and brainstorming sessions. Generated correspondence with top executive officers.

TECH HILLS Laguna Hills, CA
Technology Intern May-August 2015
Implemented new web site, including back end database storage system and dynamic web pages.

Leadership

HARVARD UNDERGRADUATE WOMEN IN BUSINESS (WIB)
Executive Committee Member
Organized marketing and advertising campaign to increase membership. Coordinated business conference and networking reception for 50 business professionals and 500 students.

HARVARD COLLEGE MARATHON CHALLENGE
Training Program Director
Developed training program for 25 charity runners. Raised over MYM25,000 support Phillips Brooks House Association and the Cambridge Food Project.

Skills & Interests

Technical: Microsoft Excel and Access, Stata, SQL, Java and HTML.
Language: Fluent French and Conversational Spanish. Traveled extensively in Europe.
Interests: Ultimate Frisbee, Bhangra dance, and European films.
资料来源：Office of Career Services, Faculty of Arts and Sciences, Harvard University
https://ocs.fas.harvard.edu/resumes-cvs-cover-letters

（二）摘要式简历中英文对照

×××，山东济南人，擅长水墨画，任教于南开大学滨海学院艺术系。作品曾入选第十一届和第十二届中国全国美术作品展览（天津展区），在《国画家》《美术与设计》等期刊上发表若干作品和论文。

×××, Born in Jinan, Shandong Province, is good at Chinese ink wash painting. She works at Art Department of Nankai University Binhai College. Her works were included in the 11th and the 12th Chinese National Fine Art Exhibition (Tianjin Exhibition Area). She published several paintings and essays in *Traditional Chinese Painter*, *Fine Art and Design* etc.

资料来源：人民网文墨儒风——中国青年画家赴美精品展（译文有改动）
http://art.people.com.cn/GB/41385/390113/

五、案例练习

（1）招聘要求。

美国万通金融集团
资产管理部 国际实习生

- 在路演及投资会议前，对提案进行书面材料的整理，为客户提供行业调研及资本市场分析
- 与客户及投资委员会商订多种债务与股权法律文书的结构化条款，包括高杠杆高收益贷款，过渡贷款，认股权证，以及优先股事宜
- 对保险业有了深入的了解（从呈递到报价）；对关键性盈利成果指标进行了分析；通过在多个会场进行会议筹备提高了组织能力

（2）徐××个人简历。

徐××，女，汉族，1976年10月1日出生于山东郓城，中国画专业，美术学文学硕士学位，主攻中国画，师从陈玉圃先生，擅长美术评论，中国美术家协会会员，曾获2010年第二十一届中国新闻奖，2004年至今在人民日报文艺部工作，现任美术编辑室美术、收藏副刊副主编，主任编辑。

第三节　个人陈述翻译

一、教学目标

培养对信息型文本进行交际翻译的人才，熟悉中英文个人陈述的基本知识，包括其内容、特点及规范，提升英文写作能力，训练职场与留学中跨文化翻译能力。

二、个人陈述翻译宏观视角

（一）谁在对谁说话？

个人陈述为求学者根据海外院校招生要求而撰写，其译文受众为海外院校的招

生评审人，偶有企业在招聘时要求职者递交类似文本。

（二）说什么？

在应用类语篇中，个人陈述（personal statement）为申请人在英美或加拿大等国家申请留学时所撰写，以漫谈自我经历为主要内容的一种信息类语篇。

个人陈述主要讲究结构紧凑，文笔流畅，层次分明，主线明确①。原则上，不同院校，不同专业都会给出具体的词数要求，个人陈述以专业的方向或职业的方向为导向，述说个人相关经历。英国大学和学院招生服务中心（UCAS）对个人陈述的内容提供明确指导，认为其在内容上可提及：

- 为何会选择这个专业；
- 你对拟申请专业是否热忱；
- 你的学习经历与拟申请专业有何关联；
- 有何相关的工作、实习、或志愿活动经历；
- 有何与拟申请专业相关的活动经历或兴趣爱好。
- 申请人可将个人陈述的结构分为下述结构来撰写：
    - 起始段：开端引发读者的阅读兴趣；
    - 正文：根据院校的需要合理安排文章具体内容；
    - 结论：重申自己的承诺，热情和与专业相符的技能优势。②

（三）何时？何地？

个人陈述一般需于院校/用人单位给出的申请截止日前随留学申请书或求职信向指定邮箱或地址发出或寄出。申请人常使用一份较为完整的个人陈述向多个院校或专业提交申请，只是在申请时会针对院校和专业的实际需要，酌情再进行编辑修改。

（四）为什么？

申请人可在个人陈述中表达自己求学或求职的意愿，展现自己的成就与资质，以更好地说服招生院校或用人单位，从而从众多的竞争者中脱颖而出，获得学习或工作的机会。

个人陈述很大程度上体现了申请人的真实英语水平，在大部分情况下，个人陈述的好坏，是否有文采，会直接影响到海外高校是否考虑录取申请人。因此，在实际的留学申请中，除了客观性证明材料外，个人陈述多被视为最关键的留学文书。

三、个人陈述翻译原则

（一）迎合读者 调整行文

个人陈述以叙说个人经历为主要内容，因此，在译写中还需要特别注意调整为

---

① 刘著妍：《大学英语英汉互译教程》，天津大学出版社2007年版，第227页。

② "How to write a UCAS Undergraduate personal statement," UCAS, https://www.ucas.com/ucas/undergraduate/getting-started/when-apply/how-write-ucas-undergraduate-personal-statement.

英文的叙事行文方式，以迎合目标读者的阅读习惯，必要时需特别注意按照英文的逻辑习惯对原文进行适当的调整，切勿直译，如下面的例子：

【例1】原文：过去两年多来，我参与了很多的审计项目，如大型项目、商业银行、××在内的投资银行、××的检查审计工作。

原译：In the past two-years, <u>the auditing programs</u> I participated in concern many fields such as large-size projects on inspections and audits of commercial banks, and investment banks including ×× and ××.

分析：中文偏好使用第一或第二人称来行文叙事，但是英文多习惯采取高度结构化的句式结构，以事为主线，这就需要先判断原文的叙事重点是什么，然后在译文中以核心事件为主线，对信息进行排列组合，这样才符合英文读者的习惯。特别是个人陈述这一类文体，若按照中文的人称习惯直译过来的话则很容易成为流水账，难以突出重点信息，更谈不上展现英文的文采了。

（二）活用动词 句式简洁

中文习惯使用含有动词意思的名词（nominalisation）来维持它的语言持重性以及展现文采，但是好的英文个人陈述遵循英文写作的基本原则，多活用动词，句式简洁，更追求言简意赅。因此，译写时需特别注意对一些名词作适当的略译或转译。举例：

【例2】原文：除了上述因素外，<u>真正让我选择建筑学的原因</u>就是其内在的吸引力，就像建筑学大楼的格言所说"建筑是艺术和技术的结合"。

试译：Aside from the factors mentioned above, <u>the real reason for me to choose</u> architecture is its intrinsic appeal, which is just like the maxim written inside the building of the Department of Architecture: "Architecture is the combination of art and technology."

原译：Aside from the factors mentioned above, <u>what really makes me choose</u> architecture is its intrinsic appeal, which is just like the maxim written inside the building of the Department of Architecture: "Architecture is the combination of art and technology."

分析：直接使用"What makes me do sth is…"的主动宾结构来表达"原因"此意，在句式上更为简洁，避免了受制于中文名词而产生中式表达。

【例3】原文：建筑结构、力学、材料科学等基础建筑课程的学习让我认识到了<u>建筑的审美性，以及更重要的功能性和实用性</u>。

原译：The study of basic architecture courses, such as architectural structure, mechanics and materials science, makes me realize that architecture not only <u>gives importance on</u> aesthetics, but also on the more essential functionality and practicality.

分析：为避免过度使用名词，在翻译时进行适度的增译动词来作处理，让译文的句式更加灵活自然。

【例4】原文：同时，我也在不断学习不同国家建筑的新思路，尤其<u>是国外建筑大师的设计图纸</u>。

原译：Meanwhile, I also constantly learned new ideas in architecture from different countries, and especially <u>saw</u> a lot of design drawings of overseas architeets.

分析：中文原文在搭配前面的"学习"一词，但若此处译文随中文原文去翻译则易重复用词，倒不如直接灵活使用动词揭示其语义，用"saw"一词，而且句式上更为简洁易读。

（三）语态主动 彰显文采

英语强调少用被动语态，多用主动语态。把被动语态变为主动语态后，更符合英文的表达习惯，由此也可见英文主动语态动词的活力。

【例5】原文：数学和数学建模知识在金融工程的应用更<u>让我对这门学科充满了兴趣</u>。

试译：Therefore, I was interested in the perfect application of the mathematics and mathematical modeling into the Financial Engineering once more.

分析：使用被动来表达语义会减少语义中的部分意思，转为主动语态后，活用动态动词，以动态动词的生动性带动全句，形象灵动，彰显文采。

原译：Therefore, the perfect application of the mathematics and mathematical modeling into the Financial Engineering once more <u>surged my enthusiasm in this field</u>.

但是在译写时需要特别注意，避免在同一句话中混用主动和被动语态，再举一例。

【例6】原文：我在××大学建筑艺术学院进行了五年的学习，<u>让我掌握了建筑学的系统知识并对建筑学有了全面的了解</u>。

原译：Five years' academic study in the School of Architecture and Arts of University of ×× <u>transformed</u> my instinctive excitement and imagination about architecture <u>into systematic knowledge and comprehensive understanding</u>.

分析：避免在同一句话中同时使用被动和主动，此处使用主动更加符合英语语言表达的习惯，使得文笔更为流畅。

（四）重组结构 重点突出

英汉语在宏观、微观、时间、地点、先后顺序等逻辑思维方式和表达方式上存在差异。因此，译写时，在使用相对应的句式前，不如考虑对信息进行分析，判别重点信息，而后看看能否通过信息后置等手段来达到强调重点的效果。这样译写出来的结果更加重点突出，而又显得简洁，如下一例：

【例7】原文：我们尝试了近一天，推翻了以前建立的种种模型，有好几次都被弄得想要放弃，<u>是队友间的相互鼓励的力量和锲而不舍的精神让我们最终找到了自己满意的模型</u>。

原译：We tried almost a whole day pulling down various models we had built before, we were so defeated that we wanted to give up many times. However, we finally found the satisfactory model thanks to <u>our encouragement to each other which armed us with full strength to go further</u>.

试译：We tried almost a whole day pulling down various models we had built before, we were so defeated that we wanted to give up many times. However, it is <u>our encouragement to each other which armed us with full strength to go further</u> that guide us to finally find the satisfactory model.

分析：在译前可先分析原文的重点信息，中文原文中使用"是…让我们…"的强调句式，那么与其套用英文的强调句，不如考虑将重点信息后置，置于句子的末尾，最容易被读者记住，更能简洁有力地突显信息的重要性。

四、平行文本

（一）会计专业个人陈述中英对比

个人陈述

我在中国一家大型会计师事务所担任高级审计员一职，并且拥有晋升高级经理的机会。经过深思熟虑，我还是决定离职，选择申请贵校研究生会计专业。我坚信这是我职业生涯中做出的一个明智的选择。经过过去几年的工作和学习，我清楚的认识到，随着世界经济全球化进程的加快和中国加入 WTO，中国资本市场和会计处理方法将与国际接轨。在这种情况下，只有拥有硕士学历的人，才可以在激烈的竞争中占有一席之地。不论是学习还是工作，我一直都是同龄人中的领头羊，所以我也希望在未来的职业生涯中做到最好。

自 1997 年毕业之后，我先后在两个大型会计师事务所工作，积累了丰富的审计经验。此外，我已经通过了中国注册会计师的所有考试。过去两年多来，我参与了很多的审计项目，如大型项目、商业银行、××在内的投资银行、××的检查审计工作。所有客户都是中国的知名企业，这就给了我一个很好的机会与中国最高级别的商业运作环境的金融专家交流，提高自己的理论水平和实践能力。因为我深厚的会计和审计基础以及出众的能力，我有幸参加了许多大型项目。现在，我具备独立负责大型审计项目的能力。在同行业里我的能力非常出色。

工作中出色的表现归功于我在××大学商学院学习时掌握的深厚的理论基础和综合能力。1997 年，我以在家乡 1000 多名学生中排名第一的成绩进入了××大学商学院学习；当时系里有 100 多名学生，我成绩排在第五。大学时每年我都能拿到奖学金，且毕业时被授予"优秀毕业生"称号。本科阶段我主修货币和银行专业，并不是会计，但是××大学商学院非常重视全方面的基础知识教育，这让我有机会接触到会计专业的许多课程。此外，对会计专业的兴趣和我在会计专业上花的时间和精力都让我比主修会计专业的普通同学学到了更多的会计知识。而且，作为货币

221

和银行专业学生所学的经济学基础知识,让我学会从经济学角度分析财务问题。

作为一门专业研究企业内部财务信息控制和管理的学科,会计学有着它精确的系统和计算方法。我在数学方面有着特殊的兴趣和天赋(高中数学竞赛中获得"一等奖"),这让我可以更好的处理会计方面工作和学校问题。我一直都在思考和研究我在会计学习和工作中遇到的各种财务问题。中国经济飞速发展,但是中国的资本市场才刚刚出现,会计部门、资本市场信息发布环节特别是注册会计师还处于起步阶段。

作为一个会计部门忠实的员工,我为未来中国资本市场和会计行业面临的各种问题忧心不已。所以我打算进入世界上资本市场最成熟的国家进修会计行业。我希望探索××(国家名)资本市场的发展和会计理论,学习现代经济核心理论,寻求符合中国国情的会计行业发展之路。

我探讨过各种风险模型。在审计方面,由于越来越多的诉讼风险审计需要量化和有效控制。但是,中国会计师很少使用现代理论去量化风险,在工作中更多的是依靠经验和直觉。其结果就是,理论和实践背道而驰。我成功将审计风险模型与抽样风险模型结合,目的是在实践中利用风险模型,这让我受益匪浅。我希望在今后的研究中在这方面进行更深层次的探索,我认为在中国这是一个具有重大意义的课题。数学方面深厚的基础,这个问题上浓厚的兴趣加上我做过的研究,都会帮助我取得这个项目的成功。

会计是一门理论与实践相结合的专业,只有在会计方面拥有热情和良好逻辑分析能力的人才会在这一行业内做出巨大贡献。对于今后的学习和职业,我已经在理论基础、实践经验和个人能力方面做好充分的准备。我知道在一个陌生的国度读研究生是很艰巨的,但是我也知道只有经历这样的韧性才能取得成功。会计对于我已经不是一个谋生的手段,我追求的是通过我掌握的会计知识建立一个非常有效的经济世界。因此,我真诚地希望贵校可以给我提供机会,不断地努力品尝丰收的果实。

资料来源:申请美国会计学专业个人陈述范文中英文
http://blog.sina.com.cn/s/blog_a176ab700102wh90.html

Personal Statement

Born in ××× and raised in the United States, I currently teach English to elementary school students in ×××. Because my dream is promoting innovative educational access, I decided to leave business and learn more about education through teaching. My undergraduate studies in Business Administration, and a Bachelor degree in Business Economics provide me a strong academic foundation for the Masters in Accountancy at Golden Gate University (GGU). My experiential knowledge will mesh perfectly with a management position with educational start-ups. As such, completing

GGU's Masters in Accountancy program.

My first exposure to the business of education was working for the Center for ×××as a Student Administrative Assistant. I learned the importance of analysis when designing innovative educational programs and tools. Furthermore, I exercised my analytical thinking skills when designing a quantitative comparative analysis. Implementing an elegant Excel macro for determining the effectiveness of proposed improvements inspired me to pursue a career that combines my natural skills in accounting and interest in education.

As an undergraduate, I held the office of Vice President/Treasurer for the Council at the University of ×××. Responsible for the Council's budget, I had the opportunity for applying accounting principals learned in college. Additionally, I learned the intricacies of managing a business and its assets. Specifically, I was responsible for interviewing and appointing eight students for representing over 1,000 students in the organization. I learned the art of communication and body language throughout my tenure. Furthermore, I mastered conflict resolution and learned the importance of team work; as such, I learned that excelling as an individual for the benefit of the group is crucial for achieving success in any task.

While attending college, I recognized my combined interests in educational access and the business of educational innovations. My experience with the ××× Program helped me recognize my skill set as a manager. Specifically, my communication, team work and leadership skills netted over MYM000 in business-to-business sales. Additionally, managing thousands of business modules required exceptional attention to detail and organizational skills. My ability for critical thinking is evidenced through my conflict resolution and troubleshooting skills.

Realizing that I am better suited to management than direct sales, I decided that gaining first hand experience as a teacher was important for achieving my goals. As such, I accepted a position in ×××, teaching English to elementary school students. As a Native English Teacher (NET), I have learned about educational systems outside the United States. This will help me as I move forward within the global educational business.

While I cherish my assignment in ×××, I look forward to this next phase of my career. I am certain that my cultural diversity and experiences will provide a unique perspective to class discussions. My time in ××× allowed me the opportunity for understanding economic policies and the effect on the educational system. I believe that my natural skill for business and finance and my professional experiences combined with a Masters in Accountancy, will help me succeed as a person and a professional.

资料来源：Personal Statement Writers

http://www.personalstatementwriters.com/samples/masters-in-accountancy-personal-statement-writing/

(二)法学专业中英个人陈述对比

个人陈述

一位哲人这样说道:无数次的选择构成着人生。那么对我而言,过去的21年中,两次极为重要的选择,影响着我的发展方向及职业生涯。四年前,不顾老师的强烈反对,毅然放弃自己擅长的数学,高考时,我选择了法律,作为我本科专业。因为我知道,这样的选择可以实现我的理想,帮助我完成人生的追求。上个月,我坚定地舍弃了本校给予学术成绩优秀者,申请免试继续留读研究生的资格,放弃了这个许多同学都梦寐以求的机会,而我的选择是申请英国留学,并且申请**大学的**专业,事实证明第一次的选择,我是正确的,而第二次选择,正在进行中,但这是我一直向往的,我希望可以如期实现!

学习法律是我儿时的梦想,是我探求社会公平与和谐的方法,更是我实现成为律师这一职业生涯所必经的道路。我的爷爷奶奶是新中国成立后,国家第一批法律工作者,父亲是一名法官。在这样的家庭环境中成长,自幼我就被灌输着有关法律的种种价值观念。如果说,幼时的我是被动地接受,那么,在过去的大学三年中,法律对于我而言已经不仅仅是专业,更是生存的方式。因为大学中我所学习的法律思维逻辑,极大地影响着我的思想,法律是人类智慧的结晶,是和谐社会的基石。想要实现律师的理想,促使着我坚定不移地走在学习法律的道路上。

入世不久的中国,在经济全球化这样一个大环境下前行着,有着更多的发展契机,与发达国家的贸易往来也日益增多,但同时也暴露出很多不足,最明显的莫过于法律制度上的缺陷。本科阶段的学习,使我更加清楚地了解到,我国法律的诸多问题,意识到中国需要学习与借鉴西方国家的相关制度。因此我想去国外了解英美法系的法律思想,去学习西方关于经济贸易法方面健全的法律体制,英国作为普通法系的发源地,法律研究和教育在国际上都享誉盛名。

在网上查阅了英国著名学府的法学院招生信息和专业设置后。我惊喜地发现贵校于2007年即将开设 international corporate governance and financial regulation 。在我看来,这个专业是可以使学生在一年中全面接触公司法的制度规则,并可以实践性地从财政金融等方面学习并运用法律。这无疑给了我很好的机会在一年的研究生学习中更大程度地接触公司法方面的相关内容。所以我希望申请**大学**专业。

本科期间,除了本专业外,我还辅修了第二学位WTO商学,商科的学习使我明显地意识到,在我国贸易方面法律制度的矛盾和缺陷,也更加坚定了我想系统地学习相关专业的追求。双学位的课程虽然繁重,但我并没有因此让自己局限在学术研究中,三年多来我也多次走入社会,在实践中学习并运用法律。大一暑期的社会实践,大二暑假的法院实习,大三的律师事务所实习,都是难忘的实践活动,使我有机会置身于急需法律的环境,置身于社会矛盾的面前。我了解了课本中的法律知识与现实社会的联系与差异，同时这样的实践，更加坚定了自己做律师的想法。

今年六月，因学术成绩优秀，雅思成绩 7 分，所以我有幸被学院选拔到新加坡国立大学法学院，进行一学期的交流学习。我想这段经历可以为今后的研究生学习，打下坚实的基础。新加坡交流学习的生活仍在继续着，能够接受国大的全英法律教学，并且在课堂上接受英美法系的案例分析，对于我今后的学习有着极大帮助。除此之外，独自在陌生的国家游学，这也提高了我的适应和生存能力。

如果可以被贵校录取，我会万分珍惜这次宝贵的深造机会，合理安排有限的一年时间，充分利用贵校良好的学术氛围和教学资源，争取以优异的成绩获得 LLM 学位。衷心地希望贵校可以给我这个机会，去了解并学习贵国，乃至西方社会在经济贸易法律方面的完善制度和思想，因为这些知识对于我这个梦想着成为中国最优秀的经济法律师来说，是极为重要的。

人生即为选择！法律专业，海外留学，律师职业，这就是我一生无悔的选择！

资料来源：天道教育

http://graduate.tiandaoedu.com/wenshu/21600.html

Personal Statement

After I graduated from high school, I had no idea what careers appealed to me. For my first two years of university, I searched for a calling, a class that would change my life and direct my studies. I enrolled in a wide variety of courses in a wide variety of departments. I learned about ethical relativism and general relativity (anthropology and astronomy), cubic functions and cubism (calculus and art history), similes and syllogisms (English and logic), p-tests and p-zombies (statistics and philosophy), brain structure and post-structuralism (psychology and politics) and much more. These classes taught me a lot about the world but the most valuable things I learned were about myself. I won't leave you in suspense; no one class transformed my life. And what I have come to realize is that no class likely ever will. Instead I learned that I have a set of skills and passions that make a career in law the right choice for me.

I learned that I enjoy the rigorous thinking of math and statistics but that the world is rarely so black and white. This influenced my decision to pursue economics, my undergraduate major. I love economics because it blends abstract theory with real world applications. For every mathematical model I have studied, I have also learned how to apply this model for positive changes in the environment, healthcare, developing countries, and domestic policy. Similarly, law requires a certain type of abstract thought while still being firmly rooted in reality. It is challenging, but knowledge and understanding of the law can be a valuable tool in facilitating positive change. My education has also taught me to look at problems from multiple perspectives, a skill I started developing in high school. A big part of my life in high school was competitive debating. I competed and ranked highly in numerous tournaments on the regional, provincial, national, and international levels. I twice represented Canada at the World Individuals Public Speaking and Debating Championship. These experiences taught me to see both sides of an issue, think critically, speak confidently, and to differentiate a strong argument from strong rhetoric. This year I am assisting several first-year university students in reviving my university's competitive debating society.

My time in undergraduate schooling has also taught me that I love to learn. I currently hold a near-perfect GPA but this is not because of an innate intelligence or grade-fixation. I attribute my academic success far more to hard work and my love of learning. From what I have heard, law school can be a very difficult experience without these attributes. The last thing that I have learnt over the past four years is what gives me a sense of fulfillment. Every summer since 2008 I have taken out canoe trips in northern Ontario, ranging in length from one night to four weeks. I find these trips inspiring and especially rewarding. I have led trips for inner-city youth, youth with type I diabetes, and at a camp for burn survivors. Some came from disadvantaged backgrounds and some were facing major challenges in their lives. Some were strong and fit and others really struggled with the daily routine of paddling, portaging, and cooking over a fire. For me the challenge was to make the trip a fulfilling experience for all of them, and accomplishing this challenge was what motivated me. There is no better feeling than finishing a long day, lying down in your tent and thinking wow, we really did a lot of good today. I want to get the same feeling from my career.

Deciding on a career has not been a straightforward process for me. But the self-knowledge I have gained over the last four years makes it clear to me that law is the right choice. Economics has given me a deeper understanding of the world and my place in it, but understanding is not enough. I want to improve the systems that directly effect people's daily lives, specifically through work in domestic public policy.

This may sound I. Many people have left university with this dream only to be knocked in the teeth by reality. And I am prepared for this. I may not be able to facilitate all the change I would like, but if I am able to lie down at the end of the day and say wow, we really did a lot of good today, I know that I will be satisfied. I believe that an education in law is an extremely useful tool in making this dream happen.

I want to attend The University of Toronto because it has an unparalleled reputation in terms of the quality of students, faculty, and education. Law students at U of T do not need to wait until graduation to start having a positive impact on their community. They do so through various legal clinics and pro bono work. Their commitment to the local and global community makes this university my top choice among law schools. Please consider me for admission.

资料来源：University of Toronto Faculty of Law

https://www.law.utoronto.ca/documents/JD/UofT_Law_Personal_Statements_Examples.pdf

五、案例练习

个人陈述翻译：

（1）曾经有人问我："为什么选择建筑学？"对于这个问题，我也没有一个确切的答案，可能是因为我从小就喜欢绘画和建筑。我热衷于自己创造美好的事物以及在空间、材料和颜色能够满足我想象的建筑。我对于这一行的兴趣是源于我的父母，他们是建筑工程师和电气工程师，从我小时候开始就影响了我，给了我这一行业的感性认知。在建筑系学习了五年建筑设计，工作了一年之后，我也经常问自己同样的问题。除了上述因素外，真正让我选择建筑学的原因就是其内在的吸引力，就像建筑学大楼的格言所说"建筑是艺术和技术的结合"。

（2）对于今后的学习和职业，我已经在理论基础、实践经验和个人能力方面做好充分的准备。我知道在一个陌生的国度读研究生是很艰巨的，但是我也知道只有经历这样的韧性才能取得成功。会计对于我已经不是一个谋生的手段，我追求的是通过我掌握的会计知识建立一个非常有效的经济世界。因此，我真诚的希望贵校可以给我提供机会，不断的努力品尝丰收的果实。

参考答案

第一章第二节

1. Guangzhou in Dire Need of IT Talents, With Annual Salary up to RMB 300k

On 5th, the online job-hunting site Liepin.com issues a report on the "Guangzhou Talent Shortage Index (TSI) of the Internet Industry", indicating in Q3 this year, amongst all the posts, the professionals in most urgent need in Guangzhou are the Internet ones, and in which, the technical positions such as IT engineers rank the top 10 on the most wanted list.

译者注：原文是一则短新闻，作者的主观意愿是追求客观传达信息，翻译时把握信息的准确性，表达流畅自然即可。"紧缺人才"的英语惯用表达为 talents in dire need，少用 urgent need。"互联网人才"可译为 IT talents, Internet professionals, IT engineers 等，建议不重复使用。

2. The Evolution of Buzz Words

Former Terms	Updated Terms
Usury /High-interest loans	P2P /Peer-to-Peer
Begging	Crowdfunding
Fortune-teller	Analyst
Bagua /Gossiping	We media /Self-media
Statistics	Big data
Huyou /jerk around /hoodwink /bamboozle	The Internet way of thinking
Earphone	Wearable
Offices To Let	Incubators
Mafia 'protection'	Platform Strategy
Troublemaking	Subversive innovation
Lending to accountable friends	Angel investment
Lending to unaccountable friends	Risk investment

第二章第一节

1. 请简述笔译项目管理与计算机辅助翻译的关系。

产业化构架下的笔译行业衍生出翻译项目管理的概念——笔译项目管理，利用计算机翻译管理系统（Translation Management System，TMS），对笔译业务进行专业化、流程化、技术化项目管理。笔译项目管理流程的译中环节之下，又进一步推动着翻译生产自动化——利用计算机辅助翻译技术产出笔译服务。计算机辅助翻译在笔译项目管理流程中始于准备文件环节，并贯穿其 TEP 环节，是笔译项目管理流程中的翻译生产环节。

2. 请画出笔译翻译项目的管理流程。

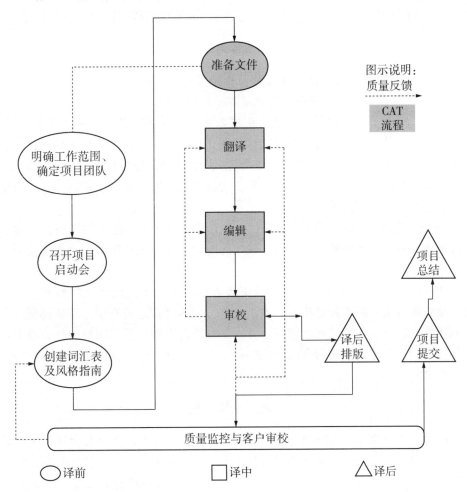

第二章第二节

1. 机器翻译、人工翻译、人工辅助机器翻译、机器辅助人工翻译四个概念的区别为：

机器翻译：完全依赖机器运算对双语进行转换。

人工翻译：完全依赖人类劳动对双语进行转换。

人工辅助机器翻译：要求译员在机器翻译后对译文进行译后编辑，以获得更流畅的译文 Human-aide Machine Translation，HAMT。

机器辅助人工翻译：扩大人工介入的程度，使用计算机辅助进行翻译，翻译主体依然是人，在自动化程度的差异上，MAHT 更多地依赖人工翻译。

2. CAT 技术的核心功能是：翻译记忆库、术语库、语料库的回收和管理。

第二章第三节

1. 工作流程图：见本节 CAT 工作流程图（图 2-14）

2. 笔译流程中译前、译中、译后基本工作内容为：

译前：①对不同类型源文件进行格式处理，提取翻译资源（可译文本）、切分句段、统计字数，同时需要和客户确认好截止日期、译文格式等相关要求；②根据翻译资源的文本类型（科技类、法律类等），建立对齐记忆库或搜集现有记忆库；③从原文中抽取术语或搜集现有术语库，为翻译过程做好准备。实际项目中可能还涉及到计费、签订合约等。

译中：准备妥当后即可开始利用 CAT 工具进行翻译，建立翻译项目，将源文文件导入，翻译过程中涉及预翻译，确定匹配率，并在记忆库及术语库的辅助下进行文本翻译、编辑。

译后：①在 CAT 质量保证工具及审校人员的帮助下完成译文的修改，导出译文。编辑审阅需要检查翻译错误、术语规范、字体格式是否有误，保证排版。②单次翻译流程结束后还需要回收语料，并对语料进行整理。③与用户对接，确保译文产品符合用户要求，并履行合约规定的相关义务，确定费用到位。

3. 略

第三章第一节

1. 唐纳德·特朗普宣布取消原定在新加坡举行的美朝领导人会谈。美国总统在致金正恩的信中表示，鉴于朝方近日在声明中展现出了"极大怒气与公开敌意"，所以他做出取消会谈的决定。特朗普表示，他十分期待有朝一日能与金正恩举行会谈。

2. Will you marry me? When people propose the romantic question before, they would always hold a box with a natural diamond which has been cultivated by the nature in

it. However, as science and technology develop, people now are offered with a new choice. Grown diamond, as indicated from its name, is grown in the labs with high technology. It is not to be confused with diamond-like substances such as cubic zirconia and moissanite because it has the same composition, property and appearance as that of mined natural diamond and even professional gemmologists cannot identify it merely by naked eyes or by simple equipment. For a moment the diamond industry personnel are in a panic and a competition between technology and tradition in the market is "shovel-ready".

第三章第二节

1. 听从你的渴望。(雪碧)
2. 味道好极了。(雀巢咖啡)
3. 拥有东芝，拥抱世界。(东芝)
4. Born to Shine. (CARRY 培育钻石)
5. Wanglaoji, Yeet Hay Free. (王老吉)

6. Growing up I was usually encouraged to bravely express myself, sharing fantastic ideas and told to chase my dreams. But after growing up, reality usually attempt to blind your heart and force you to live in way that other people live. Luckily, I never gave up or compromised my life. I think it's really important from a young age to find out who you are and to discover yourself. Because you are the only one in the world, and you are definitely born to shine.

第三章第三节

1. 别的忙我帮不了，至少还能给你们做一顿像样的早餐。
2. 找一个愿意收女徒的教练不难，现在外面这不是很时髦么。不过找也是白找。
3. A Bite of China: Gifts from Nature, The Story of Staple Food, Inspiration for Change, The Taste of Time, Secrets of the Kitchen

第四章第一节

1. 无边无际的蓝天，蓝天下无边无际的金黄麦田在风中轻轻摇曳，远处有一座谷仓孤零零的身影，一辆灰尘仆仆的货车正在赶路，一脸风霜的老司机在心里盘算着今年的收成。这时，你也许刚刚从 18 洞高尔夫球场得胜归来，正在温热的矿泉中闭目养神，琢磨着当地有关温泉神奇疗效的传说。养精蓄锐之后，第二天你又可以在堪萨斯卡通大街闲逛，还可以去里贾纳的大赌场碰碰运气。

2. Discover life, familiar, yet exotically new. Make your way through busy streets; stroll through lush greenery; each corner brings a surprise! Float across green waters as a

setting sun washes skyscrapers with golden light. Witness the fusion of East and West. Immerse yourself in ancient culture and festivals. Learn first-hand how locals live and love life. Hong Kong offers a spectacular experience that is sure to create memories to last a lifetime. Hong Kong—once you live, you're sure to love it!

第四章第二节

1. 黄石国家公园内地理奇观比比皆是，间歇泉、温泉、喷气孔四处可见，更有高坡深谷，飞瀑流泉，令人叹为观止。然而，最引人注目的还是这儿受到保护的大批野生动物群——野牛、麋鹿、驼鹿、熊、美洲狮、鹰、野天鹅以及其他成群出没的动物。作为全球第一个国家公园，黄石公园占地200多万英亩，约合81 0000公顷。每年到访游客成千上万。

2. Fenghuang Town boasts abundant natural resources and fascinating scenery made up of mountains, water and caves. Here, you can enjoy peaks in various shapes and waterfalls flying down the slopes. Magnificent mountains and clear water wind their way around the city. On the water fishing boats come and go, in the mountains the bell tolls for morning and evening and from the suspended buildings rises faint smoke. Everything is in harmony.

第四章第三节

1. 今天下午我们参观迈尔斯大农场。离开内罗毕，经过数百个小农场，道路从一片森林中显露出来，呈现在你面前的是世界上最壮观的山谷。东非大裂谷……我们要绕行到达谷底……然后，我们继续向迈尔斯大农场前行，我们将在那里欣赏令人敬畏的马萨伊族传统舞蹈。你可以近距离观赏马萨伊人演绎过去战争的场景。这些战士拿手的表演是从站立姿势向空中跳跃。这样的经历确实是摄影师的最爱。在农舍的草坪上吃过下午茶后，我们返回内罗毕。

2. It is said that you will feel as if you were travelling in Europe when you visit Badaguan (Eight Passes). This is true because there are German, Japanese, American, Russian, and Austrian architectural styles as well as Italian, Greek, Danish and Spanish ones. Apparently, you cannot find any two buildings alike, for every villa has its unique style. But they have something in common inside—luxury and elegance.

第五章第一节

1. Roasted Pumpkin Kernels

This product, rich in essential nutrients, is made of the natural shell-less pumpkin seeds uniquely bred in China. Plump, crisp and delicious, it is an ideal and healthy tourist snack.

Ingredients: shell-less pumpkin kernels, table salt, natural flavouring

Storage: cool and dry

Consumed within: 7 months

Manuf date: on seal

2. 本产品操作简单，维修方便。

3. 本产品结构简单，安装、维修方便，使用安全可靠。

第五章第二节

1. 仲裁庭的仲裁决定或裁决是终局的，任何一方可以要求任何有管辖权的法院对此作出司法判决。双方须以良好诚信的态度遵守仲裁庭的决定。

2. Whereas Party A and Party B, adhering to the principle of equality and mutual benefit and through friendly consultation, agree to jointly invest to establish a new joint venture company in China (hereinafter referred as "Joint Venture"). The Contract hereunder is made and concluded.

3. The Defects Liability Certificate for the Works shall, within 28 days after the expiration of the Defects Liability Period, be issued by the Engineer, or, if different defects liability periods become applicable to different Section or parts of the Permanent Works, the expiration of the latest such period, or if, pursuant to Clause 82, any works instructed are completed to the satisfaction of the Engineer, the Defects Liability Certificate therefor shall be issued by the Engineer as soon as possible.

第五章第三节

1. To improve the quality of this CIBE, the organizer needs the commitment of all exhibitors to follow the relevant rules and regulations and accept willingly the supervision of the government, industry and the society, and practise cooperate social responsibility and abide by laws and regulations. All exhibitors are required to fill in this Exhibitor Letter of Commitment (with signature and official seal) to ensure all the regulations are respected and abided by. Exhibitors who fail to abide to the commitment shall be disqualified for the exhibition and bear the liability of compensation for the organizer and purchasers.

2. Exhibitors shall submit copies of "Business License", "Production License", "Hygiene License", "Imported Cosmetics Inspection Certificate" to the organizer and make sure that all the copies are sealed with official corporate seals. Exhibit infringement is strictly forbidden.

第六章第一节

1. Evacuation Route	11. CAUTION//Hot Surface
2. Fire Hydrant Box	12. DANGER//Highly Toxic
3. Recyclable (Bin)	13. WARNING//Deep Water
4. Non-Recyclable (Bin)	14. Please Do Not Lean on Door
5. Service Hotline 或 Hotline	15. No Photography 或 No Photos
6. Luggage/Baggage Deposit	16. No Littering
7. East/South/West/North Entry	17. Please Wait Behind the Yellow Line
8. 1F/2F/3F/L1/L2/L3	18. Adults Only
9. B1/B2/B3	19. Pick-up and Drop-off Only//No Parking
10. Accessible Toilet/Restroom 或 Disabled Only	20. Please Show Respect for Public Property 或 Please Protect the Property

第六章第二节

1. Curves Ahead	11. No U-Turn
2. Passenger Pick-up and Drop-off Area	12. No Straight Turn or Right Turn
3. Pay Parking	13. One Way
4. Parking Bay	14. Non-Motor Vehicle Lane
5. Toll Station/Toll Gate	15. Emergency Stop Area
6. Pedestrian Underpass	16. Terminal 2
7. Keep Distance	17. Keep Upright
8. Road Narrows on Right	18. Transfer to Line 4
9. Pedestrian Crossing Ahead	19. Please Line Up Here
10. Do Not Drink and Drive/Driving After Drinking Is Prohibited by Law	20. Flammable and Explosive Materials Prohibited

第六章第三节

1. Dongting Lake/Lake Dongting	11. CAUTION//Falling Objects
2. Taihu Lake/Lake Taihu	12. Do Not Tap on Glass
3. Xingtai Great Canyon	13. Authorized Vehicles Only
4. Site of Zunyi Conference	14. WINDY//No Incense Burning

续上表

5. Agritainment	15. Please Show Respect for Cultural Relics
6. Visitors (Passage)	16. Please Be Seated
7. Wheelchair Accessible Ramp	17. This Way Up the Hill
8. Sightseeing COrridor	18. Duty-Free Shop
9. Ticket Office/Tickets	19. Low Season/Slack Season
10. Free Admission	20. High Season/Peak Season

第七章第一节

1.

  我最近非常惦念中国人民，在过去的两周当中，我密切地关注着这场发生在四川的可恨的地震带来的破坏及影响。在此期间，最令人印象深刻的是中国政府和人民的人道主义的行动，为这些受到灾难的人民带来了高速及有效的援助。我感到特别欣慰的是，旨在帮助这些在灾难中丧失双亲的孩子们的汶川大地震孤儿救助专项基金已经得到成立。

  我同时也想借这次机会，向这次灾难后的中国人民致以我最深切的同情，并向失去亲人的人们致以我发自内心深处的慰问。

  我的王子基金比过去更紧密地在和中国合作，包括从某种程度上帮助保护中国丰富及多样化的文化遗产，我们将非常乐意来进一步发展这些合作，特别是王子基金中环境重建的项目，来参与四川省的灾后重建工作。

查尔斯
威尔士亲王

2.

Ms. Chen,

  I highly recommend Yang Lin as a candidate for a business agent of your company. I've known Yang for three years both as a colleague and as a friend. She is both an enthusiastic and organized teacher and a supportive and trustworthy friend.

  As a business English teacher, Yang Lin has been teaching for more than five years up until now and she has never lost her passion for her work. I am now working with her in the same department at Xinhua College of Sun Yat-sen University and I see her spend time designing her lessons, revising lesson plans, and evaluating students' assignments. I've also visited her classes and have been impressed by the dynamical atmosphere. Her courses are some of the most liked ones in our department.

Yang has developed wonderful friendships with many of her colleagues and students. Her ability to connect with people is truly excellent. I once traveled abroad with Yang, and was amazed at her skills to communicate with people in different languages, some of which she had only just picked up! Besides, she is also such a sincere and warm person that many students like to hang out with her. Some of them stay in contact with her years after they've left college.

Yang has treated both her work and her life with a positive attitude. She travels around the world, seeing beautiful things and bringing some of them back to us. It is always great fun to be around Yang because she has seen and known so much, and you can feel her enthusiasm for life.

I recommend Yang to you without reservation. If you have any further questions with regard to her qualifications, please do not hesitate to contact me.

Sincerely,
Li Yu

第七章第二节

1.

INVITATION

On the occasion of
the sixtieth anniversary of the founding
of the People's Republic of China
The State Council of the People's Republic of China
Requests the pleasure of the presence of

_____

at a reception to be held
in the Great Hall of the People
at 4: 30 p. m.
on Thursday, Oct. 1, 2009

2.

> **请柬**
>
> 谨定于 2016 年 12 月 3 日（星期六）下午 7 点至 9 点在鹭江宾馆多功能厅举行新年招待会。
>
> 敬请
>
> 光临
>
>   厦门市政府
>
>   电话：52233×××
>
> 请赐复
>
> （请着西装出席）

第七章第三节

1.

Ladies, Gentlemen, Friends,

Good Evening!

  Today marks the second day of the Fourth Confucius Institute Conference. All delegates have participated in the Conference activities with great enthusiasm and without a break, and contributed wonderful ideas and suggestions in their extensive and in-depth discussions, which ensured successful running of the agenda. On behalf of the Ministry of Education of People's Republic of China and the Confucius Institute Headquarters, I would like to extend my heartfelt thanks to you!

  Tomorrow morning, we will hold the Closing Ceremony of the Conference. Conveners of the President's Forum and the Director's Forum will share their fruitful discussions with everyone. After that, Mr. Yuan Guiren, Minister of Education of Chin, will deliver concluding remarks. The Headquarters will listen carefully to ideas and suggestions from the delegates, for the purpose of improving the work for next year.

  Through 5 years of hard work, we have started the Confucius Institutes from zero, facilitated their growth from small to big, and helped them develop. As of now, more than 280 Confucius Institutes and 270 Confucius Classrooms have been established in 88 countries and regions. Our friends from other countries have all commented that the Confucius Institutes are like a big family and we have brothers and sisters all over the world. Tonight, on behalf of the Ministry of Education of China, and the Confucius Institute Headquarters, I would like to host a family banquet for friends attending the

Conference from home and abroad. I hope that everyone enjoys a pleasant trip in China!

The New Year will come in about 20 days. I would like to propose a toast, to the prosperity and greater success of the Confucius Institutes; to a happy and successful New Year, to a happy family and to a year of good luck!

2.

奥林匹克圣火已经来到北京，这宣告有史以来首次在中国举办的奥运会即将拉开帷幕。

奥林匹克圣火与火炬的会合是奥林匹克运动最著名和最有力的标志。它不仅向世人宣告奥运会的到来，更向世界发出和平的信息。

从今天开始，这火炬将承载着圣火传遍全球，无论它传递到哪里，都将播撒对北京奥运会的期盼和兴奋。

奥运火炬将跨越五洲，抵达地球上21个城市，传遍中国境内113个城市和省区。无论它经过哪里，无论是哪个民族、文化或信仰的人们，都会为此停下脚步，感受奥运火炬承载的和平讯息，领悟进取、友谊和尊重的奥林匹克信念。

火炬传递到哪里，哪里的人们就会感受到奥林匹克运动的魅力和伟大。

奥林匹克火炬的传递将点燃千千万万人，特别是年轻人的激情，激励着他们投身体育，奋勇拼搏，超越前人。

就是这火炬的巨大感召力，使它能够走出主办城市，传遍世界，让奥林匹克的价值深入人心，召唤五湖四海的人民欢聚奥运盛会。

我深信，奥运会本身将不仅是创造体育辉煌的时刻，它更是中国人民和世界人民相互学习、相互了解和相互尊重的伟大契机。

在结束讲话之前，请允许我感谢胡锦涛主席和全体中国人民，感谢你们对北京奥运会和奥林匹克火炬接力的支持，有你们的激情和热情，本届奥运会一定会取得圆满成功！

我也想感谢来自北京奥组委的朋友们，特别是刘淇主席，感谢他们为把北京奥运会办成一届有特色、高水平的人类盛会所付出的巨大和不懈的努力。

现在，让我们在距第29届奥运会这一盛会正式开幕130天之际，共同庆祝奥林匹克圣火到来北京。

第八章第一节

1.
Dear Sir,

In reply to your advertisement in Beijing Youth Daily of December 25, I respectfully offer my services for the situation.

I am thirty-two years old and a graduate of Beijing Foreign Studies University. My experience in this line of work includes five years as a salesman with the NCC Company. The reason for leaving my present employment is because they're closing their office.

I am enclosing my resume together with my photo, and I believe that they may be found satisfactory. Regarding salary, I would be glad to start with HKMYM 5,000 per month plus commission.

If you would like to know more about my ability, I can be available for an interview at any time convenient to you.

Yours truly,

× × ×

2.

December 12, 2015

Dear Prof. × × ×,

Being a professor in Shanghai Finance and Economics University, I had given six lectures to × × × as an auditing teacher when she studied accountancy there as her second major, and had been her supervisor when she worked as an intern in my credit rating company. She had listened to me so attentively that many of the cases we studied in class were applied to her work effectively.

I was really impressed by × × ×'s performance during her five-week internship. In order to be more competent in the field of credit rating, she volunteered to assume more tasks, and further offered to work overtime with other regular employees. However hard the tasks were, she always managed to fulfill them with flying colors. Such devotion to her career even as an intern is rarely seen in her peers. As she had done well in her accounting major, with an average score of 85 for the core courses, in addition to her remarkable learning ability, × × × was capable of doing some of the basic businesses in the company, and thus understanding the know-how of accounting more profoundly. She visited and researched fifteen companies in all, big or small, home or abroad, within the twenty-five weekdays. I could see a clear mind and a strong logic in her participation in writing credit rating reports. She was able to accomplish her own assignments independently while at the same time communicating smoothly and cooperating excellently with all of the teachers who had given her some instructions during the internship. She had further raised a few profound questions in the specialty of credit rating. all in all, her work was highly appraised by everyone in the company.

I believe her industriousness, passion and dedication will make her an ideal candidate you are seeking for your program, so I recommend her without any hesitation to you. And I will greatly appreciate it if you could accept her into your program.

Sincerely yours,

× × ×

Professor of Shanghai Finance and Economics University

第八章第二节

1.

MASSMUTUAL FINANCIAL GROUP

International Student Trainee, Asset Management Dept.

- Pitched proposals and marketing materials to solicit new business and management presentations for road shows and investor conferences; Provided industry research, capital markets analysis for clients
- Structured and negotiated terms of various debt and equity instruments including high-yield, leveraged loans, bridge loans, warrants, preferred stock arrangements, with both client and investment committees
- Formed in-depth knowledge of insurance business (from submission to quotation); Conducted analysis on profit-driven KPI issues; Developed organizational skills by arranging meetings in various venues

2.

Ms. Xu hongmei, Han nationality, was born in Yuncheng, Shandong province on October 1st 1976. She is major in traditional Chinese painting, having been under the tutelage of Mr. Chen Yupu. Ms. Xu achieved her master degree of art. She specializes in the landscape painting and art criticism, and she is a member of China Artists Association. Ms. Xu won the China News Award for 2010. She has been working in the art department of the People's Daily since 2004. Now Ms. Xu is deputy editor of the art, collectibles supplement and chief editor of the fine arts editing room.

第八章第三节

1.

People once asked me: "Why did you choose architecture?" I couldn't give a simple answer for that. Maybe it was because I like painting and construction since childhood. I also earnestly yearn to create beautiful things on my own and architecture can satisfy my imagination in space, materials, and color. My born interest in this sector is also because of my parents, who are both structural engineer and electrical engineer, influencing me gradually and unconsciously since I was a kid and giving me perceptual knowledge in the field. After my five-year study in the Department of Architecture, and one-year work experience in architectural design, I ask myself this same question. The result is that aside from the factors mentioned above, what really makes me choose architecture is its intrinsic appeal, which is just like the maxim written inside the building of the Department of Architecture: "Architecture is the combination of art and technology."

2.

For my future study and career, I think I am well prepared in terms of theoretical foundation, practical experience, and personal ability. I know that to pursue a master degree in a foreign country is arduous work, but I also know that only experiencing such toughness can a person achieve success. For me, accounting is beyond a means of making a living, and what I pursue is to create a highly effective economic world through the accounting knowledge I have acquired. Therefore, I sincerely hope that you could provide me an opportunity to taste the sweetness of harvest by persistent efforts.

参考文献

陈可培，边立红. 应用文体翻译教程［M］. 北京：对外经济贸易大学出版社，2012.

传神翻译系统 TPM［EB/OL］.［2017-07-02］. http://www.transn.com/cn/service/ruanjianpingtai/.

崔启亮，罗慧芳. 翻译项目管理［M］. 北京：外文出版社，2016.

丁大刚. 旅游英语的语言特点与翻译［M］. 上海：上海交通大学出版社，2008.

方梦之，毛忠明. 英汉-汉英应用翻译教程［M］. 上海：上海外语教育出版社，2004.

郭庆光. 传播学教程［M］. 北京：中国人民大学出版社，2003：253.

国家标准委，教育部，国家语委. 公共服务领域英文译写规范第2部分：交通［S］. 北京：中国标准出版社，2017.

胡庚申等. 国际商务合同起草与翻译［M］. 北京：北京外文出版社，2001.

胡文仲，吴祯福. 实用英语写作［M］. 北京：外语教学与研究出版社，2015.

纪俊超. 旅游英语翻译实务［M］. 合肥：中国科学技术大学出版社，2014.

教育部语言文字信息管理司组编. 公共服务领域英文译写指南［M］. 北京：外语教学与研究出版社，2016.

金惠康. 跨文化旅游翻译［M］. 北京：中国对外翻译出版公司，2006.

康宁. 从语篇功能看汉语旅游语篇的翻译［J］.《中国翻译》，2005（3）.

李长栓. 非文学翻译［M］. 北京：外语教学与研究出版社，2015.

李建军. 英汉应用文互译［M］. 上海：上海交通大学出版社，2008.

李文革. 应用文体翻译实践教程［M］. 北京：国防与工业出版社，2013.

李运兴. 汉英翻译教程［M］. 北京：新华出版社，2006：198.

梁为祥，李刚. 新理念商务英语专业翻译教程［M］. 上海：复旦大学出版社，2008.

刘季春. 实用翻译教程［M］. 广州：中山大学出版社，1996.

刘宓庆. 文体与翻译［M］. 北京：中国对外翻译出版公司，2012.

刘著妍. 大学英语英汉互译教程［M］. 天津：天津大学出版社，2007.

卢红梅. 大学英汉汉英翻译教程［M］. 北京：科学出版社，2008.

吕乐，闫栗丽. 翻译项目管理［M］. 北京：国防工业出版社，2014.

马化腾. 腾讯 CEO 马化腾致苹果公司唁电［EB/OL］.［2017－07－02］. http://hb. qq. com/a/20111007/000421. htm.

马文丽. 新闻翻译：把握话语权——再谈后殖民主义译论语境下的翻译策略［J］. 武汉理工大学学报（社会科学版）. 2007（5）：687-690.

莫言晚宴脱稿致辞：得奖就像童话［EB/OL］.［2017－07－02］. http://culture. people. com. cn/n/2012/1212/c22219-19867673. html.

2017 年翻译行业概况及现状分析［EB/OL］.［2017－07－02］. http://www. chinabgao. com/k/fanyi/27532. html.

2016 年诺贝尔文学奖得主鲍勃·迪伦的获奖感言［EB/OL］.［2017－06－28］. http://www. guancha. cn/BobDylan/2016_12_21_385368. shtml.

2017 年清华大学学生就业指南［EB/OL］.［2017－07－02］. http://career. tsinghua. edu. cn/publish/career/8156/20140603180432456271194/1483078388881. pdf.

潘学权. 计算机辅助翻译教程［M］. 安徽：安徽大学出版社，2016.

彭萍. 实用旅游英语翻译（英汉双向）［M］. 北京：对外经济贸易大学出版社，2016.

清华大学学生职业发展指导中心. 许国庆：英文简历写作技巧 http://www. tsinghua. edu. cn/publish/career/8144/2013/20130326101535650921341/20130326101535650921341_. html.

屈文生等. 法律英语阅读与翻译教程［M］. 上海：上海人民出版社，2016.

人民网. 文墨儒风——中国青年画家赴美精品展（译文有改动）［EB/OL］.［2017－07－02］. http://art. people. com. cn/GB/41385/390113/.

戎林海. 新编实用翻译教材［M］. 上海：上海外语教育出版社，2010.

天道教育. 法律专业 PS 中英文范文［EB/OL］.［2017－07－02］. http://graduate. tiandaoedu. com/wenshu/21600. html.

天道教育网. 出国留学推荐信中英文模板［EB/OL］.［2017－07－02］. http://graduate. tiandaoedu. com/wenshu/21917. html.

王秉钦. 20 世纪中国翻译思想史［M］. 天津：南开大学出版社，2004：293-298.

王振南."当前对外会展宣传翻译中的常见问题"［J］. 上海翻译，2009（4）：34-37.

我国语言服务产业迎来发展良机［EB/OL］.［2017－07－02］. http://www. cfen. com. cn/dzb/dzb/page_6/201711/t20171109_2746559. html.

伍峰，何庆机. 应用文体翻译：理论与实践［M］. 杭州：浙江大学出版社，2008.

习近平就菲德尔·卡斯特罗逝世致唁电［EB/OL］.［2017－07－02］. https://m. sohu. com/n/474288293/? mv=3&partner=ucyingyong.

夏康明，范先明. 旅游文化汉英翻译概论［M］. 北京：中国社会科学出版社，2013.

香港大學校內用辭匯編. The University of Hong Kong Standard Terminology［EB/OL］.

［2017－07－02］. http：//www.cpao.hku.hk/cpao/terminology.

余潇, 侯蓉英. 社交文书写作模版与范本 ［M］. 北京：中国纺织出版社, 2016.

袁军. 语言服务的概念界定 ［J］. 中国翻译, 2014 (1)：22.

张法连. 法律英语翻译教程 ［M］. 北京：北京大学出版社, 2016.

赵宁. 试析电影字幕限制因素及翻译策略 ［J］. 中国民航学院学报, 2005 (10).

浙江大学就业指导与服务中心求职信模板 ［EB/OL］. ［2017－07－02］. http：//www.career.zju.edu.cn//news/138129229390348004.html.

智联招聘大学生求职信范文 ［EB/OL］. ［2017－07－02］. http：//www.zhaopin.com/jianli/qzx_fw/135706.html.

2015 中国国际丝绸论坛邀请函 ［EB/OL］. ［2017－07－02］. http：//sczf2015.worldsilk.com.cn/content/2015-05/26/content_5784392.htm.

驻英国大使刘晓明在华为冬季音乐会上的致辞 ［EB/OL］. ［2017－07－02］. http：//www.fmprc.gov.cn/web/dszlsjt_673036/t1422142.shtml.

Cutts, Martin. *The Oxford Guide to Plain English*. Oxford：OUP, 2013.

Directorate-General of Translation, European Commission. *Fight the Fog：How to Write Clearly* ［M/OL］. DG Translation, EC：2012, 2013, 2015. http：//bookshop.europa.eu/en/how-to-write-clearly-pbHC3212148/.

Dylan, Bob. Banquet Speech ［EB/OL］. ［2017-06-28］. https：//www.nobelprize.org/nobel_prizes/literature/laureates/2016/dylan-speech_en.html.

Examples of Personal Statements ［EB/OL］. ［2017-07-02］. https：//www.law.utoronto.ca/documents/JD/UofT_Law_Personal_Statements_Examples.pdf.

Lionbridge Freeway ［EB/OL］. ［2017-07-02］. https：//www.lionbridge.com/en-us/freeway.

Masters in Accountancy Personal Statement Writing ［EB/OL］. ［2017-07-02］. http：//www.personalstatemen-twriters.com/samples/masters-in-accountancy-personal-statement-writing/.

Mo, Yan. Banquet Speech ［EB/OL］. ［2017-07-02］. http：//www.nobelprize.org/nobel_prizes/literature/laureates/2012/yan-speech_en.html.

OCS COVER LETTERS RESUMES-Harvard University ［EB/OL］. ［2017-07-02］. http：//ocs.fas.harvard.edu/files/ocs/files/undergrad_resumes_and_cover_letters.pdf.

Projectex ［EB/OL］. ［2017-07-02］. https：//www.projetex.com/.

Remarks by H. E. Ambassador Liu Xiaoming at Huawei Winter Concert ［EB/OL］. ［2017-07-02］. http：//uk.chineseembassy.org/eng/ambassador/ds#cf/2016remarks/t1422139.htm.

SDL World Server［EB/OL］.［2017-07-02］. https://www.sdl.com/cn/download/data-sheet-sdl-worldserver/111575/.

The Harvard College Resume & Cover Letter publication［EB/OL］.［2017-07-02］. https://ocs.fas.harvard.edu/resumes-cvs-cover-letters.

The Language Services Market：2017［EB/OL］.［2017-07-02］. http://www.commonsenseadvisory.com/abstractview/tabid/74/articleid/39815/title/thelanguageservicesmarket2017/default.aspx.

USAS：How to write a UCAS Undergraduate personal statement［EB/OL］.［2017-07-02］. https://www.ucas.com/ucas/undergraduate/getting-started/when-apply/how-write-ucas-undergraduate-personal-statement.